Hinterlassene Werke

des

Generals Carl von Clausewitz

über

Krieg und Kriegführung.

Zehnter Band.

Berlin,
bei Ferdinand Dümmler.

1837.

Strategische
Beleuchtung mehrerer Feldzüge

von

Sobiesky, Münich, Friedrich dem Großen

und

dem Herzog

Carl Wilhelm Ferdinand von Braunschweig

und

andere historische Materialien zur Strategie.

—◆—

Hinterlassene Werke

des

Generals Carl von Clausewitz.

Berlin,
bei Ferdinand Dümmler.

1837.

Inhalt.

Sobiesky.

---

§. 1.

Einleitung.

Sobiesky's kriegerische Laufbahn durchzieht zwei große Kriege. Der erste fängt unter Johann Casimir mit dem Aufruhr der Kosacken 1648 an, in welchem sich erst die Russen, dann die Tartaren und bald darauf auch die Türken mischen. Dieser Krieg dauert gegen die Kosacken, Tartaren und Türken, mit einer ganz kurzen Unterbrechung durch den von König Michaels Wiesnowiecky 1672 zu Buczacz geschlossenen Frieden, der den Polen einen förmlichen Tribut auflegte, bis zu dem von Sobiesky geschlossenen ehrenvolleren Frieden von Zuranow 1676, also achtundzwanzig Jahre lang. Er zählt aber darum nicht achtundzwanzig Feldzüge, sondern oft rückten die Armeen mehrere Jahre hintereinander gar nicht ins Feld, oder mit so unbedeutenden Kräften, daß nur ein Paar Plünderungen oder Verheerungen ihr Geschäft sind. Die ersten fünf Siege ersicht Sobiesky als Feldherr der Republik in diesem Kriege, die letzten beiden als König.

Der zweite Krieg ist der Östreichisch-Türkische, in welchem Wien zum letztenmal belagert und durch Sobiesky entsetzt wurde. Dieser fängt 1683 an.

So viel man bei den höchst dürftigen Nachrichten über den Werth dieses Feldherrn urtheilen kann, so möchte

1 *

man ihn für einen eben so kühnen als kombinationsreichen und also für einen der größten Feldherrn aller Zeiten halten. Die asiatische Natur und Verfassung der ihm entgegenstehenden Feinde verändert freilich den Maßstab so ganz, daß er zu einer Vergleichung mit den Kriegen zwischen europäischen Armeen und mit ihren Feldherren fast nicht zu gebrauchen ist; denn sobald man mit 10 oder 15,000 Mann Hunderttausende aus dem Felde treiben kann, so ist klar, daß die Ursache davon, der Hauptsache nach mehr in jenen Hunderttausenden, als in dem Sieger liegt. Darum darf man aber freilich dem Sieger sein Verdienst nicht nehmen, nur hat man eine schwierige Vergleichung.

Die türkisch-tartarischen und kosackischen Kriege gegen die Republik Polen und das Haus Östreich haben meistens den Charakter, daß der Mißerfolg mehr in strategischen als taktischen Ursachen liegt; nämlich in der beständig unterbrochenen Wirkung, welche die Heimkehr im Winter verursachte; in dem durch ihre Unbeholfenheit und geistige Trägheit herbeigeführten Zeitverlust, der ihnen die schlechte Jahreszeit früher über den Hals brachte, als sie dachten; in der Aufreibung der Kräfte, die nie fehlt, wo große Massen mit sehr schwacher Organisation weit vorgeschoben werden; endlich in den Uneinigkeiten die zwischen Kosacken und Tartaren und zwischen Tartaren und Türken bald auszubrechen pflegten. Ohne diese Umstände würde die große Überlegenheit, welche die christlichen Armeen im Gefecht über die Asiaten hatten, bei der ungeheuren Überlegenheit der letztern in der Zahl, die oft das zehn- und zwölffache betrug, nicht haben zur Wirksamkeit kommen können.

Wenn jene allgemeinen immer wiederkehrenden Verhältniſſe den Erfolg ſchon untergraben hatten, dann konnte ein Sieg des kleinen chriſtlichen Haufens über einen Theil der aſiatiſchen Macht wirklich entſcheiden.

Dieſer Theil der aſiatiſchen Macht war zwar meiſtens noch ſo groß, daß das Mißverhältniß Erſtaunen erregt, aber er umfaßte doch niemals das Ganze. Wenn die europäiſchen Armeen äußerſt ſelten ihre Entſcheidungen mit dem Ganzen oder auch nur mit drei Viertel deſſelben geben, ſo iſt es, weil ſie hundert Veranlaſſungen zum Theilen und Entſenden haben, oder auch nur zu haben glauben. Die Aſiaten aber ſind noch gar nicht einmal dahin gekommen, das Widerſinnige einer theilweiſen, unzuſammenhängenden Kraftanſtrengung einzuſehen. Auch mag die Unbehülflichkeit ihrer großen Maſſen den zuſammenhängenden Gebrauch oft unmöglich machen. Es iſt bei den Aſiaten nichts Ungewöhnliches, daß ſich ein Theil des Heeres ſchlägt und ſchlagen läßt, während der andere nur zuſieht. So wird es erklärlich, wie die kleinen chriſtlichen Haufen gegen einen zehn- bis zwölfmal überlegenen Feind ſo große Entſcheidungen herbeiführen konnten.

In dem erſten Kriege Sobiesky's gegen die Türken iſt das Mißverhältniß der Macht meiſtens viel größer, wie es je zwiſchen Ungarn oder Öſtreichern und den Türken geweſen iſt. Nun muß man zwar ſagen, daß die Maſſe der feindlichen Macht in den polniſchen Kriegen noch viel lockerer und ungediegener war; ſie beſtand nämlich dem größern Theil nach aus Koſacken und Tartaren, alſo aus wenigen Türken. Jene beiden Völker aber ſtanden den Türken in der Kriegführung unſtreitig weit nach, weil ſie eigentlich nichts als eine tartariſche Miliz waren, während bei den Türken Janitſcharen und Spahis ſtehende Truppen und zwar in mancher Beziehung ganz vortreffliche

bildeten. Allein von der andern Seite waren auch die
polnischen Truppen weit entfernt, mit den deutschen und
spanischen verglichen werden zu können; sie befanden sich
selbst auf dem halben Wege zu den Asiaten, und nur ein
kleiner Kern, meistens aus deutschen Miethlingen bestehend,
war besseren und dichteren Gefüges.

Es scheint uns nun, so weit die dürftigen Nachrichten es zulassen, daß Sobiesky seine Erfolge vorzugsweise
durch geschickte, seinen Verhältnissen höchst angemessene
strategische Combinationen errungen hat; denn überall wird
das Entscheidungsgefecht durch solche strategische Fäden herbeigeführt, die den Erfolg desselben theils sicherer, theils
größer machen. Wir möchten sagen, daß sich der geschickte Gebrauch des entscheidenden Kampfes in keinem
Kriege in einem höheren Grade gezeigt hat. Daß in den
dortigen Verhältnissen der Charakter des strategischen Handelns ein anderer werden mußte, als in gewöhnlichen, versteht sich von selbst. Es wird sich also Niemand dabei
sehr zusammengesetzte, genau berechnete, genau inne gehal-
tene Bewegungen u. s. w. denken; sondern es mußte fast
überall die Kühnheit an die Stelle des Kalküls treten und
die ganze Überlegenheit nur darauf gerichtet sein, die Wege
zu finden, auf denen diese Kühnheit noch gebraucht werden
konnte und die Punkte, auf denen sie dem Gegner recht
fühlbar ward. Der König von Polen ist einem gehar-
nischten Ritter zu vergleichen, der mit einem Ungeheuer zu
kämpfen hat, dessen Masse ihn augenblicklich erdrücken
würde, wenn sein trefflicher Harnisch ihn nicht schützte,
und der dieser Masse des Ungeheuers nicht anders Herr
werden kann, als wenn er sich zu seinen Streichen ihre
edelsten Theile aussucht. Grade so finden wir Sobiesky
handeln. Vielleicht kann die Strategie solcher Verhältnisse

nirgend so in einem Muster erkannt werden, als in diesen Kriegen.

Sind diese Ansichten richtig, worüber wir, wegen der unzureichenden Kenntniß, welche wir davon haben, immer in einer Art von Zweifel bleiben, so dürfte auch unsere Meinung von der Feldherrngröße Sobiesky's dadurch hinreichend motivirt sein; denn an der geschickten Führung des Gefechtes können wir des bloßen Erfolges wegen kaum zweifeln und außerdem giebt es keine Feldherrn-Laufbahn, die reicher an Akten glänzender Kühnheit und bewundernswürdiger Standhaftigkeit wäre, als die von Sobiesky.

Wenn wir nun bei Gelegenheiten, wo man die größten Feldherrn der gebildeten Völker aufzuzählen pflegt, nicht leicht den Namen Sobiesky finden, so ist es wohl nur, weil die Halbkultur jener Nationen, in denen er kämpfte, allen historischen Erscheinungen viel von der Klarheit und Bestimmtheit nehmen, die erforderlich sind, wenn der Ruf eines Feldherrn nicht blos durch fabelhafte Erzählungen, sondern durch kritische Darstellungen festgestellt werden soll. Ohne die Schlacht von Wien würde man von Sobiesky in Europa jetzt kaum noch etwas wissen, und doch ist die Schlacht von Wien ohne Widerrede derjenige seiner Siege, welcher am wenigsten Schwierigkeiten hatte.

§. 2.
Sobiesky's Hauptsiege.

Die Schlacht bei Slobodka (Slobodysja) in Wolhinien am 17. Oktober 1660.

(1660.) Der russische General Scheremetoff (Scheremetief?) mit 100,000 Mann und 100 Kanonen verschanzt sich, nachdem er von Lubomirsky mehrere Male mit 60,000 Mann geschlagen worden, bei Slobodka.

Hier greift ihn Sobiesky, der ihm mit einem detachirten Corps von der Armee Lubomirsky's gefolgt ist, an, schlägt ihn, nimmt ihm alles Geschütz und zwingt Scheremetoff selbst mit einem kleinen Corps die Waffen zu strecken.

§. 3.

Die Schlacht bei Podhaycle in Gallizien am 15. Oktober 1667.

(1667.) Die Kosacken unter Doroszenko, ihrem Hettmann und die Tartaren der Krimm unter Sultan Galga, zusammen 80,000 Mann stark zogen gegen Gallizien. Sobiesky als Kron-Großfeldherr sammelt 20,000 Mann, wobei nur 5000 Mann Infanterie sind. Mit diesen nimmt er ein verschanztes Lager bei Podhaycle, einer kleinen Festung auf der Straße von Lemberg nach Kaminieck, an dem sich der Strom brechen, während seine Reiterei in zwei Corps auf die Flügel der anrückenden Feinde fallen soll. Die Kosacken und Tartaren belagern Podhaycle und Sobiesky in seiner verschanzten Stellung sechszehn Tage lang. Am siebzehnten Tage stößt seine Reiterei und ein Corps von 20,000 Mann Verstärkung zu ihm. Nun greift er die feindliche Armee an und trägt über sie einen entscheidenden Sieg davon.

Dies ist die Schlacht, von deren Plan Condé gesagt hatte, daß er vortrefflich sei, um Sobiesky zu einem glorreichen Untergang zu führen.

§. 4.

Treffen bei Kalusz in dem Gebirge von Strye in Gallizien im Oktober 1672.

(1672.) Der Großvezier Achmet Kiuprili *) hat Kaminieck genommen und belagert Lemberg. Sobiesky ist

---

*) v. Hammer nennt ihn Ahmed Köprili. D. Herausg.

so schwach, daß er mit einigen Tausend Mann einen Parteigängerkrieg führen muß. Er geht im Oktober in den Rücken der türkischen Armee, indem er schwimmend über den Dniester setzt, legt sich in den östlichen Ausläufen der Karpathen in ein Versteck und überfällt ein zwanzigmal stärkeres Corps der Tartaren, welches unter den Sultanen Galga Bruder und Nuradin Sohn des Chans, mit unermeßlicher Beute zu Haus zieht. Er schlägt sie, nimmt ihnen die ganze Beute ab und befreit eine große Zahl von Einwohnern, die sie in die Sklaverei führen wollten.

§. 5.

Treffen bei Buczacz (Butschatsch) an der Grenze von Podolien und Gallizien im Oktober 1672.

(1672.) Während Kiuperli mit der türkischen Hauptarmee Lemberg belagert und eine Avantgarde von 40,000 Mann bis an die Weichsel vorgedrungen ist, hat der junge Mahomed IV. bei Buczacz an der Grenze von Podolien und Gallizien ein Lager bezogen, wo er, gedeckt durch Spahis und Janitscharen, sich mit Jagd und Weibern vergnügt. Sobiesky schleicht sich durch die türkischen vordern Corps, überfällt Mahomed in seinem Hauptquartier, treibt ihn in die Flucht und erobert Lager und Serail.

§. 6.

Schlacht bei Chotin am 11. November 1673.

(1673.) Kaminieck war von Mahomed IV. im vorigen Feldzuge durch Vertrag genommen worden und ein schmachvoller Friede vom König Michael Wiesnowiecky bereits geschlossen, als die Nachricht von dem Siege bei Kalusz und Buczacz einging. Noch in demselben Jahre brechen die Polen diesen Frieden.

Podolien, welches im Frieden von Buczacz den Türken abgetreten war, wird durch türkische Garnisonen der Städte vertheidigt. Am Dnieper sammeln sich 60,000 Tartaren zum Einrücken in Polen. Die türkische Hauptarmee unter dem Seraskier Hussein Pascha von 80,000 Mann steht bei Chozin; ein Reservecorps von 30,000 Mann unter Coplan Pascha ist im Anzuge durch die Moldau; der Großher selbst und der Großvezier an der Donau. Sobiesky hat zwar ein Heer, was gegen 50,000 Mann stark ist; allein zu einer Belagerung fehlten ihm alle Mittel und so sieht er sich außer Stande, Kaminieck auf diese Weise zu nehmen. Er beschließt also durch einen andern großen Schlag dem Feldzuge eine entschieden glückliche Wendung zu geben.

Lubomirsky mit einem besondern Corps fällt das von den Türken besetzte Podolien an, nimmt mehrere feste Plätze und zieht auf diese Weise ihre Aufmerksamkeit auf ihre strategische Front. Sobiesky an der Spitze von 40,000 Mann setzt Anfangs November oberhalb Kaminieck über den mit Eisschollen bedeckten Dniester in der Absicht, Podolien und die Hauptarmee des Seraskiers bei Chozin liegen zu lassen und seinen Zug grade auf Coplan Pascha zu richten, um ihn zu schlagen. Er durfte hoffen, die mit den Türken unzufriedenen Fürsten der Moldau und Walachei, so wie den Hettmann der Kosacken für sich zu gewinnen, auf diese Weise den ganzen Kriegsbau der Türken in seinem Grunde zu erschüttern und wollte sich dann mit der Kraft dieses Sieges gegen den Seraskier bei Chozin wenden um ihn von hinten anzugreifen. Mit solchen Einleitungen durfte er auf den entschiedensten Sieg rechnen und auf die gänzliche Vertreibung der Türken von dem linken Donauufer. Schon war er an den Pruth gelangt und diesem Fluß mehrere Tagemärsche in seinem Laufe gefolgt, als sein Heer, unzufrieden über die großen Anstrengungen und Entbehrungen, zum Widerstand gereizt durch die dem Feldherrn feindselig gesinnten Großen, erschrocken über den Anblick des unwirthlichen Landes und der rauhen Jahreszeit, anfing die unerhörte Kühnheit des Feldherrn als Verrätherei zu betrachten und sich weigerte, weiter zu ziehen. Alle Überredung war vergebens; Sobiesky mußte seinen schönen umfassenden Plan verkürzen und beschneiden. Statt gegen Coplan Pascha zu ziehen, wendet er sich nun gleich gegen den Seraskier bei Chozim, wo er den 9. November eintrifft. Den 10. gehen die moldauischen und walachischen Truppen, deren Fürsten sich schon bei seinem Heer eingefunden hatten, zu ihm über; den 11. stürmt und erobert er das verschanzte Lager *). Der Seraskier fällt von der Hand seines Schwagers Radziwil, die Türken fliehen, Chozim ergiebt sich. Der Coplan Pascha eilt zurück; die Türken fliehen überall über die Donau, Sobiesky führt sein Heer an diesen Fluß.

Dies ist unstreitig der größte und schönste der Edelsteine in der Siegerkrone Sobiesky's.

§. 7.

Schlacht bei Lemberg am 30. August 1673.

(1675.) Schischman Ibrahim Pascha, der Seraskier rückt mit 150,000 Mann vor Lemberg, nachdem er sich lange mit der Belagerung kleiner Plätze beschäftigt und

---

*) Sobiesky vom Pferde abgesprungen, kämpft an der Spitze seiner Infanterie; Petrikowsky, Graf Dönhoff und Korycky sind die ersten auf den Wällen und pflanzen ihre Fahnen auf.   D. Herausg.

vor dem Angriffe Lemberg's gescheut hat, wo Sobiesky mit 10,000 Mann ein verschanztes Lager besetzt hält.

Sobiesky läßt ihm keine Zeit sich zu besinnen, sondern greift ihn den Tag nach seiner Ankunft an. Er schlägt erst die 40,000 Mann starke Avantgarde unter Sultan Nuraddin und treibt dann die ganze ottomannische Armee in die Flucht.

§. 8.

Schlacht bei Zuranow in Gallizien am 8. Oktober 1676.

(1676.) Sobiesky hat sich mit 15,000 Mann und 60 Kanonen bei Zuranow am Dniester verschanzt, so daß dieser Fluß ihm den Rücken, die Swiza aber die Front deckt. Der Seraskier Ibrahim Schaitan (Satan) Pascha rückt mit 150,000 Mann vor dieses Lager und führt drei Wochen lang eine Art von Belagerung dagegen. In dieser Zeit nimmt Sobiesky den Augenblick wahr, wo ein Theil des feindlichen Heeres zum Sturm seiner Linien nahet und sich in einer vom Terrain eingeengten Stellung befindet. Da fällt er mit seiner Armee über diesen Theil her und schlägt ihn. Diese Niederlage *) und die Unei-

---

*) Wiewohl diese Niederlage den Muth des Feindes erschüttert hatte, so war er doch in seinem Lager stehen geblieben und wenn auch die Nachricht, daß die Russen auf dem Gebiet des Hettmann Doroszencko reißende Fortschritte machten, den Türken Argwohn gegen die Tartaren einflößte, so ward doch die Ausdauer des Königs in einer selbst noch nach diesem Gefechte vom 8. bis zum 16. Oktober sehr bedenklichen Lage, die Hauptursache zur Nachgiebigkeit des Seraskiers, welche die Besorgniß vor einem Winterfeldzug noch steigerte. Nachdem der 9. unthätig dahingegangen war, sandte er bereits am 10. einen Unterhändler an den General Friedrich v. d. Gröben, den der Tartaren Chan aus früheren Sendungen kannte. Beide nahten sich zur großen Freude des ganzen polnischen Heeres dem Zelte des Königs. Als dieser aber erfahren hatte, daß die Türken ihm nur die Friedensbedingungen von Baczacz vorschlugen, erwiederte er ent-

nigkeit zwischen Türken und Tartaren führen den Frieden herbei, der einen achtundzwanzigjährigen Krieg endigt.

---

rüstet: „Sage dem Aga, daß ich den Überbringer ähnlicher Anträge werde aufhängen lassen."

Eine Stunde darauf begann das Feuer der Türken wieder aufs Lebhafteste. Die Noth: Mangel an Lebensmitteln und Munition stieg im Lager mit jedem Tage höher. Michael Paz stand wieder an der Spitze neuer Meutereien; der Muth der Armee wich, doch der König blieb unerschütterlich und erst als das Gerücht eines anrückenden Entsatzes unter Michael Radziwil bei den Türken Eingang gefunden hatte und Johann Sobiesky am 15. Oktober sogar wieder seine Armee zum Angriff in Schlachtordnung stellte, bat der zehnmal stärkere Feind wiederholt um Frieden, aber unter günstigern Bedingungen als das erste Mal. Sobiesky einigte sich.

(Hitt. de Pol. par. Salvandy T. II. pag. 215—18.)

Clausewitz hatte sich wohl nur vorgesetzt diejenigen Feldzüge Sobiesky's in kurzen Umrissen wiederzugeben, in welchen Schlachten den strategisch geschürzten Knoten taktisch-siegreich zerschneiden. Dennoch muß ich noch hier des Feldzugs von 1674 erwähnen, weil auch er mir den seltenen Feldherrnblick Sobiesky's zu zeigen scheint, der die großen militairischen Verhältnisse bald zu übersehen und ihnen zur rechten Zeit zu begegnen weiß.

Kiupali's große Entwürfe führen ihn diesmal wieder gegen Norden. Mahomed IV. sammelt, der Sage nach, an 400,000 Türken unter Achmet Kiupali's eignen Befehlen an der Donau. Coplan Pascha stürmt mit der Avantgarde Chozin. Jablonowsky's glücklicher Angriff auf einen türkischen Convoi wiegt diesen Verlust nicht auf. Mahomed kommt noch mit einer Elite von 12,000 Janitscharen selbst zur Armee. Sobiesky ist fast ohne Armee; die Straßen nach Lemberg und Krakau stehen dem Feinde offen; Polen ist in großer Gefahr.

Aber die türkische Armee wendet sich unerwartet nach der Ukraine; wahrscheinlich um dem Czaar Alexis zuerst zu begegnen, der unter Radamanowski über 100,000 Russen am Dnieper versammelt hat. Kuniczi, Mohilew, Jampol und andere Plätze am Dniester fallen, Ladyczin am Bay wird geschleift, endlich erscheint der Großherr vor Uman und der Sieger von Candia schreitet zur förmlichen Belagerung. „Wissen sie nichts Besseres", sagt König Sobiesky ruhig, während Alles zagt und schreit, „so werde ich noch vor Ende des Feldzugs gute Rechnung über sie ablegen".

Kara Mahomed stürmt am 15. September mit Hülfe des Verraths Uman; nur Kiew und Bialacerkiew halten sich.

Die Russen belagern in der Zeit Doroszensko in Czekrin. Mahomed sendet Hülfe. Der Entsatz wird von Radamanowski vernichtet. Es ist das erstemal, daß sich Russen und Türken im offenen Felde begegnen.

Mahomed will diese Schmach rächen, erhebt sich aus dem Lager bei Ladyszin mit seiner ganzen Macht, aber die Russen weichen ihm zum andern Ufer aus.

Johann Sobiesky setzt sich endlich am 23. September in Bewegung. Mit Hülfe des Winters will er erst den Feldzug eröffnen; die Litthauer kommen eben an. Er naht sich im Oktober; die Türken, von Hunger und Kälte geplagt und von den Tartaren verlassen, die sich der Russen kaum wieder erwehren können, werden für ihre Rückzugslinie besorgt. Der Großherr gleichzeitig durch andere Ereignisse von Babylon aus bedroht, kehrt mit der Hauptarmee nach der Donau zurück. Die zurückgelassenen Paschas können das Feld nicht halten, vertheilen sich schnell in die festen Städte; Gläubige, schon früher aus der Tartarei herbeigerufen, ersetzen hier die christliche Bevölkerung, die bereits nach dem Balkan zu beiden Seiten bis zum schwarzen Meer versetzt worden ist, wo sie noch bis auf den heutigen Tag den Bezirk der vierzig Kirchen bewohnen, sofern sie nicht der russischen Armee 1829 wieder gefolgt sind.

Nun eilt Sobiesky wie ein Sturmwind herbei und überwältigt die meisten türkischen Posten. Jablonowsky umschließt Kaminieck; Sobiesky selbst belagert Bar in Podolien. Der Sultan Adzil Gieray will es entsetzen. Der König schlägt die Tartaren und stürmt Bar am 11. November, dem Jahrestag von Chozin. Er marschiert nun auf Mohilew, nimmt es; auch Braclaw, Nimiroß und zehn andere Plätze fallen im Dezember seinem Schwert. Gleichzeitig erobern Rzewuski, Raskow und Radziwil Pawoloć. —

Der Beschluß, als der schwächere Theil, in diesem Lande großer Dimensionen im ächten Sinne, der Devensive, die Schritte des Gegners abwartend, den Winter mit zu Hülfe zu nehmen, wie er es schon mit Vortheil gethan, die Äußerung bei der Belagerung von Uman und die Richtung seines Marsches zeigen schon allein den großen Mann!

D. Herausg.

Feldmarschall Münich.

Krieg der Russen gegen die Türken von 1736—1739.

§. 1.

Der Feldzug von 1736.

(1736.) **Feldzugsplan.** Es scheint ungewiß ob die Kaiserin Anna oder vielmehr ihre Rathgeber (hauptsächlich der Oberstallmeister Löwenwolde) die Krim erobern wollten, um sie zu behalten, oder blos um sie zu verheeren. Das letztere hat doch aber gar zu wenig politischen Sinn, und konnte wohl um so weniger die wahre Absicht gewesen sein, als das Jahr vorher schon ein russisches Corps unter dem General Leontief die ganze nogaische Tartarei mit Feuer und Schwert durchzogen hatte. Genug es wurde beschlossen mit einem Heer von 50 bis 60,000 Mann gegen die Krim loszubrechen und zu gleicher Zeit auf der einen Seite Asow, auf der andern Kinburn zu belagern. Lascy Anfangs mit etwa 10,000, später mit vielleicht 20,000 Mann belagert Asow in den Monaten Mai, Juni und Juli, und Münich mit 54,000 Mann, bricht Ende Aprils aus den Linien der Ukraine auf und kommt nach fünfwöchentlichem Marsch, der meistens in einem großen Quarree geschieht, vor den Linien von Perekop, Ende

x

2

Mai's an. Er stürmt diese Linien, die von einigen tausend Tartaren vertheidigt werden, fast ohne Verlust und dringt dann, nachdem er den General Leontief mit 13,000 Mann gegen Kinburn detachirt hat, längs der Küste des schwarzen Meeres in die Halbinsel über Koslow bis Baktschi-Serai vor, wo er Ende Juni's ankommt. Der Kan der Krim, obgleich an der Spitze von 100,000 Mann läßt sich in kein namhaftes Gefecht ein. Nachdem Koslow und Baktschi-Serai zerstört worden sind, kehrt Münich im Juli über Aschmetschet, also durch die Mitte der Halbinsel nach Perekop zurück, wo er den 17. Juli eintrifft und bis zum 28. August bleibt, dann die Linien schleifen läßt und seinen Rückweg nach den Linien der Ukraine nimmt, die er Ende Septembers erreicht. Die Tartaren hatten sich in der Halbinsel theils nach Caffa gewendet, theils in die südlichen Gebirge gezogen. Münich, dessen Armee in der ganzen Zeit besonders an Wasser Mangel gelitten hatte und durch Krankheiten sehr geschwächt war, glaubte nicht mehr wagen zu dürfen nach Caffa zu folgen, so daß dieser Ort ungestört blieb. Lascy hatte Asow welches von 3- bis 4000 Mann Türken vertheidigt wurde, erobert und dann die Richtung nach der Krim genommen, von welcher er jedoch, als er Münich's Rückzug erfuhr, nach der Ukraine umkehrte. Leontief hatte Kinburn fast ohne alle Vertheidigung genommen. Der Verlust welchen die Russen in diesem Feldzuge hatten, belief sich auf 30,000 Mann, d. h. die Hälfte aller Streitkräfte; das hieß, die Plünderung etwas theuer bezahlen.

Die Linien von Perekop. Sie waren eine Meile lang, zwar von sehr starkem Profil (zwanzig Fuß Graben-

tiefe) aber ohne alle Verkleidung, mithin leicht zu ersteigen.
Sieben steinerne Thürme und der feste Platz Perekop enthielten 60 Geschütze. Die Linien wurden ohne Verlust erstiegen und einer der Thürme mit wenigem Verlust durch
Zersprengung der Thüre forcirt, worauf sich die übrigen
sammt der Stadt ohne weitern Widerstand ergaben. An
einer Seitenvertheidigung des Grabens scheint es den Linien wie den Thürmen ganz gefehlt zu haben.

Die Verpflegung. An Futter fehlte es nie wegen der Natur des Bodens, an andern Lebensmitteln aber
oft. Doch wurden häufig ungeheure Herden von Scha-
fen den Tartaren abgenommen, welches dann eine große
Aushülfe war, so daß die Armee sich doch hauptsächlich
aus der Gegend ernährt hat. Holz und Wasser fehlten
am meisten.

Die Verbindungslinie. Sie wurde durch kleine Redouten die von 20 bis 30 Mann vertheidigt wurden, gedeckt.
Sie waren eine bis zwei Stunden von einander entfernt,
je nachdem Holz und Wasser es gestatteten. An andern
Orten waren größere Verschanzungen zu 4 bis 500 Mann
angelegt. Der Weg, welcher auf diese Weise durch die
Steppen bis an die Linien der Ukraine gedeckt wurde, betrug über hundert Meilen. Die Tartaren wagten sich nie
an den Angriff dieser kleinen Schanzen; ob sie gleich sonst
in der zweiten Hälfte des Feldzuges häufige Flankenunter-
nehmungen mit kleinen Haufen versuchten und den Russen
vielen Abbruch thaten. Feldmarschall Münich fand aber
jene Art seine Verbindungslinie zu sichern, wie General
Manstein erzählt, doch nicht so vortheilhaft, um sie in
den folgenden Jahren wieder anzuwenden. Er fand die
Schwächung des Heeres dadurch zu bedeutend, und fürch-

2 *

tete, daß die Tartaren diese kleinen Werke nicht immer respektiren würden. Über die Deckung der Verbindungslinie in den folgenden Jahren findet sich im Manstein nichts.

Die strategische Auszehrung war in diesem Feldzuge groß genug. Es waren im ganzen Feldzuge bei der gegen die Halbinsel vorgehenden Armee nur ein Paar Gefechte untergeordneter Art und ohne bedeutende Verluste vorgekommen, und doch betrug der Verlust des Ganzen über 30,000 Mann, d. h. etwa die Hälfte, in einem Feldzuge von fünf Sommermonaten.

Die ganze Taktik dieses Feldzuges bestand in der Bildung von einem oder mehreren Quarrees die ihre Fuhrwerke in der Mitte hatten und so über die überall zugänglichen Steppen zogen. Dazu gehört ein solches Land und ein solcher Feind. Dieser bestand in einem Heere von 100,000 berittenen Tartaren und nur sehr wenigen türkischen Janitscharen zur Besetzung der festen Plätze.

Der Troß. Die Anzahl der Fuhrwerke in diesem Feldzuge ist nicht angegeben; sie scheint auch weniger groß gewesen zu sein, weil man nicht die Lebensmittel für den ganzen Feldzug mitschleppte. Aber Manstein berechnet die Anzahl der für eine Armee von 80,000 Mann erforderlichen Wagen auf 80- bis 90,000!!

§. 2.
Der Feldzug von 1737.

(1737.) Übersicht des Feldzuges. Die Hauptarmee unter dem Feldmarschall Münich zwischen 60- und 70,000 Mann stark (etwa ein Drittheil Kavallerie) ging

Ende April an drei Orten unterhalb des Einflusses der Sula über den Dnieper und rückte vor Otschakow, wo sie den 10. Juni eintraf und den schlecht befestigten Ort mit 20,000 Mann Besatzung versehen fand. Schon am 11. wurden Batterien zum Bombardement angelegt und der Ort gerieth den 13. in Brand und das gab Veranlassung, daß ein Sturm darauf versucht wurde, der obgleich impromptü, doch gelang, weil die donischen Kosacken Mittel gefunden hatten, die am Liman (dem Ausfluß des Dniepers) gelegene, blos mit einer schlechten Mauer versehene Seite zu ersteigen. Die Russen verloren bei diesem Unternehmen 3000 Mann, die Türken aber durch das Niedermachen nach dem Sturm an 20,000 Mann. Münich ließ den General Stoffeln mit 8000 Mann Besatzung in dem ganz zerstörten Ort und zog nun während des übrigen Feldzugs an dem Bug auf und nieder, ohne an eine Unternehmung gegen Bender, wie sein weiterer Auftrag lautete, zu denken. Er sah sich durch die Besetzung von Otschakow und den übrigen meist ns durch Krankheiten verursachten Verlust um 24,000 Mann geschwächt, außerdem fehlte es an Futter, weil die Feinde häufig das Gras der Steppen angezündet hatten.

Während seines Aufenthalts am Bug womit er nichts beabsichtigte, als die Vertheidigungsanstalten in Otschakow zu beendigen und den Ort vor einer Belagerung in diesem Jahre zu sichern, hatte er ein Paar unbedeutende Gefechte mit den Feinden.

Ende August's kehrte er in drei Kolonnen nach der Ukraine zurück, der Verlust an Kombattanten bestand wie schon bemerkt, etwa in 16,000 Mann, an Knechten und Bauern schätzt Manstein das Doppelte, welches also den ganzen Verlust auf nahe an 50,000 Menschen bringt und wahrscheinlich eine Masse von Pferden und anderm Vieh. Für die Eroberung einer Festung die man im nächsten Feldzuge wieder räumen und schleifen mußte, war das zu viel.

Ende Oktobers erschien ein Heer von 20,000 Türken und 20,000 Tartaren vor Otschakow durch den Seraskier Ali Pascha und den Kan der Krim befehligt. Sie machten sogleich Anstalten ihrer Art zur Belagerung, die sie indessen nach vierzehn Tagen und einigen vergeblichen Sturmversuchen den 10. November wieder aufgaben.

Die zweite Armee unter dem Feldmarschall Lascy war, 40,000 Mann stark, längs dem Donetz, Don und asowschen Meer gegen die Krim vorgedrungen. Sie kam Ende Juni in der Gegend von Perekop an; da sie aber die Linien durch den Kan mit seiner Hauptmacht besetzt wußten, so überschritt Lascy den schmalen Arm des asowschen Meeres, welcher sich nach Perekop hinzieht, bei Genitzi und setzte seinen Marsch auf der Landzunge fort, die neben der Halbinsel herläuft und bei Arabat vermittelst einer Landenge damit zusammenhängt. Der Kan, durch diesen kühnen Marsch überrascht, eilte, sich mit seinen Heer bei jener Landenge vorzulegen. Lascy ergriff hierauf das Mittel in der Mitte der Erdzunge einen Übergang über den schmalen und sehr seichten Arm des Meeres zu bewerkstelligen, der die Landzunge von der Krim trennt; er wandte dazu die bei dem Heer zum Transport des Trinkwassers vorhandenen Tonnen an, woraus er Flöße bildete, während die Kavallerie durch Furthen ging. Der Übergang wurde bewerkstelligt ehe die Tartaren etwas davon

erfuhren, und Lascy rückte nun bis Karasbazar vor am
Fuße der im Süden der Halbinsel liegenden Gebirge. Nachdem er diesen beträchtlichen Ort hatte plündern und zerstören lassen, und nach sehr unbedeutenden Gefechten kehrte
er Ende Juli's zurück und überschritt den Arm des asowschen Meeres ungefähr da, wo er die stärkste Einbiegung
gegen die Halbinsel bildet, am 4. August vermittelst einer
Schiffbrücke, wobei ein unbedeutendes Gefecht mit den
Tartaren stattfand. Den Monat August blieb Lasch noch
in der Gegend des asowschen Meeres auf welchem am
9. und 10. August ein Seetreffen zwischen beiden Flotten
stattfand, in dem nicht viel entschieden wurde. Im September kehrte Lascy nach der Ukraine zurück.

Man kann diesen Feldzug in der Krim im Grunde
nur als einen Vertheidigungsfeldzug betrachten, nämlich als
ein Mittel die Macht der Tartaren bei sich zu beschäftigen
und dadurch zu verhindern, daß sie der türkischen Armee
am Dniester zu Hülfe kämen. Dieser Zweck wurde auch
erreicht, denn obgleich im November 20,000 Tartaren mit
vor Otschakow waren, so war es doch für diesen Feldzug
zu spät. Es läßt sich auch nicht wohl absehen, wie die
Russen diesen Zweck anders hätten erreichen können, ob es
gleich von der andern Seite grausam scheint, eine zweite
Verwüstung der Halbinsel wieder mit vielen Tausend Mann
zu erkaufen.

Winterquartiere. Die russische Armee kehrte im
Monat Oktober oder November immer in ihre Winterquartiere in der Ukraine zurück. Die Linie dieser Winterquartiere fing bei Kiew an, lief am Dnieper hinunter und
dann längs der ukrainischen Linie bis an den Donez auch
wohl noch über diesen hinaus, so daß sie eine Ausdehnung

von nahe an hundert Meilen hatte. Der Dienst in diesen Winterquartieren zur Besetzung des ungeheuren Cordons war äußerst anstrengend; namentlich das beständige Aufeisen des Dniepers; alles dies aber konnte doch nicht verhindern, daß die Tartaren sich regelmäßig im Winter für die bei ihnen während des Sommers verübten Verheerungen durch Streifzüge kleiner Haufen rächten, welche Dörfer ausplünderten, anſteckten, Vieh und Menschen wegtrieben.

§. 3.
Der Feldzug von 1738.

(1738.) Übersicht des Feldzuges. Der Feldmarschall Münich sollte mit 50,000 Mann gegen den Dniester marschiren und Bender oder Chotzin nehmen, Lascy aber mit 35,000 Mann wieder nach der Krim ziehen und wo möglich Caffa angreifen und zerstören. Die Östreicher hatten von den Russen verlangt, daß sie 30,000 Mann zu ihrer Armee stoßen lassen sollten. Münich hatte dies verhindert, weil er natürlich lieber auf seinem eigenen Kriegstheater bleiben wollte.

Anfangs Mai's ging die Armee über den Dnieper, kam Ende Juni an dem Bug an, brachte den Juli zwischen Bug und Dniester zu und erreichte Anfangs August diesen Fluß, ohne ihn zu überschreiten. Mangel an Lebensmitteln, eine Menge von Krankheiten, besonders ein großer Verlust an Pferden und Ochsen, und die in der Moldau und Wallachei herrschende Pest waren die Ursachen, daß dieser Feldzug so ohne Resultat verstrich. Ob sich gleich eine türkische Armee der russischen gegenüber befand, so hatten doch keine bedeutenden Gefechte statt. Anfangs September's kam Münich wieder an dem Bug an und Ende September's kehrte er nach der Ukraine zurück. Als er noch am Bug und eben im Begriff der Rückkehr war, erhielt er vom Hofe, auf vielseitige Vorstellungen des östreichischen Hofes, den Befehl umzukehren und noch etwas gegen die Plätze des Dniesters zu unternehmen. Er hielt einen Kriegsrath und das Resultat war, daß es unmöglich sei, ohne die Armee ganz zu Grunde zu richten.

Ebenso erfolglos war der Zug des Feldmarschalls Lascy gegen die Krim. Er kam Anfangs Juli vor Perekop an, fand die Linien mit der feindlichen Hauptmacht 40,000 Mann stark besetzt, aber auch zugleich die Möglichkeit sie zu umgehen, da der Arm des asowschen Meeres, woran die rechte Flanke angelehnt ist, am 7. Juli so ausgetrocknet war, daß er ohne Brücke mit der ganzen Armee ihn passiren konnte. Der Kan verließ die Linien von Perekop und der Ort selbst ergab sich nach wenig Tagen mit 2000 Janitscharen Besatzung und 100 metallenen Kanonen.

Lascy that nun einige Märsche in die Halbinsel hinein, hatte auch am 20. Juli ein ziemlich bedeutendes und glückliches Gefecht mit den Tartaren, worin diese 2000 Mann auf dem Platz ließen und die Russen 800 Mann verloren; allein der Zustand des zwei Jahre hindurch verwüsteten Landes verhinderte ihn weiter vorzudringen, er kehrte nach der Gegend von Perekop um, und ging Ende August's nach der Ukraine zurück.

§. 4.

Der Feldzug von 1739.

(1739.) Feldmarschall Münich versammelte die Hauptarmee Anfangs Juni bei Kiew, führte sie 55,000 Mann stark, wobei 180 Feldgeschütze und ein Belagerungstrain von 70 Geschützen durch Polen gegen den Dniester. Den 10. Juli ging diese Armee über den Bug. Die türkische Hauptarmee vom Seraskier Veli Pascha geführt, eilte herbei, den Übergang streitig zu machen, da sie aber hörte, daß es zu spät sei, kehrte sie an den Dniester nach Bender zurück. Nachdem Münich eine Demonstration gegen Bender gemacht hatte, wandte er sich plötzlich nach der Gegend von Chotzin, passirte den 30. Juli diesen Fluß oberhalb des Orts, während die Hauptarmee bei Bender stand und nur ein Corps von 18,000 Mann sich vor Münich zurückzog. Nach dem Übergang über den Dniester blieb Münich etwa vierzehn Tage an diesem Fluß und richtete dann seinen Marsch gegen den Pruth; den 17. August umging ein Theil desselben die Gebirgsrücken und wollte sich dann gegen Chotzin wenden, als ihm das türkische Heer entgegentrat. Den 27. August nachdem die Russen ihren ganzen Train von Wagen und Artillerie mit der dazu gehörigen Bedeckung an sich gezogen hatten, rückten sie zum Angriff des feindlichen Lagers in einem ungeheuren Quarree vor. Sie wurden aber bei dem Dorfe Stawutschane von allen vier Seiten selbst angegriffen. Ob sie gleich ihre ganze Bagage, ihre Belagerungsartillerie und ihr Magazin in ihrer Mitte hatten, folglich die Unbeweglichkeit auf das aller äußerste gesteigert war, wurde

es ihr doch nicht schwer, die Angriffe abzuwehren und den
Sieg zu erfechten. Die Wirksamkeit des Feuers that alles.
Die Feinde machten ein Paar vergebliche Anfälle und ent-
flohen dann mit einem Verlust von 1000 Todten und
48 Kanonen. Die erste Stellung der Russen war in einem großen und zwei kleinen Quarrees nebeneinander; dann
gingen sie über einen kleinen Fluß vermittelst vieler Brük-
ken und machten jenseits ein großes hinten offenes und
an den Fluß gelehntes Quarree. Die Artillerie scheint
auf allen Fronten gleichmäßig vertheilt und die Kavallerie
mit der Infanterie abwechselnd gestellt gewesen zu sein.
Man hat kaum einen Begriff von einem solchen Hergang und eine genauere Beschreibung wie die in Man-
steins Memoiren wäre deshalb sehr wünschenswerth gewesen. Die Russen hatten 70 Todte. Sie eroberten einen Theil des türkischen Lagers, nämlich an
1000 Zelte.

Nach dieser Schlacht, der einzigen in dem ganzen
Kriege welche einigermaßen diesen Namen verdient, fiel
Chotzin, in welchem sich nur etwa 800 Mann gerettet
hatten und wo die Russen 180 Kanonen fanden. Hierauf wandte sich der Feldmarschall Münich Anfangs September gegen den Pruth, ging am 9. und 10. September
über diesen Fluß und gegen Jassi, welches er den 14. erreichte. Die türkische Armee war völlig zerstreut und aufgelöst gegen die Donau zurückgezogen. Münich schickte
hierauf die 5000 Mann starken donischen Kosacken bis an
die Donau, um das ganze Land zu verheeren. Dies zog
wieder einen Theil der feindlichen Streitkräfte herbei und
den Kosacken wurde der Rückweg an den Dniester abgeschnitten; sie mußten ihn daher durch Siebenbürgen neh-

men, wo die Östreicher, welche eben ihren Frieden von
Belgrad gemacht hatten, sie nur mit Mühe durchließen.
Münich machte noch einige Märsche gegen Buczacz und
verlegte seine Truppen dann in Quartiere, wo ihn im
Oktober die Nachricht des Friedens traf.

Friedrich der Große.

Die Feldzüge Friedrich des Großen von 1741 bis 1762.

Erster Abschnitt.

Bemerkungen aus den östreichischen Successionskriegen.

§. 1.

Überfall in den Quartieren.

(1741.) Der Feldzug von 1741 ist in seiner Eröffnung sehr merkwürdig. Neiperg mit etwa 39,000 Mann durchbricht auf zwei Straßen, nämlich über Zuckmantel und über Johannisberg, die preußischen Quartiere, welche längs dem Gebirge bis gegen Troppau genommen sind. Friedrich der Große, der sich bei dem oberschlesischen Corps in Jägerndorf befindet, kann in der Eile nur 13 Bataillone sammeln. Alle seine Corps bei Frankenstein, Neisse, Brieg und Jägerndorf, sind von einander getrennt. Neiperg marschirt auf Neisse, entsetzt es und von da auf Brieg. Der König eilt zurück, kann schon bei Sorgau nicht mehr über die Neisse kommen, geht den Fluß hinunter und bei Michelau über; er hat nun die Corps von Neisse und Brieg an sich gezogen und will auf Ohlau marschiren um seinen Park zu decken, als er bei Mohlwitz auf die Cantonnements der Östreicher stößt. Neiperg hatte also den König in seinem Quartiere im eigentlichsten Sinne überfallen und ihm den graden Rückzug abgeschnitten, so daß der König sich mit ganz verkehrter Front schlagen mußte. Hätte Neiperg die Schlacht gewonnen, es wäre einer der glänzendsten Feldzüge geworden. Der König gewinnt die Schlacht, aber er benutzt den Sieg nicht; statt Neiperg bei Neisse, wo dieser sich aufstellt, noch einmal auf den Leib zu gehen, begnügt er sich Brieg zu nehmen.

§. 2.
Vertheidigung großer Flüsse.

(1744.) Die Vertheidigung des Rheins durch den Marschall Coigni und General Seckendorf im Jahre 1744 gegen den Prinzen Carl von Lothringen verdiente näher erörtert zu werden, obgleich das Resultat nur gewöhnlich ist. Es dürfte sich ergeben, daß die Vertheidigung gute Resultate hätte geben können.

§. 3.
Politische Natur der damaligen Kriege.

Die Östreicher gehen glücklich über, um, — nichts zu unternehmen, obgleich sie überlegen sind; die Franzosen werden durch Noailles beträchtlich verstärkt; die Östreicher ohnehin durch den neuen Einbruch Friedrich des Großen abgerufen, ziehen sich über den Rhein zurück und gehen nach Böhmen. Die Franzosen bleiben am Rhein, belagern mit 70,000 Mann Freyburg und lassen blos etwas Truppen zum General Seckendorf stoßen. Dieser Feldzug hat also ganz den Charakter der damaligen Zeit.

In keinem Kriege war die Strategie so mit Politik gesättigt, wie in diesem. Außer Östrich hatte keine der

Mächte ein rücksichtsloses Hauptinteresse, und die zerstreute Lage der Staaten, welche den Krieg führten, ließ eine solche Verschiedenheit der Pläne, eine so große Wahl der Operationen zu, wie in keinem andern Kriege. Die Östreicher waren in Italien, am Ober-Rhein und in Flandern mit den Franzosen im Kontakt; sie waren es aber auch in Baiern und Östreich. Heute schlug man sich in Böhmen, im nächsten Jahre an der Donau, dann am Rhein, die Franzosen waren mit den Holländern und Engländern in Flandern in Berührung, konnten aber auch nach Hannover marschiren.

§. 4.
Besatzungen in unwichtigen Orten.

Friedrich der Große läßt in Tabor und Budweis Besatzungen, als er sich im Oktober 1744 von da wieder zurückzieht, zum Theil weil er einige hundert Kranke und Blessirte darin hat, die er nicht aufopfern will. Diese Maßregel, die so wenig motivirt erscheint und doch so häufig vorkommt, ist recht charakteristisch. Überhaupt ist dieser Feldzug in Böhmen aus lauter Schritten von geringer Bedeutung zusammengesetzt, wenn man die schnelle Eroberung von Prag mit einer Besatzung von 12,000 Mann ausnimmt.

§. 5.
Charakteristische Aufstellung des Kräfte.

(1745.) Merkwürdig ist Friedrich des Großen Stellung im Jahre 1745 in Böhmen vor der Schlacht von Soor. Sowohl in seinem Lager bei Chlumetz, als später zwischen Jaromirs und Smirschitz, macht er Front gegen die Elbe und hat seine Rückzugsstraße und Verpflegungs-

linie sowohl über Trautenau nach Schweidnitz, als über
Braunau nach Glatz fast vor der Front. Der Herzog
von Lothringen zwischen Königs-Grätz und Jaromirs hat
seine Verpflegungslinie gleichfalls vor dem linken Flügel
in Pardubitz und Deutsch-Brodt. Die Grafschaft Glatz
ist von den Preußen unter Fouqué besetzt, der sich mit
den östreichischen leichten Truppen glücklich herumschlägt.
An leichten Truppen sind die Östreicher dem Könige weit
überlegen und dieser muß nun um jeden Transport, der
aus Schweidnitz von fünf zu fünf Tagen kommt, batail-
liren. Dieser Zustand dauert viertehalb Monat. Der
König hatte zur Deckung seiner Verpflegungslinie außerdem nach Glatz und nach Oberschlesien detachirt, so daß
sein Heer von 65,000 Mann, mit dem er in Böhmen
einrückte, im Lager bei Studenz und in der Schlacht von
Soor nicht über 18,000 Mann zählte, während der Prinz
von Lothringen 40,000 Mann stark war.

§. 6.

Charakter der vier ersten Schlachten.

(1741 — 1745.) Alle vier Schlachten der beiden
ersten schlesischen Kriege, Mollwitz, Czaslau, Hohenfriedberg und Soor, sind im Grunde wahre Rencontres, Ver-
theidigungs- und Gelegenheits-Schlachten Friedrich des
Großen, in welchen er im letzten Augenblick zur Offensive
überging; mit Ausnahme von Hohenfriedberg, welche er
einigermaßen vorhersah und wollte. Der Feind kam ihm
nahe, ein Rückzug wäre gefährlich gewesen, ein Sieg war
der politischen Verhältnisse wegen ohnedies wünschenswerth, und so dann in Gottes Namen ging er darauf.
Die Folge war, daß er von keiner einen andern Vortheil
zog, als die in der Schlacht gemachten Gefangenen und

erhaltenen Trophäen. Eben so war es den Östreichern nicht eigentlich um eine Schlacht zu thun; sie rückten nicht in der bestimmten Absicht vor, die feindlichen Armee aufzusuchen und anzugreifen, weil ihnen der Sieg ein Bedürfniß war; sondern sie hatten von ihrem Hofe den Befehl, etwas zu unternehmen, und in allen Fällen war es mehr auf ein Zurückmanövriren und Landgewinnen, als auf einen eigentlichen Sieg abgesehen. Sie schlugen also blos, weil eine Schlacht ihrem Zwecke nicht grade entgegen war und der König ihnen so schnell auf den Leib rückte, daß sie sie nicht gut vermeiden konnten.

§. 7.

Feldzugspläne Friedrich des Großen in den ersten schlesischen Kriegen.

Die strategischen Pläne Friedrich des Großen in seinen vier ersten Feldzügen schließen sich sehr einfach an seine politischen Pläne an. Im Jahre 1741 wollte er Schlesien erobern und dann vertheidigen und nichts mehr. Dies ging so weit, daß er sich mit den Engländern in eine geheime Convention einließ, vermittelst welcher die Vertheidigung von Neisse nur zum Schein geführt wurde. Aber der König sah, daß er den Frieden noch nicht erhalten konnte; er konnte also der Allürten nicht entbehren; neue Aussichten, ein Stück von Böhmen dazu zu erobern, zeigten sich; konnte er es nicht behalten, so war es immer gut zur Herausgabe, um damit die Abtretung Schlesiens zu erkaufen. Er beschloß also in dem Feldzuge von 1742 zum Entsatz der in Linz belagerten Armee des Herrn von Ségur mitzuwirken und durch eine Unternehmung durch Mähren gegen die östreichische Grenze eine Diversion zu machen, während er sich dadurch zugleich Mährens bemäch-

3 *

tigte. Aber er war weit entfernt, dies mit der ganzen Macht zu thun, die ihm zu Gebote stand; sondern nur mit 15,000 Mann; die übrigen Truppen sollten in Schlesien und Böhmen bleiben. Er wirkte sich also eine Corps von 15,000 Sachsen und etwa 10,000 Franzosen zu dieser Unternehmung aus. Es war offenbar nur eine Diversion, hätte sich indessen die Gelegenheit gefunden, der östreichischen Armee, wenn sie herangezogen kam, mit Vortheil eine Schlacht zu liefern, so würde Friedrich der Große es nicht abgelehnt haben. An eine Hauptunternehmung, an Östreich und Wien, wurde dabei gar nicht gedacht. Es war gar nicht in Friedrich des Großen Interesse, die Östreicher ganz herunter zu bringen und dann die Franzosen den Meister spielen zu sehen. Er sagte es in seiner Histoire de mon temps ausdrücklich. Auf diese Weise erfüllte er die Pflicht des Bündnisses, flößte den Östreichern eine Furcht ein, verlor nichts von der erworbenen Wichtigkeit, hatte die Möglichkeit Mähren zu erobern und setzte wenig auf das Spiel. Brünn konnte nicht erobert werden, weil die Sachsen die Kosten davon nicht bestreiten wollten. Die östreichische Armee unter dem Herzog von Lothringen rückte heran, die Franzosen waren schon abgerufen, die Sachsen im Begriff den König zu verlassen; er ging also schon im April aus der Gegend von Znaym in die von Chrudim in Böhmen zurück, wo er noch ein gutes Stück von Böhmen in Besitz erhielt und bald darauf die Schlacht von Czaslau und den Frieden gewann.

Im Jahre 1744 trat Friedrich der Große von Neuem auf den Kampfplatz, weil die Östreicher anfingen ein zu starkes Übergewicht zu bekommen und er aus dem ganzen Stand der politischen Verhältnisse die völligste Überzeugung

zog, daß man von Seiten der Östreicher, Sachsen und
Engländer darauf bedacht war, ihm Schlesien wieder abzunehmen. Der Breslauer Frieden war noch eine zu
schwache Garantie dieses Besitzes, Friedrich der Große
mußte sich noch einmal furchtbar zeigen, um mehr Sicherheit des Besitzes zu gewinnen. Sein Plan war, in Böhmen einzufallen, Prag zu erobern, dadurch ein neues Un-
terpfand zu bekommen und zum Besten der Franzosen am
Rhein eine Diversion zu bewirken, welche einen Theil der
östreichischen Armee von daher abzöge. Nach der Eroberung von Prag wollte er auf der Vertheidigung bleiben,
und es geschah nur aus Rücksicht für die Franzosen und
um dem zweiten Theil seiner Absicht, nämlich der Diversion etwas mehr Kraft zu geben, daß er sich bis Tabor
und Budweis vorschob, um Östreich mehr zu bedrohen.
Diese offensive Spitze erliegt sehr schnell ihrer natürlichen
Schwäche. Der König überall von östreichischen leichten
Truppen umgeben, ist von Prag und Schlesien völlig abgeschnitten. Der Herzog von Lothringen kommt mit der
Hauptarmee an, und der König, der erst Ende September
in diese Stellung eingerückt ist, tritt den 8. Oktober den
Rückzug schon wieder an. Sein Bestreben ist nun, die
Gegend, durch welche er zieht, auszuzehren und daher bringt
er noch volle vier Wochen Zeit auf der Straße von Tabor bis Collin zu. Der Prinz von Lothringen folgt ihm
und sucht ihn auf beiden Seiten immer so viel als möglich einzuschränken. Nachdem Friedrich der Große den
9. November über die Elbe gegangen ist, gewinnt er noch
vierzehn Tage Zeit hinter diesem Fluß, welchen er zur
Deckung seiner Front braucht, während das besetzte Collin
und Pardubitz die Flügel sichern. Die Armee kantonnirt.
Ende November gehen die Östreicher in der Mitte dieser

Linie über die Elbe und der König beschließt seine Winterquartiere in Schlesien zu nehmen und Prag wieder zu verlassen.

Friedrich der Große zeigt in diesem Feldzuge keine große Lust zu einer Schlacht. Der Prinz von Lothringen, mit dem sich die Sachsen vereinigt haben, ist ihm überlegen; seine Armee bei der Überlegenheit der feindlichen leichten Truppen hat Mangel gelitten, sie ist durch Krankheiten sehr geschwächt, Friedrich der Große hält es unter diesen Umständen nicht für gerathen, sich für den Besitz des halben Böhmens aufs Äußerste zu schlagen; er begnügt sich, seine Bundespflicht erfüllt und an Land nichts eingebüßt zu haben. Er fühlt sich in Schlesien stärker und beschließt im nächsten Feldzug den Feind da abzuwarten, um einen Sieg über ihn zu gewinnen.

Man muß also die Eroberung Böhmens im Jahre 1744 wie die von Mähren im Jahre 1742 ansehen, als eine bloße Diversion, wobei die Möglichkeit sich zu behaupten in den Hintergrund zurücktritt.

Bei den wenigen Nachrichten die man von diesem Kriege hat, kann man unmöglich sagen, ob Friedrich der Große den Herzog von Lothringen hätte angreifen können und sollen. Allerdings würde ein Sieg, der Friedrich den Großen in den Stand gesetzt hätte, in Böhmen Winterquartiere zu beziehen, ihm in seiner Lage sehr nützlich gewesen sein; er zeigte den Östreichern dadurch, wie furchtbar er ihnen sei und daß sie leicht um eine zweite Provinz kommen könnten, wenn sie die erste durchaus zurück haben wollten; das würde den Frieden, wie er ihn wünschte, sehr gefördert haben. Allein ein gewöhnlicher Sieg konnte dies Resultat kaum versprechen; der Prinz von Lothringen wäre einige Märsche zurückgegangen und die Beziehung der Winterquartiere in Böhmen würde immer ein gewagtes Ding gewesen sein. So kann man sich den Plan des Königs vollkommen in dem Sinn einer Kriegskunst erklären, die zwar nicht zaghaft, sondern im Augenblick der Gefahr sehr entschlossen, aber übrigens vorsichtig ist und die sehr abgemessenen Kräfte gut zu schonen weiß.

Im Feldzuge von 1745 gegen die böhmische Armee beschloß Friedrich der Große auf der Vertheidigung zu bleiben; in diesem Sinn lieferte er die brillante Schlacht von Hohenfriedberg am Fuß der Gebirge und folgte den Östreichern nur bis an die Elbe, um die nächsten Gegenden auszuzehren, auf Feindes Unkosten zu leben, und die feindliche Armee zu verhindern, die Winterquartiere zu beziehen. Die Schlacht bei Soor lieferte der König, theils weil er von den Östreichern etwas überfallen war und nicht gut zurück konnte, theils um seines politischen und moralischen Gewichtes willen. Seine Siege sollten ihm nicht nur Länder, sondern auch neuen Respekt verschaffen. Er blieb, wie er selbst sagt, blos um der Ehre willen fünf Tage auf dem Schlachtfelde und zog sich dann langsam nach Schlesien zurück.

In dem Winterfeldzuge von 1745 gegen die Armee in Sachsen will der König den Plan der Östreicher und Sachsen gegen Berlin und die Mark zu Schanden machen; er stellt unter dem Fürsten von Anhalt eine Armee bei Halle auf und beschließt mit einer andern aus Schlesien, ihnen, wenn sie durch die Lausitz ziehen würden, in die Flanke zu fallen. Es war ihm blos um ein Abwehren des Stoßes zu thun, aber freilich auf eine Art, die ihm durch einen neuen Sieg neues Gewicht verschaffte. Er überfällt mit der schlesischen Armee die Quartiere des Prinzen von Lothringen in der Gegend von Görlitz, nimmt ihm in dem Gefecht von katholisch Hennersdorf einige tausend Mann ab, und nöthigt ihn zum Rückzug nach Böhmen mit einem Verlust von 5000 Mann. Dieser Erfolg kann einem mäßigen Siege gleich geachtet werden. Vielleicht hätte Friedrich der Große mehr erreichen können, wenn er dreister darauf losgegangen wäre; aber er wollte die Vorsicht nicht aus der Hand lassen; ein halber Sieg war ihm genug; indem er nach einem größern Sieg strebte, mußte er sich größerer Gefahr aussetzen; das paßte nicht in seine Rechnung. Nach diesem wichtigen Vortheil erneuert er seine Friedensanträge, ohne seine Forderungen im mindesten zu steigern; sie werden abgelehnt. Der Fürst von Anhalt rückt der sächsischen Armee auf den Leib, die unter Rutowski bei Leipzig sich versammelt; sie zieht sich nach Dresden zurück, der Fürst von Anhalt folgt ihr, wird von Meissen her durch ein Corps von des Königs Armee unter General Lehwald verstärkt, und greift sie den 15. Dezember in einer Stellung, die sie bei Kesselsdorf genommen hat, an; er erhält einen vollständigen Sieg über sie, und der Prinz von Lothringen, der zwei Tage vorher von Leutmeritz her bei Dresden angekommen ist und seine Truppen in Cantonements verlegt hat, muß sich nach Böhmen zurückziehen. Friedrich der Große ist am Tage der Schlacht in Meissen angekommen.

Sonderbar ist es, daß beide, der König wie der Prinz von Lothringen ihre untergeordneten Feldherrn eine Schlacht von der Wichtigkeit schlagen lassen, ehe sie mit ihnen vereinigt sind, und ohne zu wissen, ob sie es nicht mit dem ganzen Gegner zu thun haben werden.

Auch dieser glänzende Sieg, welcher den König in den Besitz von ganz Sachsen setzt, vermog ihn nicht seine

Bedingungen zu steigern. Es ist ihm immer nur um den gesicherten Besitz von Schlesien zu thun.

So viel Waffenglück und so viel Mäßigung führen ihn endlich ans Ziel; der Dresdner Frieden wurde noch im Dezember geschlossen, und dadurch der Besitz von Schlesien von Neuem bekräftigt.

Freilich würde Friedrich der Große in allen diesen Fällen, wenn er mit gesammelter Macht die östreichische Hauptarmee angegriffen und geschlagen, wenn er dann seinen Marsch auf Wien gerichtet hätte, der östreichischen Regierung einen großen Schreck eingeflößt, und sie folglich um so eher zu den Bedingungen gebracht haben, die er ihr vorschreiben wollte. Daß er aber dies konnte, sowohl im Jahre 1742 als 1744 und 1745 ist weniger zweifelhaft als die meisten Dinge im Kriege sind; allein man muß folgende Betrachtungen aus den Zeitverhältnissen genommen, in die Wagschaale legen.

1. Die Verpflegung des Heeres, wie sie seit der französischen Revolution üblich ist, und wie sie damals allerdings auch möglich war, war doch nicht Sitte und würde für eine völlige Verheerung des Landes gegolten und in den Gefühlen und Meinungen gewaltige Reaktionen veranlaßt haben. Auch war sie nicht ganz leicht, weil man nicht darauf eingerichtet war. Friedrich der Große mußte also in der Verpflegung schon ein großes Hinderniß sehen, sich bis Wien vorzuwagen; da es ihm im Jahre 1744 schon schwer wurde, seine Brod- und Mehltransporte bis Budweis zu schaffen.

2. Ein Krieg mit größerer Gewalt geführt würde das Instrument, womit er geführt wurde, nämlich Heer und Schatz stärker angegriffen haben. Verlor der König in einem Feldzug, wie die von 1742, 1744 und 1745 wa-

ren, vielleicht 20,000 Mann, so würde er bei Anwendung einer großen Energie vielleicht das Doppelte verloren haben. Nun kann man aber wohl annehmen, daß ein bewaffneter Mann, Artillerie und Kavallerie mit eingerechnet, dem Staat an 100 Thlr. kostete, weil die ganze Ausrüstung desselben mit ihm verloren ging, ein solcher Feldzug kostete also schon darum ein Paar Millionen mehr. Rechnet man noch den weiten Transport von Munition und Lebensmitteln hinzu, so wächst die Mehrausgabe vielleicht noch um eine Million und man begreift also wie Jemand der nur noch ein Paar Millionen im Schatz hat, darauf einen sehr großen Werth legen konnte. Freilich hätte er es zum Theil durch Kriegscontributionen einbringen können, allein wenn diese bis zu einem solchen Betrage sich hätten belaufen sollen, so würde dies ein neues Hinderniß des Friedens, ein neuer Grund zum Haß und Widerstand geworden sein.

Welchen Werth Friedrich der Große aber auf die Menschen selbst legte, sieht man daraus, daß er die Gefangenen immer unterstecken ließ und sich in seiner Histoire rühmt auf diese Weise dem Lande so viel Rekruten erspart zu haben. Wo man also mit Geld und Menschen so haushälterisch verfährt, da ist die Berechnung des Kraftaufwandes immer die erste Sache, an welche man denkt, und man kommt bald an eine Linie, welche man für die Grenze des Möglichen hält, und über welche hinaus man nicht gehen darf, was auch die Folgen sein mögen.

3. Da Friedrich der Große nachdem er Schlesien fast ohne Schwertstreich erobert, seinen positiven Zweck erreicht hatte, und es ihm von da an nur auf die Erhaltung ankam, so war er auf der Wertheidigung, und das Vorschreiten wäre also nur an ihm gewesen, wenn er hätte

befürchten müssen, eine günstigere Zeit ungenutzt vorüber-
gehen zu lassen und dann in einer schlimmeren ein größeres Gewicht auf sich zu laden. Dies war in zwei Beziehungen allerdings der Fall. Die erste Beziehung war
die allgemeine, in welcher jeder steht, der nicht die größte
Anstrengung anwendet; nämlich die Gefahr, daß der andere sie später anwendet und ihn dann überbietet. Hätten
die Östreicher sich einfallen lassen, Anstrengungen zu machen, wie wir sie jetzt als möglich kennen, so würden sie
Schlesien leicht wieder bekommen haben. Aber das war
nicht zu befürchten, denn es war etwas, woran kein Mensch
dachte; so wie Friedrich der Große mit Thalern und Rekruten rechnete, eben so that es die östreichische Regierung.
Die zweite Beziehung war, daß die Verbündeten, welche
Friedrich der Große hatte, ihn nach und nach im Stich
lassen konnten, denn im Grunde hatte keiner ein solches
Prinzip der Feindschaft mit Östreich wie er, wenn er
Schlesien durchaus behalten wollte. Es war also voraus-
zusetzen, daß, wenn Östreich nicht niedergeworfen, zur Be-
friedigung aller Ansprüche gezwungen und dadurch zur
Rache unfähig gemacht würde, die andern nach und nach
abtreten würden und Preußen dann allein stehen und also
völlig überwunden sein würde. Aus diesem Dilemma gab
es aber noch einen Ausweg, nämlich den der Politik.
Wenn Preußen damals unstreitig der gefährlichste Feind
Östreichs, den Augenblick der Ohnmacht dieses Staates
benutzte, an Statt ihn völlig niederzuwerfen, ihm durch
absichtliches Innehalten aufzuhelfen, so erwarb es sich ein
Verdienst um dasselbe, und dieses Verdienst konnte mit
der Abtretung Schlesiens belohnt werden. Östreich konnte
mit dieser einen Provinz den Besitz aller übrigen erkaufen.
So geschah es und Friedrich der Große zog diesen Aus-

weg der gewaltsamen Entscheidung vor. Daß Friedrich
dem Großen dies gelang, troß des großen Preises, welcher in dem Verlust einer Provinz wie Schlesien lag, und
troß des allgemeinen Neides aller andern betheiligten Fürsten, lag in den Verhältnissen. Von allen Feinden Östreichs war nur Preußen und Frankreich in Betrachtung
zu ziehen; das Abtreten der Anderen konnte wenig helfen,
weil sie zu unbedeutend waren. Nun wäre es allerdings
natürlich gewesen, daß Östreich den Franzosen einige Städte
in den Niederlanden abgetreten und diese dadurch beschwich-
tigt hätte; dadurch wurde Östreich nicht viel kleiner und
Frankreich nicht viel größer, während die Abtretung eines
solchen Landes wie Schlesien nicht allein Östreich vielmehr
schwächte, sondern auch einen Nachbarn zum wahren Ri-
val erhob. Allein Maria Theresia glaubte Schlesien in
der Folge leichter wieder nehmen zu können, als was sie
an Frankreich abtrat; es war ihr um die Rückerwerbung
Lothringens zu thun, in Frankreich war die Partei der
Brüder Belleisle für die Schwächung Östreichs und so
konnte Friedrich der Große dem alten Fleuri in der Schlau-
heit den Sieg ablaufen und sein Schlesien in Sicherheit
bringen.

§. 8.
Deckung der seitwärts gelegenen Provinzen.

Der König unterließ in diesen beiden Kriegen nie,
Oberschlesien durch ein besonderes Corps zu decken, in der
That würden die ungarischen leichten Truppen ohne diese
Maßregel immer im Besitz von halb Schlesien gewe-
sen sein.

§. 9.

Überlegenheit der Östreicher an leichten Truppen.

Merkwürdig ist in diesen beiden Kriegen noch die Überlegenheit der Östreicher an leichten Truppen, wodurch die preußische Armee auf eine sonst in der Kriegsgeschichte wohl kaum erhörte Art in ihren Verbindungen gestört war. Im Jahre 1744 war Friedrich der Große bei Budweis und Tabor vier Wochen ohne Nachrichten aus Schlesien. Im Jahre 1745 mußte er das ganze Regiment Ziethen nach Jägerndorf absenden, um dem Markgrafen Carl den Befehl zum Abgang zu bringen, und dergleichen mehr.

Zweiter Abschnitt.

Bemerkungen über den siebenjährigen Krieg.

Der Feldzug von 1756.

§. 10.

Der General Lloyd und ähnliche Strategen.

(1756.) Die kritischen Betrachtungen und Urtheile des Generals Lloyd sind ein Muster jener falschen Theorie, die sich bis in unsere Zeiten hineinzieht. Wollte man mit einem an logische Gesetzmäßigkeit und einen Zusammenhang des Urtheils gewöhnten Verstand diese Betrachtungen genau durchgehen, so giebt es vielleicht nicht eine einzige Vorstellung in derselben, die nicht verworfen werden müßte. Alles ist völlig grundlos und willführlich, obgleich immer mit dem Ansehn einer theoretischen Nothwendigkeit hingestellt. Liest man die Beschreibung des Kriegsschauplatzes (Böhmen, Mähren, Sachsen und Schlesien), so sieht es aus als könnte eine Armee nur auf den vom General Lloyd angegebenen Straßen sich bewegen, und nur aus Magazinen, die in festen Orten liegen, unterhalten werden. Diese beiden Voraussetzungen liegen allen Urtheilen zum Grunde, sind aber so wenig deutlich gedacht, so wenig ausgesprochen, so wenig mit diesen Urtheilen in unmittelbare Verbindung gebracht, daß diese durchaus das Ansehn von Orakelsprüchen haben, die, wie wir die Sache jetzt kennen, als wahre Narrheiten erscheinen. In seiner Kritik des Feldzugs von 1756 läßt der Verfasser seiner Narrheit den Zügel völlig schießen. Friedrich der Große soll 20,000 Mann in Sachsen las-

sen, mit 90,000 Mann auf Wien marschiren, ein Corps
nach Ungarn schicken, die sächsische Armee in der Folge
zwischen die Quellen des Rheins und der Donau vorrük-
ken lassen, von wo aus sie mit einem detachirten Corps,
Passau besetzen soll, einen sehr festen Punkt, durch den jede
Verbindung zwischen Östreich und dem Reich abgeschnitten,
Ober-Östreich und Tyrol in Schranken gehalten wird.
(Tempelhoff Bd. 1. S. 53 u. s. w.) Von der einen Seite
begreift man zwar nicht, wie bei einer Theorie, die den
Krieg auf ein Paar Wege und Festungen und auf ein
halbes Dutzend Stellungen in einem ganzen Königreich beschränkt, dem Angreifenden solche Projekte zugestanden werden können, da dem Vertheidiger jener Einfluß von ein
Paar Straßen und Orten doch vorzüglich zu Statten kommen muß, von der andern Seite sieht man aber allerdings
durch, daß der kritische Theurg diese großartigen Lineamente
hauptsächlich nur darum anzugeben sich für berechtigt hält,
weil er die geheimnißvollen Punkte und Linien kennt, die
Alles bestimmen. Der Widerspruch, daß es dergleichen
auch für den Vertheidiger geben muß, fällt einem Philo-
sophen solcher Art nicht ein.

Diese Thorheiten haben sich bis auf unsere Zeiten
fortgepflanzt, die gelehrten Militaire haben dem Reiz nicht
widerstehen können, sich für einzelne Punkte und Linien
eine besondere Wichtigkeit herauszudemonstriren und wenn
sie auf diese Weise mit ihrer eignen Überzeugung fertig
waren, sie mit geheimnißvoller Miene als diejenigen Grö-
ßen aufzustellen, auf die es hauptsächlich ankomme, und
deren Wichtigkeit nur das Genie erkennen könne. Sie
fühlten einen Widerwillen den wahren Zusammenhang ihrer Überzeugung auseinander zu legen, weil ihnen doch un-
heimlich dabei zu Muthe war, der gesunde Menschenver-

stand könnte allerhand daran auszusetzen finden, oder eine scharfe philosophische Kritik Alles über den Haufen werfen. Es war ihnen so, als wenn dies die Wahrheit sein müßte, und so hielten sie es denn gern für die Offenbarung und neue Anschauung des Genies. Diese Art zu denken und zu urtheilen, hat unsere ganze Theorie ausgemacht, und der General Lloyd ist vielleicht einer der ersten gewesen, welcher diese Thorheit aufgebracht hat.

§. 11.

Der Operationsplan Friedrich des Großen.

Der Operationsplan Friedrich des Großen im Jahre 1756 war auf die Eroberung Sachsens und die Zerstreuung der sächsischen Armee gerichtet; da es aber leicht geschehen konnte, daß die sächsische Armee an Statt sich ins Lager von Pirna zu werfen, den Rückzug nach Böhmen genommen und daß die Eroberung Sachsens in einem bloßen Marsch bestanden hätte, so beschloß der König im Grunde schon 1756, was er das Jahr darauf ausführte, nämlich in Böhmen einzudringen, die Östreicher vielleicht zu schlagen, sich dadurch ein moralisches Übergewicht für einige Zeit zu verschaffen, von den Umständen so viel Nutzen als möglich zu ziehen, in jedem Fall so viel Terrain als möglich zu gewinnen, um den Krieg von dem eigenen Staate zu entfernen und mehr auf Kosten des feindlichen Landes zu führen. Ob er Prag und halb oder ganz Böhmen erobern, ob er es behaupten, d. h. seine Winterquartiere darin nehmen würde, war völlig unbestimmt. Das Günstigste, worauf der König allenfalls rechnete, war, die Winterquartiere in den der Grenze zunächst gelegenen Kreisen beziehen zu können; das Wahrscheinlichste aber im Spätherbst nach Sachsen und Schlesien zurückzukehren. Der Entschluß der Sachsen sich nach Pirna zu werfen, hat diesen Plan ein wenig modifizirt. Nun konnte der Einfall nach Böhmen nicht mehr so ernstlich werden; die Einschließung der sächsischen Armee war nun die Hauptsache und das Vorrücken des Königs mit einer 25,000 Mann starken Armee nach Böhmen und die Schlacht von Lowositz geschah nur zur Sicherung dieser Hauptsache. Was der Feldzug des Königs dadurch an Umfang verlor, gewann er an Intensität, denn die Gefangennehmung der ganzen sächsischen Armee war nach den damaligen Verhältnissen wichtiger als eine gegen die Östreicher gewonnene Hauptschlacht.

§. 12.
Das Betragen des Feldmarschalls Brown.

Das Betragen der Östreicher, nämlich des Generals Brown ist die Folge gewöhnlicher Ängstlichkeit und Vorsicht. Es war erlaubt, sich vor Friedrich dem Großen zu fürchten, es war verzeihlich, daß der General Brown seine Armee, die einige 30,000 Mann stark war, für viel zu schwach hielt, um sich mit der preußischen Armee in Sachsen zu messen; aber nachdem der König mit 25,000 Mann ihm entgegengerückt war, hätte er, wenn er auch in der Schlacht von Lowositz noch nicht gehörig davon unterrichtet war, und dies Gefecht als eine Art von Rencontre betrachtet werden kann, doch in der nächsten Woche darauf den Versuch machen müssen, diese vorgeschobene Observationsarmee mit seiner Übermacht zu schlagen. Wenn der Entsatz einer verbündeten Armee, von 20,000 Mann keine Schlacht hervorrufen kann, so giebt es überhaupt keinen Grund zu einer Schlacht. Dieser Moment ist daher als

einer der stärksten Beweise anzusehen, wie die Kriegführung in jener Zeit zweck- und ziellos umherirrte.

Feldmarschall Brown wollte, daß sich die sächsische
Armee auf dem rechten Elbufer durchschlagen sollte; er
wollte darin nur mit 8,000 Mann unterstützen. Wenn
man die Natur der Gegend bedenkt und, daß das Unternehmen der Sachsen mit einem Elbübergang anfangen
mußte, so kann man den glücklichen Erfolg fast nicht anders als unmöglich ansehen. Selbst wenn es gelang, die
preußischen Posten beim Lilienstein zu erwältigen, so wäre
doch vermuthlich eine allgemeine Auflösung der sächsischen
Armee die Folge davon gewesen. Es war also nur das
Simulacre einer Hülfe.

Der Feldzug von 1757.

§. 13.

**Der Feldzugsplan Friedrich des Großen und das Benehmen
der Östreicher; Hakenaufstellung gegen Umgehungen.**

(1757). 1. Der König beschließt die Östreicher in
Böhmen zu überfallen; er hofft ihnen dabei bedeutende
Verluste beizubringen und dadurch für den übrigen Theil
des Feldzugs eine Überlegenheit zu erhalten, auch vielleicht
zu einer vortheilhaften Hauptschlacht Gelegenheit zu bekommen, die dann den Erfolg des Krieges entscheiden könnte;
d. h. die Kaiserin Maria Theresia wird, wenn sie eine
tüchtige Schlacht verliert, vielleicht geneigt sein, ihre Unternehmungen aufzugeben und Frieden zu schließen. Man
sieht, wie viel er auf den moralischen Erfolg der Schlacht
rechnet. Nur von diesem spricht er, wenn er des Friedens gedenkt, nicht von den physischen Folgen, d. h. von

narchie. Nach unserer jetzigen Art zu schließen, müßte es
diese Besorgniß sein, welche den Frieden herbeiführt;
soll aber die Kaiserin diese Besorgniß hegen, so wäre es
doch auch billig, daß der König von der Möglichkeit dieser Folgen eines großen Sieges spräche. Das thut er
aber nicht und daran hat er vermuthlich nicht sehr gedacht
und geglaubt. So wie die Schlachten von Czaslau und
von Kesselsdorf die Veranlassung zum Frieden geworden
sind, so könnte es auch die von Prag werden. Diese Ansicht des Königs ist durchaus in seiner Zeit, noch mehr
aber in seiner Lage gegründet.

Daß er unter diesen Umständen von Schlesien und
Sachsen zugleich und zwar aus dem letztern auf drei verschiedenen Wegen einbrach, liegt im Zwecke selbst, der
plötzliche Einbruch schließt die größere Vereinigung der
Kräfte aus, sie ist aber ohnedem nachtheilig, weil bei einem
strategischen Überfall nirgends ein großer Vortheil errungen werden kann, es also darauf ankommt, viele kleinere
zu erringen, welches nur geschehen kann, wenn die Berüh-
rungspunkte vermehrt werden. Prag war der ganz natürliche Vereinigungspunkt der schlesischen und sächsischen
Streitkräfte; es wurde also dazu bestimmt.

Dieser Plan des Königs verdient gewiß Bewunderung. Wie selten war es in jener Zeit, seinen Unternehmungen wirklich Ideen einzuimpfen, d. h. seine Streitkräfte auf eine Art zu gebrauchen, die mehr als den gewöhnlichen Erfolg versprach; sie durch die Form zu ver-
vielfachen; und besonders wie selten war die Idee eines
Überfalls in Ausführung gebracht worden. Es war also
schon ein Verdienst, diese Idee zum Grunde zu legen.
Die Absicht der Östreicher war, mit dem Frühjahr in
Sachsen, der Lausitz, Nieder- und Ober-Schlesien vorzu-

4 *

dringen; dies hatte eine große Vereinzelung ihrer Kräfte und die Anlage ihrer Magazine in der Nähe der Grenze veranlaßt, und die Idee des Überfalls war also doppelt passend. Wenn man selbst das Vorgehen im Sinn hat, so denkt man weniger an die Möglichkeit des feindlichen und ist weniger darauf gefaßt; der König konnte sich immerhin in vier Colonnen zertheilen, er durfte nicht fürchten, auf eine vereinte Macht des Feindes zu stoßen. Die Eroberung der feindlichen Magazine war in jener Zeit noch wichtiger, als sie es jetzt sein würde, und dadurch wurden also in jedem Fall bedeutende Vortheile gesichert, wenn sie auch bei den eigentlichen Waffenerfolgen, welche mit einem solchen Überfall verbunden sind, weniger groß sein sollten, als der König sie sich dachte. Endlich ist es eine nicht gewöhnliche strategische Industrie, daß der König allerhand Maßregeln und kleinere Unternehmungen anwandte, um die Östreicher irre zu führen.

Das Eindringen in Böhmen in so viel getrennten Haufen ist hiernach für die Zeit und den individuellen Fall vollkommen motivirt; man kann aber noch ein Motiv hinzufügen, was in jener Zeit immer vorwalten mußte; es ist nämlich der größere Landstrich, in dessen Besitz der König dadurch kam. Wäre er blos von Sachsen aus gegen Prag vorgedrungen, so würden die zwischen der Elbe, Iser und der Grenze gelegenen Kreise Böhmens den Östreichern verblieben sein, so lange sie nicht ganz aus der Gegend von Prag vertrieben wurden. Das Vorgehen von zwei Seiten hatte also die Wirkung eines Vorgehens in größerer Ausdehnung.

Der Gedanke, durch das concentrische Vordringen von Sachsen aus die gegen Schlesien aufgestellten Truppen oder umgekehrt von Schlesien aus die gegen Sachsen stehenden, abzuschneiden, kam gewiß am wenigsten in Betrachtung, und wenn die Östreicher bei Prag wirklich eingeschlossen und, ihres Rückzuges, beraubt worden, sind, so hat darauf die Lage, von Schlesien und Sachsen, kaum noch einen Einfluß; man muß es vielmehr. als, einen freiwilligen aber. freilich fehlerhaften Akt der Östreicher durch die Wahl ihres Schlachtfeldes bei Prag betrachten.

2. Daß der Feldmarschall Serbelloni bei Königs-Grätz stehen, blieb, ist in keinem Schriftsteller motivirt. Vermuthlich war die Deckung vorhandener Magazine und, die Idee, die Vertheidigungslinie von Königs-Grätz, auf Prag zu halten, so, wie die Hoffnung, die schlesisch-preußische Macht dadurch in jener Gegend festzuhalten die Ursache. Diese Gründe sind. sehr. im Charakter jener Zeit, zeigen aber, wie. untergeordnete Zwecke der Hauptsache Eintrag thun können.

3. Das Hineinwerfen der Östreicher in Prag rührte von der verderblichen Art her, den Umgehungen durch die Bildung eines Hakens entgegen zu wirken. Eine von hinten. kommende Reserve hätte die ursprüngliche Schlachtlinie erhalten.

§. 14.

Über das Aufreiben der einzelnen Colonnen des Königs.

Man hat so viel getadelt, daß die Östreicher nicht eine der preußischen Colonnen. vor der Vereinigung. angegriffen hätten. Dergleichen ist aber niemals. so. gar leicht zu bewerkstelligen und in jedem Fall; gehören dazu vorgefaßte Entschlüße und Einrichtungen, auch einige Vermuthungen über des Feindes Pläne, vor Allem aber eine passende Aufstellung. Alles das fehlte, und es konnte dieser Anfall eines Theils mit ihrem Ganzen nicht eher als

nach ihrer Vereinigung bei Prag geschehen, d. h. es reduzirt sich am Ende alles auf den Angriff des Königs, nachdem er bei Podoaba übergegangen war. Damals war ihm
aber der Feldmarschall Schwerin schon eben so nahe, als
die Östreicher selbst und er konnte sich diesem Stoß also
sehr leicht entziehen. Das Hervorbrechen aus der Stadt,
um den Feldmarschall Keith anzugreifen, war eine mit der
damaligen Taktik fast unvereinbare Maßregel.

§. 15.

Die Vertheidigung der Streitkräfte vor Prag und gegen Daun.

Durch den Rückzug der östreichischen Armee nach
Prag hinein, gewann der Feldzug eine Wendung, die dem
Könige einen ganz unerwarteten Erfolg versprach, einen
Erfolg, der den Feldzügen Bonapartes ähnlich gewesen sein
würde. 50,000 Mann gefangen zu nehmen, eine Armee
von 70,000 Mann vernichtet zu haben, war ein so unerhörter Schlag, daß er durch die ganze östreichische Monarchie dröhnen mußte, und höchst wahrscheinlich den Frieden herbeigeführt haben würde, ohne daß Friedrich der
Große nöthig gehabt hätte, anderweitige Unternehmungen
daran anzuknüpfen. Ein solches Ziel mußte natürlich zu
den größten Anstrengungen fortreißen, und auf diesem
Punkt befindet sich der siebenjährige Krieg von Seiten des
Angreifenden zum ersten und letzten Mal auf gleicher Höhe
mit den neuern Kriegen; Ziel und Mittel stehen daher in
einem Zusammenhang innerer Nothwendigkeit. Und grade
dieser Theil ist von der albernen Kritik am meisten angegriffen worden. Dieses Stück von der Schlacht von Prag
bis zu der von Collin, welches wie eine genaue grade Linie
angesehen werden kann, weil ein ungeheures Ziel kräftig

dahinzog; ist wie ein Spiel der Willkühr und des Über-
muthes betrachtet worden (Lloyd, Retzow, Gaudi), es giebt
keinen schlagenderen Beweis von den verworrenen Vorstellungen der frühern Theoretiker. Der König schloß den
Prinzen Carl in Prag ein, und sandte eine Observationsarmee ab, um den herangerückten Daun zu beobachten.
Die preußische Armee mochte etwa 80,000 Mann stark
sein, 60,000 blieben vor Prag und 20,000 gingen gegen Daun. Dieser Zustand dauerte fünf Wochen und
die Wahrscheinlichkeit des Erfolges stieg also mit jedem
Tage. Als Daun bis auf 60,000 Mann verstärkt vorrückte, nahm Friedrich der Große noch 10- bis 12,000
Mann, und beschloß ihn mit den 32,000 Mann anzugreifen. Alles dies ist so natürlich, so schnurstraks auf den
Zweck gerichtet, daß es vollkommen den kräftigsten Unternehmungen der neuen Kriege gleicht.

Friedrich der Große glaubt Daun mit 32,000 Mann
schlagen zu können, vielleicht hielt er ihn für nicht so stark,
wie er war (60,000 nach andern 66,000), aber verzeihlich
ist es doch, wenn ein Feldherr, der schon sechs Schlachten
gewonnen, und noch keine verloren hat, der immer (mit
Ausnahme von Prag) der bedeutend schwächere gewesen
ist, zu einer Zeit, wo es noch nicht in dem Maaße wie
jetzt auf das Verhältniß der Zahl ankäm, und unter Umständen die ihm nichts anders zu thun übrig ließen, auf
einen Sieg dabei rechnet. Wie wir die Verhältnisse jetzt
übersehen und bei dem jetzigen Stand der Theorie könnte
man höchstens sagen, er hätte Daun noch um einen Marsch
näher an Prag herankommen lassen, und dann von der Ein-
schließungsarmee noch 10,000 Mann mehr entnehmen sollen.
Alsdann würden noch an 40,000 Mann vor Prag geblieben sein und da die Östreicher höchstwahrscheinlich versucht

haben würden, an derselben Seite durchzubrechen, an welcher sich Daun näherte, so konnte die andere um so schwächer besetzt bleiben. Der König brauchte fünf Tage (vom 13. bis zum 18.) Wäre Daun bis auf einen Marsch herangewesen, so konnte die Sache in drei Tagen füglich abgemacht sein. Wären die Truppen des Nachts abmarschirt, ihre Zelte stehen geblieben, so ist sehr die Frage, ob die Östreicher es anders als durch das Kanonenfeuer erfahren hätten, alsdann aber war es zu spät. In der damaligen Zeit war es überhaupt leichter, eine Armee eingeschlossen zu halten, wie jetzt, denn nach den Vorurtheilen und Einrichtungen jener Zeit, konnten sich 40- oder 50,000 Mann nicht anders schlagen, als wenn sie sich vorher in eine zusammenhängende Schlachtordnung aufstellten, und das ist beim Herausbrechen aus einer Festung, die mit Höhen umgeben ist, sehr schwer.

Auf diese Weise wäre also der Erfolg mehr gesichert gewesen; aber so konnte man nicht im Jahr 1757 an Ort und Stelle urtheilen.

§. 16.
Die Stärke Östreichs im Vergleich zu den Mitteln des Angriffs.

Hätte Friedrich der Große Daun geschlagen und Prinz Carl sich ergeben, so war der Erfolg seines Feldzuges wie gesagt, unerhört. Zwei große Siege, 50,000 Mann mit dem ersten Feldherrn gefangen genommen, die Hauptstadt des Königreichs Böhmen erobert, und das, nachdem etwas Ähnliches im kleinern Maßstabe im vorigen Herbst in Sachsen geschehen war, würde ein Donnerschlag für Östreich und Europa gewesen sein, wahrscheinlich wäre der Friede erfolgt. Wäre dies aber nicht ge-

schehen, hätte sich Daun gegen Wien zurückgezogen und
Friedrich der Große wäre wirklich stark und kühn genug
gewesen, bis vor die Mauern von Wien zu folgen, so
würde er vor den Mauern dieser Stadt gescheitert sein.
Daun hätte sich hineingeworfen (an eine Belagerung war
nicht zu denken), die andern Feinde des Königs würden
sich von ihrem Schreck erholt haben, und Friedrich der
Große hätte doch damit endigen müssen, ganz Böhmen zu
räumen. Ein anderes wäre es gewesen, wenn er, während
er auf Wien seinen Sieg verfolgte, 50,000 Mann fri-
scher Truppen in Sachsen hätte auftreten, seine ganze böhmische Armee (vielleicht dann noch 60,000 Mann) vor
Wien lassen und sich auf einen Augenblick an die Spitze
der sächsischen stellen können, um damit die französische
und Reichsarmee zu schlagen. Aber an eine solche neue
Formation war nicht zu denken und wenn er die Sache
auf die gewöhnliche Weise durch Detachirungen von der
Hauptarmee hätte zwingen wollen, so würde sich trotz dem
beschränkten Maaß der feindlichen Kräfte doch bald die Un-
zulänglichkeit der seinigen gezeigt haben.

Es geht hieraus hervor, daß bei der frühern Kriegs-
einrichtung die Niederwerfung des östreichischen Staats
durch den preußischen bei allem Talent und allem Erfolg
desselben doch eine unthunliche Sache blieb.

§. 17.
Die Stellung Keiths vor Prag.

Es giebt einen Punkt in der Geschichte dieser glänzenden Unternehmung, der trotz aller Krittelei der Zeit-
genossen nicht gehörig aufgeklärt und doch von einer besondern theoretischen Wichtigkeit ist. Als Friedrich der
Große bei Podbaba über die Moldau ging, ließ er zwei

Drittheile seines Heeres, nämlich 32,000 Mann unter Keith auf der kleinen Seite von Prag um sich mit 16,000 Mann zum Feldmarschall Schwerin zu begeben. Die Armee auf dem rechten Ufer der Moldau wurde dadurch 64,000 Mann stark; und war die, welche der König zum Schlagen bestimmte. Was sollte der Feldmarschall Keith auf der kleinen Seite? Verhindern, daß die Östreicher durch Prag gingen? Sie also förmlich einschließen, und die Katastrophe, welche sich nach der Schlacht von Prag wirklich zu ergeben schien, schon damals einleiten?

Das wäre das Kühnste des ganzen Feldzugs zu nennen; denn sich eines Drittheiles des ganzen Heeres in der Schlacht berauben, um die Folgen des Sieges außerordentlich zu machen, ist eine seltene Kühnheit. Allein am 4., als der König über die Moldau ging, standen die Östreicher in einem solchen Lager, daß sie Prag nicht im Rücken, sondern hinter dem linken Flügel hatten, und daß sie ihren Rückzug füglich an Prag vorbei an die Saffawa nehmen konnten. Sie veränderten erst in Folge der Umgehung ihre Stellung, so daß Prag fast in dem Rücken zu liegen kam, und doch ging der größte Theil der Kavallerie und des rechten Flügels nach der Saffawa zurück. Nun kann man sagen, Friedrich der Große habe gleich die Absicht gehabt, sie in der rechten Flanke zu umgehen und in Prag hineinzudrängen, das scheint aber dem historischen Hergang zu widersprechen, nach welchem die Vereinigung mit der Schwerinschen Armee v o r d e r F r o n t der Östreicher geschah und der Linksabmarsch erst später beschlossen wurde, aus dem blos taktischen Grunde, daß die Front zu stark sei. Zwar hatte, wie alle Geschichtsschreiber melden, Fürst Moritz von der Keithschen Armee den Auftrag, mit dem rechten Flügel derselben unterhalb Prag

über die Moldau zu gehen, also der feindlichen Armee in
den Rücken; allein da Friedrich der Große davon gar
nichts sagt, so kann man diese Maßregel, wenn sie wirklich eingeleitet war, nur als eine untergeordnete ansehen,
auf welche man keinen so großen Accent legen kann.

Der König in seiner histoire de la guerre de
sept ans ist sogar überrascht, nach der Schlacht den
Prinz Carl mit drei Viertheil seiner Armee in Prag zu
finden. Also noch einmal — was war die Ursach, den
Feldmarschall Keith mit 32,000 Mann auf der andern
Seite der Moldau zu lassen? Wenn wir ganz im Geist
jener Zeit antworten wollen, so war es keine andere als
Sachsen zu decken. Nämlich der König konnte vom
Schlachtfelde aus, wenn er geschlagen wurde, sich bequem
nach Brandeis und Jung-Bunzlau, also nach Schlesien
und der Lausitz zurückziehen; aber es würde ihm schwer
geworden sein, die Straße von Dresden vor den Östreichern zu gewinnen, wenn diese von Prag aus darauf vorgerückt wären. Auf dieser Straße hatte er nun einen Theil
seiner Magazine und Etablissements, außerdem wollte und
konnte er Sachsen nicht aufgeben; es schien ihm also so
natürlich ein beträchtliches Corps auf der linken Seite der
Moldau zu lassen, welches im Nothfall sich nach Sachsen
zurückziehn und diese Provinz decken könnte, daß er es gar
nicht der Mühe werth hielt, den Grund davon anzugeben.
Dazu kam, daß man in jener Zeit die Zahl in der Schlacht
nicht für so wichtig hielt, wie jetzt und daß sie es in der
That auch etwas weniger war.

Wenn diese Ansicht die richtige sein sollte und man
kann es bei einem unbefangenen Blick kaum bezweifeln,
so weicht allerdings dieser große kriegerische Akt in diesem Punkt weit von dem Verfahren unserer Zeit ab.

Bonaparte würde nicht ein ganzes Drittheil seines Heeres müßig eine Stunde von dem Schlachtfeld haben stehen lassen, auf dem das Schicksal beider Reiche entschieden werden könnte, für einen entfernten ungewissen Zweck, gegen ein Übel, dem sich doch auf andere Weise im schlimmsten Fall noch vorbeugen ließ. Jetzt *) würde man an Friedrich des Großen Stelle folgendergestalt schließen: „Gewinne ich die Schlacht bei Prag, so brauche ich für „Sachsen und die dahin führende Straße nichts zu besorgen; nun habe ich viel Wahrscheinlichkeit, diese Schlacht „mit 64,000 Mann zu gewinnen; nehme ich statt derselben 90,000 und lasse nur ein Paar tausend Mann jenseits so muß diese Wahrscheinlichkeit sich der Gewißheit „nähern, und das muß mir mehr werth sein, als Alles.“ Und diesem Raisonnement ist doch, wenn man philosophisch urtheilen will, gewiß nichts entgegenzustellen. — Man vergesse aber nicht, daß wir in diesem Augenblick von der Absicht der feindlichen Armee durch Prag den Rückzug zu nehmen ganz abgesehen haben.

§. 18.

Die Nothwendigkeit fortdauernd Reserven zu organisiren.

Der Feldzug von 1757 zeigt recht deutlich, wie wichtig es ist, daß, während man zum strategischen Angriff vorgeht, Verstärkungen gesammelt und dem Heere nachgesendet werden, daß wie wir uns anderswo ausgedrückt haben, die Heerstraße davon nie leer sei. Hätte Friedrich der

---

*) Wellington ließ noch am 18. Juni 1815 ein bedeutendes Corps unter dem Prinzen Friedrich von Oranien bei Hall unthätig; nur zur Deckung seiner auf dieser Straße gar nicht einmal angefochtenen Rückzugslinie auf Antwerpen stehen, während er bei Waterloo (Belle-Alliance) nahe daran war, von Bonaparte erdrückt zu werden. D. Herausg.

Große in den sechs Wochen, die zwischen den Schlachten von Prag und Collin verflossen 20,000 Mann Verstärkungen erhalten, so wäre die Katastrophe vollendet, d. h. Daun bei Collin geschlagen worden. Man kann Friedrich dem Großen keinen Vorwurf deshalb machen, denn es war ganz in der Verfassung und den Einrichtungen des damaligen Kriegsstaats gegründet die Armee während des Winters zu ergänzen, aber klar ist es, daß eine Ergänzung von 20,000 Mann im Anfang Juni vielleicht mehr werth gewesen wäre, wie 100,000 Mann im Winter; und diese wahrscheinlich ganz überflüssig gemacht hätte.

§. 19.

Die Zahl bei dem frühern taktischen System weniger entscheidend als bei dem neuern.

Es ist ein äußerst wichtiges Datum für die Strategie jener Zeit, daß bei dem damaligen taktischen System allerdings die Zahl in großen Schlachten weniger entscheidend war, als sie es heutigen Tages ist. Man kannte bei großen Massen keinen andern Gebrauch der Truppen, als daß man sie in einer Schlachtordnung aufstellte, die das Heer zu einem Ganzen machte, und mit diesem Ganzen nun gegen das feindliche Ganze anrannte. Dieses Ganze bestand im Grunde nur aus drei Gliedern, nämlich den beiden Flügeln, die aus Kavallerie bestanden und dem großen Centro aus der Infanterie bestehend; Alles in zwei Treffen. Selbst diese drei Theile waren an einandergebunden und sahen sich ohne einander als hülflos an. Dieses Ganze war also ein sehr unbewegliches schwerfälliges Ding. Viele Stunden waren immer nöthig, es zu Stande zu bringen, und dann blieb nichts übrig, als es an den Feind vorzuschieben und nun dem Dinge seinen Lauf zu

laſſen. Das Fernere hing dann ab von der Tapferkeit der
Führer und der Truppen und von einzelnen Zwiſchenfällen,
deren ſich der Feldherr in der Unordnung der Schlacht zur
Wendung derſelben bediente. Nachdem nämlich dieſe beiden
Maſſen an einander gebracht waren, mußten ſie nothwendig bald aus den Fugen der urſprünglichen Ordnung weichen, und es entſtand alſo eine unabſichtliche und unvoll-
kommene Gliederung derſelben, eine wahre Anomalie gegen
die urſprüngliche Idee, aber eine bonne fortune für den
überlegenen der beiden Feldherrn, der nun in dem Chaos
nach Einzelnem griff, um auf den Erfolg des Ganzen zu
wirken. Das Vorſchieben und Anrennen dieſes Ganzen
gegen das feindliche Ganze geſchah anfänglich nach der natürlichen Idee, nämlich parallel. Friedrich der Große war
der erſte, der auf die Idee kam, mit einem ſolchen Ganzen ſchief gegen das feindliche Ganze anzurennen, doch ſo
daß ſeine Fronte auf den linken Flügel traf und nicht
umgekehrt.

Hätte der Feind gegen einen ſolchen Angriff gar keine
Gegenanſtalten getroffen, ſo würde er gar nicht haben ſchlagen können, ſondern gleich aufgerollt worden ſein; aber
da dieſer ſchiefe Angriff doch immer mit der geſchloſſenen
Schlachtordnung eines Ganzen geſchah, ſo war Zeit nöthig,
dieſe zu bilden, und weil man mit ſo einem Ganzen nicht
weit über Stock und Block marſchiren kann, ſo mußte die
Bildung (Aufmarſch) immer unter den Augen des Feindes
geſchehen, und dieſer hatte alſo immer einige Stunden Zeit
zu Gegenanſtalten. Dieſe Gegenanſtalten aber konnten doch
nur in der Bildung eines Hakens von einem der Flügel
oder dem zweiten Treffen, oder auch allenfalls (Collin) von
einer kleinen Reſerve beſtehen, denn um das Ganze zu verändern, dazu fehlte es denen immer an Zeit, deren Truppen

weniger fertig in den Bewegungen waren. Friedrich der
Große fand diese Zeit bei Soor, Roßbach, Liegnitz, aber
die Östreicher fanden sie niemals und das ist der Hauptpunkt seiner Überlegenheit. Die Folge der schiefen Schlachtordnung also war: daß während bei den Parallelen der
Contact auf allen Punkten der Front stattfand, also die
Länge dieser Front, d. h. die Stärke des Heeres mit entscheiden mußte, weil bald eine Überflügelung entstand, bei
der schiefen der Contact anfänglich nur zwischen einzelnen
Theilen stattfand und sich fast nie auf das Ganze erstreckte;
denn die Einrichtung eines gliederlosen Ganzen und die
Unbehülflichkeit in den Bewegungen machten es unmöglich,
nach und nach Alles auf demselben Punkt zu verbrauchen,
und es ging gewöhnlich von den Erfolgen dieses Berüh-
rungspunktes eine solche Verwirrung für das Ganze desjenigen Theils aus, der im Nachtheil war, daß die Schlacht
entschieden war, ehe man von den gesunden Theilen zum
Besten der kranken irgend einen Gebrauch machen konnte.
Beispiele braucht man nicht anzuführen; es ist dies wahr
von allen Schlachten, die Friedrich der Große durch die
schiefe Schlachtordnung gewonnen hat. Oft war es ein
Flügel, oft ein Flügel und das Centrum der feindlichen
Armee, welche nicht zum Schlagen kamen. Auch in unsern Tagen kommt ein Theil des Heeres nicht zum Schlagen, aber er ist viel kleiner und es ist nur der Theil, den
man als Reserve absichtlich zurückhält, um damit die letzte
Entscheidung zu geben, wenn Aussicht zum Erfolg ist, oder
den Rückzug zu decken und die gänzliche Auflösung zu verhindern, wenn keine Aussicht dazu ist. Dieser Theil bleibt
in Ordnung und im Gleichgewicht, während bei der alten
Art die Theile, welche nicht ins Gefecht gekommen waren,
in Unordnung mit fortgerissen wurden. Auf diese Weise

begreift man, wie in einer Schlacht jener Zeit die Zahl der Streiter weniger entscheidend sein konnte, als sie es heute ist. Aber natürlich doch nur bis auf einen gewissen Punkt und nur bei dem Stoß größerer Massen. Denn kleine Abtheilungen von wenigen tausend Mann pflegten schon damals weniger von der Stärke einer künstlichen Schlachtordnung als von dem Gebrauch des Bodens und der Gegend zu halten.

So wird es einigermaßen begreiflich, wie man auf die Zahl weniger Werth gelegt hat, und daß diese Ansicht allgemein war, sieht man aus den Schriftstellern jener Zeit, die es fast nie der Mühe werth halten, die Stärken genau und wiederholt anzugeben. Merkwürdig ist in dieser Beziehung Tempelhoff's Äußerung Th. I. S. 172. Diese ganze Schlußperiode ist concentrirter Unsinn, wenn man ihn philosophisch betrachtet. Der Exponent von diesem Unsinn ist: daß die Stärke einem General oft zur Last sein könne.

§. 20.

Die Belagerung einer Festung wird dem ernstlichen Verfolgen eines Sieges vorgezogen.

Daß Daun dem geschlagenen König nach Collin nicht folgte, daß er und der Prinz Carl von Lothringen Friedrich dem Großen erlaubten, noch vier Wochen in Böhmen zu bleiben, ist freilich einigermaßen zu erklären. Erstens aus Furcht vor Friedrich dem Großen, dessen Macht sie wahrscheinlich der ihrigen immer noch gewachsen glaubten; zweitens weil sie die Annäherung ihrer Verbündeten abwarten wollten. Nichts desto weniger ist eine Ansicht vom Krieg und namentlich von der Rolle, welche die Schlacht im Kriege spielt, nöthig, wie sie in der damaligen Zeit herrschte, um

die

diese Unthätigkeit ganz zu begreifen; im heutigen Kriege würde man es durchaus nicht verstehen. Man wird freilich aus der neueren Zeit die Schlachten von Groß-Beeren, Dennewitz und Laon anführen, allein theils ist über diese genug Verwunderung geäußert worden, theils sind, wenn man die großen Umstände in reifliche Betrachtung zieht, diese doch noch sehr verschieden. Vorzüglich muß man nicht außer Acht lassen, daß die Östreicher die Hauptmacht waren, die Böhmen behaupten und Schlesien wieder erobern wollten.

Daß der Prinz Carl, nachdem der König abmarschirt ist, den Herzog von Bevern nicht angreift, sondern es mehr darauf anlegt, ihn nach Schlesien hinein zu manövriren, ist wieder nur aus dem damaligen Gesichtspunkt zu erklären, daß eine Schlacht ein Übel sei, welchem man sich nur unterziehen mußte, wenn es unvermeidlich wäre; den Feind immer en échec zu halten, und unterdessen sich einer Festung nach der andern zu bemächtigen, war ein Operationsplan, der den östreichischen Feldherren viel natürlicher vorkam; sie glaubten dabei des Erfolgs eben so gewiß zu sein, oder vielmehr gewisser, weil eine Schlacht immer für ein unsicheres Ding gehalten wurde. So urtheilten sie, weil sie in der Mitte des Raisonnements stehen blieben, wie fast immer geschieht. Freilich ist der Ausgang einer Schlacht ein ungewisses Ding, aber das ist der Fall mit allen Theilen des Krieges und man hat Unrecht, wenn man in dem andern Gebrauch der Streitkräfte mehr Sicherheit und Methode findet. Die Östreicher dachten, wenn sie ihre große Überlegenheit dazu benutzten, Schweidnitz zu belagern, während sie mit einer noch gehörig starken Armee dem Herzog von Bevern gegenüber blieben, so wäre dabei weniger gewagt, denn eine

Festung mußte doch am Ende fallen. Daß sie aber unterdeß Gefahr liefen, vom Herzog von Bevern angegriffen zu werden oder den König siegreich zurückkehren zu sehen, war der zweite Theil des Raisonnements, an den sie nicht dachten. Immer zeigt sich die Scheu vor der schnellen Entscheidung, vor dem Menschenverlust, immer die ganz unbegründete Hoffnung, durch die Mitwirkung der Zeit, die Ungewißheit und die Gefahr zu vermeiden.

Die Östreicher hatten den positiven Zweck, sie waren die stärkeren und von dem Augenblick an, wo der König gegen die vereinigte Armee abmarschirt war, hatten sie von der Zeit eher eine Verschlimmerung als eine Verbesserung ihrer Lage zu erwarten, es war also ganz unvernünftig, d. h. ohne zureichenden Grund und ohne klare Einsicht, vom Aufschieben etwas zu erwarten. Das Schicksal scheint den Ausgang dieses Feldzugs ausdrücklich so gefügt zu haben, um dies klar an den Tag zu stellen.

§. 21.

Friedrich der Große nach der Schlacht von Collin.

Die Operationen des Königs nach der Schlacht sind bewunderungswürdig durch die Ruhe und Keckheit, mit welcher Friedrich der Große der Gefahr trotzt; was sie aber an Eigenthümlichkeit der Zeit an sich tragen, ist die zähe Mäßigung, mit welcher Friedrich der Große verfährt. Ob ihm gleich das Feuer auf den Nägeln brennt, so greift er doch den Prinzen Carl in der Lausitz nicht an, weil ihm die Umstände nicht günstig genug sind, und er es lieber darauf ankommen lassen will, ob die Östreicher sich zu irgend etwas Kräftigem entschließen werden, als sein kleines Heer durch eine Schlacht zu schwächen, die blutig und mißlich werden kann. Eben so denkt er kurz vor Roßbach. Er ist im Begriff wieder nach Schlesien abzumarschiren, weil er keine ganz günstige Gelegenheit zur Schlacht gefunden hat, und voraussieht, daß die vereinigte Armee ohnehin nicht mehr viel unternehmen, sondern unverzüglich die Winterquartiere suchen wird — da kommen sie ihm grade so an, wie er sie sich wünscht, und die Schlacht bei Roßbach, d. h. die Gelegenheit dazu fällt ihm wie ein Lotteriegewinnst zu.

§. 22.
Angriff des verschanzten Lagers von Breslau.

Die Schlacht von Breslau ist sehr merkwürdig dadurch, daß der Angriff eines verschanzten Lagers zu den sehr seltenen Vorkommenheiten des Krieges gehört, und daß die Östreicher in vier getrennten Colonnen zum Angriff vorrückten.

§. 23.
Friedrich der Große in der Schlacht von Leuthen.

Die Schlacht bei Leuthen ist strategisch ganz im Charakter der heutigen Kriege. Und stände der Feind auf dem Zobtenberge, sagte Friedrich der Große, so werde ich ihn angreifen. Ohne diesen Sieg war er ohne Rettung verloren, es war also das Gesetz der schlichten Nothwendigkeit, was zu einem verzweiflungsvollen Entschluß führte und eine höhere Weisheit giebt es in solchen Lagen nicht. So dachte er weder bei Collin noch bei Zittau noch bei Roßbach, weil es noch andere Auswege gab.

§. 24.
Die Östreicher in der Schlacht von Leuthen.

Die Östreicher in der Schlacht von Leuthen lassen sich auf einer solchen Maßregel ertappen, die sich aber doch

aus dem Geist der damaligen Operationen erklären läßt.
Sie gehen dem Könige entgegen, um ihn anzugreifen; —
was war bei ihrer Überlegenheit natürlicher, sie hatten ja
die Hoffnung, ihn vielleicht noch unvereinigt mit der Bres-
lauischen Armee zu finden. Wie sie hören, daß er ihnen
schon so nahe ist, verlieren sie den Muth dazu und gehen
zur Vertheidigung über, aber ohne die Vortheile derselben zu haben; nur einer bleibt ihnen, daß sie ihren Aufmarsch in Ruhe besorgen können, und nicht wie bei Mollwitz und Hohenfriedberg oder wie die Reichsarmee bei Roßbach in der Entwickelung schon geschlagen werden. Dieser
Vortheil war für die damalige Zeit sehr wichtig gegen einen Feind, der in den Bewegungen eine entschiedene Überlegenheit hatte.

§. 25.

Die Besetzung von Liegnitz.

Die Idee, Liegnitz zu besetzen und zu halten, um
Friedrich den Großen damit zu beschäftigen, ist eine recht
veraltete, selbst für jene Zeit schon etwas veraltet, und für
die dringenden Umstände, in denen sich Friedrich der Große
befand, doppelt kleinlich.

§. 26.

Die Folgen der Schlacht von Leuthen.

Obgleich die Schlacht von Leuthen sich als der eigentliche Wendepunkt und als der einzige Grund für die Räu-
mung von Schlesien ausnimmt, welches man ihr auch um
so lieber einräumt, als der Verlust von mehr als 20,000
Mann in und gleich nach der Schlacht ein unerhörter Erfolg war, so ist doch diese Ansicht nicht vollkommen richtig.
Der Prinz Carl blieb immer noch an 40,000 Mann stark

und konnte damit im schlesischen Gebirge sich halten, weil er nur etwa 15,000 Mann unter Ziethen gegen sich hatte. Wirklich blieb er bis Ende des Monats, also über drei Wochen noch in Schlesien und zog erst ab als Breslau gefallen war und er einsah, daß er die Winterquartiere in Schlesien nicht nehmen konnte. Hätte Breslau sich den Winter hindurch halten können, so würde der Prinz Carl seine Winterquartiere höchst wahrscheinlich in Schlesien genommen haben, und der Vortheil, den der König von der Schlacht hatte, würde nur darin bestanden haben, gleichfalls seine Winterquartiere in Schlesien nehmen zu können. Daß der König einen so großen Sieg nicht zur unmittelbaren Vertreibung der Östreicher benutzen konnte, lag in seiner Schwäche; er mußte doch etwas vor Liegnitz und Breslau lassen und dann blieb ihm in der That wenig übrig; ein Folgen der Östreicher mit stärkerer Macht und folglich mit mehr Nachdruck wie Ziethen anwenden konnte, würde sie freilich verhindert haben, mit einem Bogen die Gegend von Schweidnitz und Landshut wieder zu erreichen, aber es blieb ihnen der Weg nach Ober-Schlesien. Von der andern Seite war mit Breslau keine Zeit zu verlieren, wenn der heranrückende Winter nicht die Belagerung unmöglich machen sollte. Der Besitz von Breslau war aber eine große Hauptsache wegen Herstellung der Armee, die ja bis 30,000 Mann herunter geschwunden war. Welche Masse von Geschütz fand er nicht allein in Breslau!

§. 27.

Die Schlacht von Jägerndorf mit ihren Folgen.

Wie charakteristisch für die Zeit ist der Feldzug der Russen und Preußen. Mit 60,000 Mann gehen die ersteren vor, treffen auf eine Armee von etwa 25,000 Mann und finden gewaltige Schwierigkeiten an sie zu kommen. Eine Flotte mit 9000 Mann am Bord, muß die Unternehmung noch zur See begleiten, um das unbedeutende Memel zu nehmen und dort ein Magazin anlegen zu können, weil man sonst in dem fruchtbaren Preußen verhungern müßte.

„Die Eroberung dieser Stadt verschaffte den Russen „unendliche Vortheile. Sie konnten daraus einen Waf„fenplatz machen, und durch Hülfe ihrer Flotte sie mit „so viel Proviant und andern Kriegsbedürfnissen versehen, „daß die ganze Armee davon unterhalten werden und ihre „Operationen den Feldzug über fortsetzen konnte. Dieses „wäre auf eine andere Art unmöglich zu bewerkstelligen „gewesen." (Lloyd.)

Dies, um die Ansicht der Zeit in einem kritischen Schriftsteller zu zeigen! Denn übrigens muß der Feldmarschall Apraxin dem kleinen Memel diese Wichtigkeit nicht zugetraut haben, weil er trotz der Eroberung und trotz der gewonnenen Schlacht bei Groß-Jägerndorf acht Tage darauf ab- und nach Rußland zurückmarschirte. Merkwürdig ist, daß dem General Lloyd auch nicht einmal einfällt, Königsberg als ein Operationsobjekt zu nennen.

Die Russen ziehen sich trotz ihres Sieges zurück und die Preußen verlassen trotz des russischen Rückzuges Ostpreußen, um nach Pommern zu gehen; ein seltener Fall, daß ein Land von einer Million Einwohner, über welches eben eine Schlacht entschieden hat, von keinem Theile in Besitz genommen wird.

§. 28.

Friedrich der Große giebt die Provinz Preußen auf.

Daß Friedrich der Große Preußen freiwillig aufgab, ist gleichfalls ein sehr charakteristischer Zug dieser Zeit. An sich war es wahrlich nicht in Friedrichs Art, Etwas zu früh aufzugeben; und eine Provinz, die etwa den fünften Theil seiner Monarchie ausmachte, so lange sie in seinen Händen war, ihm einen der größern Gegner sehr entfernt hielt, mußte ihm von sehr großer Wichtigkeit sein. Was gewann er durch das Aufgeben? Die Armee des Feldmarschalls Lehwald die vielleicht noch einige 20,000 Mann stark war. Er ließ sie nach Pommern rücken, um sich den Schweden entgegenzustellen. Allerdings mußte er diesem Feinde, so unbedeutend er unter den übrigen war, eine besondere Aufmerksamkeit schenken, da er dem Herz seiner Monarchie, den brandenburgischen Landen, so nahe war, und mit den 17,000 Mann, die er hatte, ganz methodisch nach und nach bis Berlin vordringen konnte. Es war also keine unverhältnißmäßige Wichtigkeit, die er diesem Punkte beilegte. Aber dennoch muß man fragen, würde man heutiges Tages so verfahren haben? Drehte sich nicht das ganze Raisonnement um 20,000 Mann Truppen mehr oder weniger? Und würde man jetzt, wo Staat und Armee nicht mehr wie sonst zwei von einander fast unabhängige Potenzen sind, nicht in dem Besitz dieses beträchtlichen Landstrichs leicht die Mittel gefunden haben, jene 20,000 Mann zu ersetzen und mehr als das für den Kriegsstaat daraus zu ziehen? Aber damals wurde der Krieg mehr nach dem Umfang der Armee als nach dem Umfang des Staates zugeschnitten und dieser schien von dem Augenblick des Krieges an, nur in der Armee zu bestehen. Wenn man Geld und Zeit hatte, so konnte man eine Armee vergrößern, aber sie unmittelbar aus dem Boden einer Provinz hervorzurufen, war eine unbekannte Sache.

Daß der König Ostpreußen aufgegeben habe, um sein Kriegstheater mehr abzurunden, ist gewiß eine falsche Voraussetzung, denn es mußte ihm doch viel angenehmer sein, den Krieg gegen die Russen bei Königsberg als bei Cüstrin zu führen; und zum Abrunden kam es ja von selbst, wenn Preußen nach und nach verloren ging. Da der Feldzug von 1757 die Nützlichkeit der Lehwaldschen Armee daselbst, trotz der verlorenen Schlacht gezeigt hatte, weil die Russen, wenn sie nicht da gewesen wäre, doch ohne Zweifel ein Jahr früher Besitz von dieser Provinz genommen haben würden; so wäre nichts natürlicher gewesen, als es im zweiten Jahr wieder zu versuchen, denn in diesem Abwarten liegt ja einer der größten Vortheile des Vertheidigers." So würde es sich auch von selbst gemacht haben, hätte man damals die Überzeugung gehabt, daß ein größeres Land auch unmittelbar eine größere Streitkraft giebt. Aber damals war, wie gesagt, die Armee ein Instrument der Regierung, welches nur durch den engen Canal des Schatzes, der Werbung und der Centralverwaltung mit dem Volk zusammenhing. Der Besitz eines größern Landes hatte Einfluß darauf, aber keinen unmittelbaren. Hatten klei z Staaten große Heere wie Preußen, so war es nur zum kleinen Theil die Folge größerer Nationalanstrengung und mehr die Folge einer eigenen Industrie der Regierung; das erforderte Zeit und ließ sich nicht erzwingen. Nun brauchte der König die Armee gegen die Schweden und sie marschirte also nach Pommern.

So schnitt Friedrich der Große sein Kriegstheater zu nach der Größe seiner Armee, statt daß man jetzt die

Armee nach der Größe des Kriegstheaters einzurichten suchen würde.

§. 29.

Die Streitkräfte der östreichischen Armee sind in diesem Feldzuge für den Zweck und die Verhältnisse gering.

Eine höchst merkwürdige Sache ist es, daß Ostreich in diesem Feldzuge von 1757, in welchem es außer Friedrich dem Großen keinen Feind hatte und wo dieser Feind ihm doch tüchtig ans Leben kam, es also zu großen Kraftäußerungen herausforderte, nicht mehr als höchstens 120,000 Mann im Felde erscheinen ließ, welche an effektiven Combattanten vielleicht nicht mögen 100,000 betragen haben.

§. 30.

Die Stärke der preußischen Armee zu Anfang und zu Ende dieses Feldzugs.

Die Armee Friedrich des Großen 1757, welche in Böhmen und Sachsen in Thätigkeit war, mochte 120,000 Mann betragen. Nach der Schlacht von Leuthen war sie bis auf 40,000 Mann zusammengeschmolzen. Bis zum April, also in etwa vier Monaten mußte sie wieder ergänzt werden.

§. 31.

Ansichten der damaligen Zeit über die Schlacht von Prag.

Die strategischen Begriffe der Zeit charakterisirt es gut, daß, wie gesagt, von dem wenigen, was in den schlesischen Kriegen sich auf die Weise zugetragen hat, wie wir es jetzt gewohnt sind, das Glänzendste und Beste, die Schlacht bei Prag und die Einschließung des Prinzen von Lothringen in Prag, am meisten ist getadelt worden. Von Lloyd und den andern Schriftstellern nicht zu reden, so waren Friedrichs Feldherren alle damit unzufrieden und namentlich hatte der Feldmarschall Schwerin die Idee, der König sollte die Östreicher bei Prag unangegriffen lassen und nach Mähren marschiren, alles vor ihnen aufzehren, damit der Prinz Carl nicht folgen könne. (Retzow's Zusätze zum ersten Theil S. 458.) So wenig wollte es den Leuten in den Kopf, daß Kriegführen Schlagen und Vernichten des Feindes ist.

Der Feldzug von 1758.

§. 32.

Beide Theile vermeiden eine Schlacht.

(1758.) Wie sehr man gegenseitig Schlachten zu vermeiden, d. h. das Kriegsinstrument zu schonen suchte, beweist der Feldzug in Mähren. Friedrich der Große unternimmt mit etwa 60,000 Mann die Belagerung von Ollmütz ohne die östreichische Armee, die vielleicht 70,000 Mann stark war, geschlagen zu haben, obgleich ihm diese Armee schon am 3. Mai entgegentritt, ehe er noch die Belagerung hat anfangen können. Er rechnet auf die Unthätigkeit seines Gegners. In Beziehung auf eine Schlacht hat er sich auch nicht geirrt, denn Daun wagt es nicht, Friedrich den Großen anzugreifen, obgleich dieser seine Armee so in einzelnen Posten hat auflösen müssen, daß er kaum 20,000 Mann auf einem Punkt gefunden hätte. Wie konnte aber Friedrich der Große darauf rechnen, die Belagerung und den ganzen Weg bis jenseits des schlesischmährischen Gebirges nach Neisse hin zu decken. Es war ein Versuch; er ließ es darauf ankommen und das unstreitig blos, weil er eine Schlacht nur im äußersten Nothfall liefern wollte. Seine Armee bestand schon halb aus

Rekruten, eine neue Schlacht würde sie noch mehr desor-
ganisirt haben. Dies begreift sich noch. Wie aber der
Feldmarschall Daun bei seiner Überlegenheit sich kein anderes Ziel vorstecken konnte, als die simple Aufhebung der
Belagerung, wie er dem Könige gestatten konnte, mit seinen 4000 Wagen ungehindert nach Böhmen zu ziehen,
erklärt sich nur aus jener philisterhaften Ansicht, alles von
der Zeit, dem Einfall der Russen und Schweden zu erwarten und sich durchaus nur auf das Abwehren von Unglücksfällen zu beschränken. Wenn Östreich nicht Schlesien
hätte zurückerobern wollen, so würde diese Vorsicht vielleicht immer noch nicht ganz consequent, aber doch begreiflich gewesen sein; da aber Östreich der Hauptbetheiligte im
ganzen Kriege war, so kann man sagen, daß dieses Betragen nur aus der entschieden falschen Ansicht vom Kriege
zu erklären ist, die sich nach und nach in den Köpfen festgesetzt hatte. Diese falsche Ansicht läßt die Hauptsache
außer Acht, die Zerstörung der feindlichen Streitkräfte, sie nimmt das Vorschreiten ohne Sieg für eine
wahre Annäherung zum Ziel; sie vergißt, daß Streitkräfte,
die man heut zerstören kann, weil sich eine gute Gelegenheit dazu darbietet, morgen zerstörend auf uns wirken können, wenn diese Gelegenheit vorüber ist. Daun war dem
Könige in Sachsen und Mähren überlegen, der König
noch dazu in eine sehr schlimme Lage verwickelt, dies war
ein vollkommen zureichender Grund, um seine Kräfte gegen ihn auf eine solche Art zu gebrauchen, daß die feindlichen merklich dadurch litten und für die Fortsetzung des
Krieges untüchtig wurden. Unter diesen Umständen noch
warten, bis die Russen und Schweden dem Könige näher
gerückt sein würden, war inconsequent, insofern man nicht
das kleinliche Interesse einer vorzugsweisen Schonung der

östreichischen Armee für eine Consequenz gelten lassen will.
Das strategische Raisonnement für das Ganze des Krieges
und für den Augenblick mußte Folgendes sein: Es kommt
darauf an, die preußische Armee zu Grunde zu richten,
denn in ihr besteht der preußische Staat während des Krieges; wo sich eine Gelegenheit dazu findet, muß sie benutzt
werden, es sei bei der östreichischen oder russischen Armee
oder wo sonst; am stärksten wird der Schlag treffen, wenn
man den König selbst schlagen kann. Über die Russen können wir nicht gebieten, unser ist das größte Interesse, der
König ist uns gegenüber in einer höchst nachtheiligen Lage;
ob diese Lage in der Folge, durch das Vorschreiten von
Russen und Schweden noch nachtheiliger wird, ist zweifelhaft, denn bei der Schnelligkeit des Königs, der Unge-
schicklichkeit der Russen und der Unbedeutenheit der Schweden kann er, wenn wir ihn jetzt intakt lassen, Gelegenheit zu einem glänzenden Sieg finden. Das Zurückdrängen in seine eigenen Staaten beraubt ihn zwar eines
Theils der Hülfsquellen, die er sich durch seinen strategischen Angriff gegeben hat, aber für den Augenblick macht
es ihn eher stärker als schwächer; es vereinigt seine Kräfte
und gleicht dadurch einen Theil der Nachtheile aus, denen
er durch das Heranrücken der Russen ausgesetzt wird. Wird
der König in Mähren oder Böhmen geschlagen, so ist das
Vorschreiten der Russen nichts weniger als unnütz; er
kommt dann in eine verzweiflungsvolle Lage, Russen und
Schweden werden dreister und alles nähert sich mit be-
schleunigten Schritten dem Ziel. Es gebieten uns also die
Umstände, wenn wir alle Verhältnisse in einer umfassenden
Zusammenstellung mit einander abgeglichen haben, jetzt den
König anzugreifen und unsere Streitkräfte zur Zertrüm-
merung der seinigen anzuwenden; thun wir es nicht, so

halten wir uns Mittel, ohne sie für unsern Zweck zu gebrauchen.

Was stand diesem Raisonnement entgegen? Nichts als die falsche Vorstellung, daß ein Vorschreiten ohne Sieg eben so gut eine Annäherung zum Ziele sei, als ein Sieg.

So versäumten also die Östreicher, die die überlegenen waren, die den positiven Zweck hatten, und denen der Augenblick günstig war, die also durch alle drei Hauptmotive des Handelns dazu aufgefordert wurden, dennoch dieses Handeln, nämlich die Zerstörung der feindlichen Macht — und das nannte man die Weisheit eines Fabius.

§. 33.

Deckung des Trains im Rückzuge ohne ernstlichen Angriff. — Deckung von Zufuhr fast allein Gegenstand des ersten Theils dieses Feldzugs.

Die Geschichte des Rückzugs aus Mähren nach Böhmen mit 4000 Fuhrwerken erscheint als etwas Unbegreifliches, und nur wenn man sich in alle Umstände hineindenkt, kann man mit Mühe das Ganze verstehn.

Friedrich der Große marschirt mit der Hälfte der Armee einen Tag früher ab (den 1. Juli), und überläßt es dem Feldmarschall Keith, mit der andern Hälfte die Belagerung aufzuheben und den ganzen Train von 4000 Wagen zurückzubringen, womit er also gewissermaßen die Arriergarde macht. Der König geht auf dem graden Wege nach Tribau (welches auf der prager Straße liegt) und stellt sich halben Wegs auf, während Keith den großen Weg über Littau, Müglitz nach Tribau halten muß, und auf diesen sechs Meilen vier Tage zubringt, nämlich

den 2., 3., 4. und 5. Juli. Bei Tribau vereinigt sich Alles und Friedrich der Große bricht den 5. abermals auf,
um nach Zwittau vorauszugehen. Der unglückliche Train
soll nun in drei Abtheilungen folgen, und den 6., 7. und
8. das Gebirge zwischen Tribau und Zwittau passiren, noch
dazu auf einem Umweg, weil der feindliche General Buckow
schon den eigentlichen Paß (der schöne Hengst) verlegt hat.
Jede Abtheilung besteht aus mehr als 1300 Fuhrwerken,
braucht also etwa drei Meilen Raum, jede hat 11 Bataillone und 10 bis 15 Schwadronen Kavallerie zur Bedeckung; diese Bedeckung bildet eine Avantgarde von einigen Bataillonen und Schwadronen, eine eben solche Arriègarde, das übrige vertheilt sich in Pelotons neben den
Wagen. So wird der Marsch am 6., 7., 8. und 9. wirklich ausgeführt und an diesem 9., also dem achten Tage
des Marsches ist man bei Leutomischel, d. h. etwa neun
Meilen von Ollmütz. Und alles dies geschieht ohne andere
Anfechtungen, als daß am 6. der General Buckow die
zweite Abtheilung, den 7. der General Lascy die dritte bei
Krenau am Fuß des Gebirgszuges, aber ohne wesentlichen
Erfolg angreift.

Von Leutomischel bis Königs-Grätz wohin der Marsch
geht, wird der Train unter einer besondern Bedeckung von
6- bis 8000 Mann zusammen und vom König der voraus ist, und dem Feldmarschall Keith, welcher folgt, in die
Mitte genommen.

Den 11. Juli ist der König in Königs-Grätz, Keith
bei Hohenmauth, Retzow aber mit dem Train zwischen beiden bei Holitz. Hier hat er an diesem Tage einen ersten
Anfall der Generale Laudon und Zischkowitz auszuhalten,
den er abschlägt, während der Train eine Wagenburg bildet; am 12. erfolgt der zweite Anfall, der aber, weil Keith

anmarschirt kommt, aufgegeben werden muß, so daß alle den 12. Königs-Grätz glücklich erreichen, wo der König mit der Hauptarmee eine Stellung genommen hat, und durch eine Postenkette über Opotschna gegen die Grafschaft Glatz hin den weitern Zug dieses drei Tagemärsche langen Ungeheuers sichert.

Man fragt sich billig, wie konnte sich das Alles so zutragen? Daun, welcher dem Könige gegenüberstand, war in der Nacht vom 30. Juni zum 1. Juli aufgebrochen, oberhalb Kremsir über die Morawa gegangen, und nach einem Marsch von mehr als fünf Meilen gegen Abend bei Groß-Teinitz, eine Meile von Ollmütz, eingetroffen. Friedrich der Große glaubte ihn bei Tobitschau. Er meinte also, wenn Keith sich nach Littau zurückzöge, so entfernte er sich in grader Richtung von Daun und würde dann zwei Märsche vor ihm voraus haben. Der König selbst zwischen Prosnitz und Tribau (bei Konitz) befand sich ungefähr da, wo Daun, wenn er den Richtweg auf Leutomischel gehen wollte, vorbei mußte und deckte zugleich den Convoi gegen die östreichischen Detachements von dieser Seite, welche General Buckow befehligte. Die östreichischen Detachements auf dem rechten Flügel (Laudon, Zischkowitz, St. Ignon) waren noch auf der Troppauer Straße, wo sie eben den Transport genommen hatten; sie waren also von Littau ein Paar Märsche entfernt und es war vorauszusehen, daß sie noch zu sehr mit dem Transport selbst beschäftigt sein würden; außerdem schien die Bedeckung des Trains, da sie aus der halben Armee bestand, stark genug gegen solche Detachements. Der Weg, welchen der König bis Königs-Grätz zurückzulegen hatte, wo er sich füglich aufstellen konnte, weil daselbst mehrere Straßen aus Schlesien zusammentreffen, betrug nur neunzehn Meilen. Mit einem Vorsprung von fünf bis sechs Meilen durfte er hoffen, in diesem Hafen einlaufen zu können, ohne zu ernstlich vom Gegner gefaßt zu werden. Am meisten rechnete er dabei auf die langsame Förmlichkeit Dauns. So erklären sich die Einrichtungen des Königs, wobei man noch bemerken muß, daß der Hauptgedanke, sich statt den Weg nach Ober-Schlesien wieder freizumachen oder den nächsten Weg nach der Grafschaft Glatz zu suchen, mit dem Ganzen auf die Straße nach Prag zu wenden, um sich über Königs-Grätz der schlesischen Grenze zu nähern, sehr viel Lob verdient.

Aber wie kam es nun, daß die Östreicher die Schwierigkeiten nicht besser benutzten, welche der preußische Marsch in seiner Ausführung zeigte, so daß er in acht Tagen nicht über neun bis zehn Meilen betrug, worauf Friedrich der Große gewiß nicht gerechnet hatte.

Daun blieb drei Tage bei Groß-Teinitz stehen, nämlich den 2., 3. und 4. Am 5. setzte er sich in Bewegung, ging aber nur bis Olschau, eine Meile von Ollmütz. Da blieb er den 6. wieder stehen, den 7., 8. und 9. machte er drei Märsche in einer Seitenrichtung, nämlich über Könitz, Gewitz und Politzka, wo er den 9. eintraf, als Keith seinen Train schon in Leutomischel beisammen hatte. Er blieb also mit seiner Hauptarmee immer um ein Paar Märsche von der preußischen Armee entfernt. Seine Detachements bestanden aus dem General Buckow, der früher schon vor des Königs rechtem Flügel (bei Ptin) gestanden hatte, Lascy, den er als eine Avantgarde den 4. nachsandte; und Laudon, St. Ignon, Zischkowitz, die von der troppauer Straße her herbeieilten. Die beiden erstern erreichen den 6. und 7. die zweite und dritte Abtheilung des preußischen Trains unter den Generalen Wied und Retzow bei Krenau wirk-

wirklich, allein am 6. stand Feldmarschall Daun noch bei
Ollmütz sieben Meilen weit von ihnen; unter diesen Umständen war von diesen beiden Generalen nicht viel zu for-
dern, sie waren immer in Gefahr, es mit einem großen
Theil der preußischen Armee zu thun zu haben. Eben so
war es mit den andern Detachements unter Laudon und
Zischkowitz. Sie blieben der preußischen Armee zur rechten, waren ihr aber immer einen Marsch voraus und wären
also sehr gut im Stande gewesen, sich ihr vorzulegen; aber
sie warteten vermuthlich darauf, daß ihr Feldherr diese
Armee von hinten anfallen sollte, wollten sich allein, zehn
Meilen von ihm entfernt, in nicht Allzugroßes einlassen
und begnügten sich daher mit einem einzigen Anfall zu gu-
terletzt in der Gegend von Holitz.

Auf diese Weise begreift man, wie die Sachen zuge-
gegangen, es wird aber zugleich auch klar, daß Feldmarschall Daun sich und sein Heer keinesweges bestimmt glaubte,
das preußische niederzuwerfen, sondern ihm nur so viel
Schwierigkeiten in den Weg zu legen, als sich mit der
wohlbesorgten Erhaltung des eigenen Heeres und ohne dasselbe einer eminenten Gefahr auszusetzen, vertragen würde.
Daß sich in eben dem Maaße, als er die Gefahren des
Heeres verminderte, die Gefahren für den Totalerfolg
vermehrten, lag außerhalb seines Kalküls.

Der Feldzug in Mähren und Böhmen ist eine unauf-
hörliche Begleitung und Deckung ungeheurer Transporte
und die ganze Thätigkeit im Felde dreht sich darum. Zuerst
bringt Fouqué mit 12,000 Mann Bedeckung den Belagerungstrain von Neisse nach Ollmütz, dann soll Ziethen
mit 15,000 Mann die Munitions- und Lebensmittelzufuhr
von Troppau nach Ollmütz bringen, welche von Laudon
und Zischkowitz genommen worden; dann hat der Feld-

x   6

marschall Keith mit 30,000 Mann die ganze Masse des Fuhr-
wesens von Ollmütz nach Königs-Grätz zu schaffen; endlich
wird dieser Troß von Königs-Grätz nach Glatz geschickt,
begleitet von 8000 Mann und gedeckt durch eine Reihe
von Posten die der König über Opotschna bis zum Ham-
melberg bezieht. Es ist fast, als ob der ganze preußische
Kriegsstaat sich in den östreichischen Länderstaat hinein gewagt hätte, um dort einen Vertheidigungskrieg um sein
eignes Dasein zu führen.

§. 34.
Folgen einer Belagerung ohne vorhergegangene siegreiche Schlacht.

In dem gewaltigen Wesen, welches die Belagerung
von Ollmütz in dieser Beziehung veranlaßte, sieht man die
ungeheure Kraftanstrengung, welche die Belagerung einer
bedeutenden Festung nöthig macht und wie diese mit der
Entfernung von den eigenen Depots wächst. Die Belagerungen in den Niederlanden sind so viel leichter, weil die
Festungen dort so nahe bei einander liegen. Neisse ist von
Ollmütz nur vierzehn Meilen, dies kann aber in der gedachten Beziehung schon für eine beträchtliche Entfernung gelten.

Hat man die ganze Gegend inne, ist keine beträchtliche feindliche Armee in der Nähe, so werden diese Anstrengungen nicht laut, sie sind aber darum nicht weniger
vorhanden.

Ferner zeigt dies Beispiel, wie schwierig es ist, eine
große Belagerung zu unternehmen, wenn man nichts als
eine Spitze vorgetrieben hat, so daß die feindliche Armee
weder besiegt noch aus der Gegend vertrieben ist. Friedrich
der Große erwartete zu viel von Dauns Unthätigkeit; ver-

langte das Unmögliche, wenn er ohne Schlacht und Sieg unter den Augen einer überlegenen Armee das Werk zu Stande bringen wollte, und er hatte wahrlich von Glück zu sagen, daß er so mit dem blauen Auge davon kam.

§. 35.
Die Schlacht bei Zorndorf.

Diese Schlacht ist ohne Widerrede die merkwürdigste des siebenjährigen Krieges, vielleicht in der ganzen neuern Kriegsgeschichte, wegen ihres sonderbaren Verlaufs. Folgendes sind ihre auffallendsten Eigenthümlichkeiten:

1. Die auf eine unerhörte Art wiederholten Frontveränderungen. Die erste Aufstellung der russischen Armee ist Front gegen Westen; folglich hat die preußische, indem sie grade gegen sie anrückt, Front gegen Osten. Die preußische marschirt nun um den rechten Flügel der russischen herum und zwar dergestalt, daß sie drei Viertheil des Kreises durchläuft und also beim Angriff Front nach Norden bekommt. Die russische, als hätte sie diese Umkreisung geahndet, hat sich in einer geschlossenen eigentlich mehr drei- als viereckigen Figur aufgestellt.

Beim Angriff selbst macht die preußische Armee, zufolge der Disposition des Königs von Neuem eine Rechtsdrehung von etwa fünfundvierzig Grad, bekommt also Front nach Nordosten. Ihr linker Flügel wird geworfen, der rechte dagegen vorgenommen, es entstand also eine Linksdrehung von nahe neunzig Grad und sie bekommt Front nach Nordwesten; die sie am Ende der Schlacht behält. Die russische Armee, welche sich anfänglich mit dem Gesicht nach Süden schlägt, verliert zuerst das Terrain ihres rechten Flügels, und dann das des linken Flügels, der sich aber nun auf dem Terrain des rechten Flügels wieder auf-

6 *

stellt, weil die preußische Kavallerie es nicht hat behaupten können, und von diesem Punkt aus gewinnt sie nach und nach gegen Abend eine Aufstellung mit dem Gesicht nach Osten, also der preußischen Armee gegenüber. So bleiben beide Armeen den 26. stehen. In der Nacht zum 27. setzt sich die russische in Marsch, um an dem preußischen linken Flügel vorbei nach Camin auf der Straße von Landsberg zu gehen, wo ihre Bagage und ihre natürliche Rückzugslinie ist, sie macht dort eine neue Drehung von hundertundachtzig Graden und hat also wieder wie anfänglich Front gegen Westen. Die preußische Armee marschirt ihr den 27. nach, macht eine neue Linksschwenkung von circa hundertundachtzig Graden und hat nun wieder wie anfänglich Front gegen Osten.

Die preußische Armee hat also die ganze Windrose zwei Mal durchlaufen, wie sich aus der beistehenden Figur ergiebt, wo die Pfeile die Frontrichtung der verschiedenen Stellungen angeben. *a* ist die Stellung des ersten Anmarsches am 23.; *b* die Front im Lager am 24.; *c* die Front beim Aufmarsch; *d* die Front beim Angriff nach der ersten Disposition; *e* die Front, welche durch das Weichen des linken und Vordringen des rechten Flügels entstand; *f* die am Ende der Schlacht und am 26.; *g* endlich die am 27. Gleichen diese Armeen nicht zwei Ringenden, die sich bei den Haaren gefaßt haben und einander umherziehen; denn es ist wohl zu bemerken, daß sich dieses Herumkreisen auf dem Raum von etwa einer halben Quadratmeile zutrug. Dieser Fall ist in der

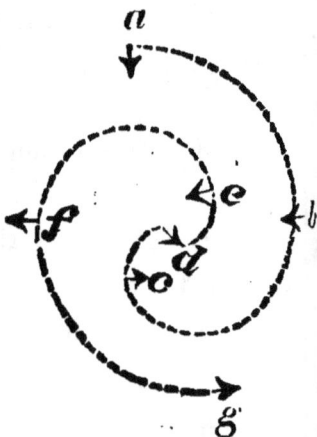

Kriegsgeschichte vielleicht unerhört und er kann sich höchst selten zutragen. Daß er sich hier zugetragen hat, lag in folgenden Umständen:

1. Die Russen hatten sich in einen Cul de sac zwischen der Warthe, Oder und der morastigen Mützel, woraus nur eine Öffnung war, nämlich nach der Seite von Landsberg hin. —

2. Sie hatten sich, im Gefühl ihrer Unbehülflichkeit in die passiveste aller Defensivaufstellungen begeben, in eine nach allen Seiten Front machende geschlossene Figur, mußten also stehenden Fußes alles über sich ergehen lassen.

3. Die Russen waren an Infanterie doppelt so stark als der König, und ihre Truppen außerordentlich brav.

4. Der König hatte nicht nur Brücken über die Mützel, welche die Russen nicht mehr hatten, sondern auch den Weg nach Cüstrin offen, und befand sich dazu im eigenen Lande, wo er im schlimmsten Fall für den ersten Marsch jede Rückzugsrichtung nehmen konnte.

Aus 1. folgt, daß die Russen nur in einer Richtung wirklich ausweichen konnten, in der andern sich schlagen oder ergeben mußten. Diese eine Richtung aber nahm ihnen der König.

Aus 2., daß sie dieser Absicht des Königs nicht mehr zuvorkommen konnten.

Aus 3., daß, obgleich geschlagen und ohne Rückzug, sie doch zu furchtbar blieben, um an das zu denken, was sonst die natürliche Folge gewesen wäre, eine Capitulation.

Der Sieger war nicht stark genug, sich in der Schlacht auf dem Terrain ihres rechten Flügels zu behaupten, welches er ihnen zuerst abgenommen, er konnte nicht verhindern, daß sie grade auf diesem Terrain sich wieder setzten und ihren linken Flügel sammelten; eben so fühlte er sich nicht stark genug, den Tag nach der Schlacht ihnen grade vorzutreten; er baute ihnen goldene Brücken.

Von Seiten des Angreifenden werden auch nur selten die Umstände so viel zu thun gestatten, wie Friedrich der Große sich hier erlaubte.

Hätte der König sich nicht fast nach allen vier Weltgegenden hin zurückziehen können, welches man doch in den wenigsten Fällen kann, so hätte er auch diese kreisende Bewegung nicht um seinen Gegner beschreiben können. Dazu kommt das Gefühl seiner taktischen Überlegenheit.

Also ohne strategisch so unvorsichtig, und taktisch so unbehülflich zu sein, hätten sich die Russen nicht in diese Lage begeben, und ohne so stark und so brav *) zu sein, wären sie darin untergegangen, ehe sie Zeit gehabt hätten, sich drei bis vier Mal zu wenden; endlich ohne die vielen Rückzugswege des Königs und seine taktische Überlegenheit hätte er von dieser Lage der Russen keinen solchen Gebrauch machen können. Alles das kann nicht leicht wieder so zusammentreffen.

2. Die zweite merkwürdige Erscheinung bei dieser

---

*) Voigt erzählt in seinem siebenten Bande der preußischen Geschichte, daß in der Schlacht bei Tannenberg (1410) drei Fahnen von Russen aus Smolensk sich auf dem rechten Flügel in der litthauischen Armee befunden hätten, und daß, als die Litthauer gänzlich geschlagen worden, jene, unerachtet der heftigsten Anfälle des siegenden linken Flügels der Ordensritter, und obgleich die Mannschaft einer dieser Fahnen beinahe aufgerieben worden, doch standhaft fechtend sich bis an das Heer des Königs von Polen herangezogen hätten. Diese unerschütterliche Tapferkeit, namentlich der russischen Infanterie, ist ihr seitdem schon oft zu Gute gekommen.

D. Herausg.

Schlacht ist die Aufstellung der Russen in einer Art von Quarré. Ohne Verschanzung und feste Stellung kommt diese Form im Kriege zwischen christlichen Armeen doch nicht leicht vor. Was aber nach unserer Meinung das Merkwürdigste davon ist, besteht in der dadurch entstandenen Tiefe der Aufstellung und zwar nicht dem Raum nach, denn dieser war nur zu gering, aber der Truppenzahl nach, die auf einem kleinen Raum zusammengedrängt waren. Die russische Armee nahm in der angegriffenen Front nicht volle 4000 Schritte ein. Sie war aber 50,000 Mann stark, welches auf jeden Schritt über 12 Mann macht und reichlich für das Dreifache der gewöhnlichen Aufstellung angenommen werden kann *). Ungefähr eben so ist das Verhältniß bei Borodino gewesen, wo 120,000 Mann etwa 10,000 Schritt einnahmen. Die Folge war da wie hier, daß sie ungeheuer viel Menschen an Todten und Blessirten verloren, beträchtlich mehr als der Angreifende, aber daß sie nicht von der Kavallerie zerstreut werden konnte. Der Beweis ist, daß in beiden Schlachten der Sieger sehr wenig Gefangene machte und wenig Terrain gewann.

Obgleich die preußische Kavallerie bei Zorndorf doppelt so stark war, als die russische und im Ganzen mit dem siegendsten Erfolg focht, so konnte sie sich doch auf dem Terrain, wo sie den russischen rechten Flügel gänzlich in Verwirrung gebracht hatte, nicht behaupten und was

---

*) Freilich waren diese Truppen nicht regelmäßig hintereinander, die hintern zur Unterstützung der vordern disponirt, wie sie hätten sein müssen, wenn ein guter Erfolg von der gedrängten Aufstellung zu erwarten sein sollte; allein sie waren doch bei einander und da von hinten und von der Seite kein Feind kam, so konnte es nicht fehlen, daß sie sich nach und nach alle gegen die Seite wandten, woher der Feind kam.

die Geschichtsschreiber von dem Zurückwerfen dieses Flügels in die Moräste bei Quartschen erzählen, muß als eine bloße Redefigur angesehen werden, wie hätte sich sonst der russische linke Flügel, der später vom preußischen rechten geschlagen wurde, auf jenem Terrain wieder sammeln können? Die natürliche Folge einer so dichten Aufstellung ist immer, daß die Kavallerie, wenn sie ein flüchtiges Bataillon verfolgt, rechts und links auf andere trifft, durch deren nahes Feuer sie wieder abgetrieben wird.

Zu dem hartnäckigen Widerstand des Ganzen und daß die russische Armee den 26. nicht in vollem Rückzug war, trug freilich der Umstand das Meiste bei, daß sie im ersten Augenblick keinen Rückzug hatte; allein wäre sie nicht so dicht aufgestellt gewesen, so hätte nach der Natur der Dinge der rechte Flügel theils gefangen genommen, theils wirklich in die Moräste von Quartschen getrieben werden, der linke aber seine Rettung über Zicher suchen müssen. Die Schlacht hätte dann früher geendigt und von einem so hartnäckigen Widerstand bis zum Dunkelwerden konnte nicht die Rede sein.

Vielleicht wäre die Schlacht bei einer viel größeren Ausdehnung für die Russen nicht schlimmer ausgefallen, aber es ist nicht wahrscheinlich, daß sie im Stande gewesen wären, gewissermaßen auf dem Schlachtfelde selbst wieder die Hälfte ihrer Armee zu sammeln, und so den Sieg als zweifelhaft erscheinen zu lassen. Unsere Absicht ist indessen gar nicht zu beweisen, daß diese dichte Aufstellung der Russen hier beim Endresultat günstig gewesen sei, sondern nur welche Wirkung sie an sich gehabt hat: nämlich die einer ungeheuern Widerstandskraft selbst unter den nachtheiligsten Verhältnissen. Hier waren Ordnung, Zusammenhang, Aufstellung, Rückzugslinie, kurz alle taktischen Elemente verloren, es blieb nichts, als die reinen Maſſen und weil dieſe im Verhältniß zum Raum ſo groß waren, d. h. ſo eng zuſammenſtanden, ſo waren ſie nicht zu überwältigen.

Man muß nicht ſagen, daß die Preußen ungeachtet ihrer gewöhnlichen, alſo viel dünneren Aufſtellung, auch nicht überwältigt wurden. Es iſt hier nur von dem weiteren Erfolg die Rede, nachdem der Sieg ſchon entſchieden war. Dieſer wurde entſchieden durch die Unzweckmäßigkeit der ruſſiſchen Aufſtellung, durch das ungeſchickte Vergehen ihres rechten Flügels, durch die Überlegenheit und die glänzenden Angriffe der preußiſchen Kavallerie. Nachdem aber dieſe Entſcheidung gegeben war, waren die Preußen als der Handelnde, die Ruſſen als der leidende Theil anzuſehen; dazu kommt die Überlegenheit der preußiſchen Kavallerie und der preußiſchen Taktik; dies Alles berechtigte zu einem andern Erfolg als der war, welcher ſich am 26. zeigte.

3. Friedrich der Große hatte Anfangs, von der ſchlechten Aufſtellung der Ruſſen dazu eingeladen, die Abſicht, ihre Armee ganz zu Grunde zu richten, worunter man denn nichts anders verſtehen kann, als, den größten Theil der nicht Todten und Bleſſirten, ſei es durch Kapitulation, ſei es durch Zerſtreuung, gefangen zu nehmen. Die Luſt verging ihm, als er ſah, daß ihre Tapferkeit und ihre Überlegenheit an Infanterie (ſie war (wie geſagt) doppelt ſo ſtark als die ſeinige) dies nicht zuließ. Geſchlagen war ſie am 25.; hinter ſich hatte ſie keinen Ausweg, als in ſeiner Gegenwart durch die Seen und ſpäter durch die Mützel zu gehen, um ſich gegen das Corps von Romanzow, welches von Schwedt kam, zurückzuziehen, wobei ſie aber ihren ganzen bei Camin ſtehenden Train nebſt

4000 Grenadieren eingebüßt hätte, der Schwierigkeit, den
Rückzug unter den Augen des Königs anzutreten, nicht
zu gedenken. Zu diesem Äußersten konnte Friedrich der
Große sie hindrängen, wenn er ihr den 26. früh so auf
den Leib rückte, daß er ihr den Weg nach Cammin ganz
verlegte. Aber er hatte sie fürchten gelernt, er wollte keine
neue Einbuße machen, weil er noch für seine wenigen
Kräfte viel zu thun vorfand, und er begnügte sich mit
den moralischen Folgen des Sieges und baute seinem Gegner goldene Brücken. — Ungefähr so raisonirte und handelte Bonaparte bei Borodino.

4. Diese Schlacht zeigt, freilich wie viele andere
aber doch noch deutlicher, daß das moralische Übergewicht,
welches der Sieg giebt, wenn es auch nicht auf der Stelle
benutzt und durch die Wirkung des Verfolgens vergrößert
wird, doch nicht unterläßt, seine Furchenspur durch den
ganzen Feldzug zu ziehen. Die Russen, ob sie gleich noch
einmal so viel in der Schlacht verloren hatten als die
Preußen, blieben doch nach der Schlacht circa 40,000 Mann
stark, während die Preußen nur 20,000 hatten, und dennoch gingen sie, wie gehörig Abgefundene nach Pommern
zurück.

§. 36.

Die schiefe Schlachtordnung ist Schuld an vorkommender Verwirrung.

Bei Gelegenheit der Schlacht von Zorndorf wurde
dieselbe Klage wieder laut, durch welche der Verlust der
Kolliner erklärt werden sollte; Mangel an Aufmerksamkeit
auf die Befehle des Königs. Dort wie hier war der
linke Flügel der Armee nicht wie die Disposition es bestimmte, sondern neben die Avantgarde vorgerückt; bei

Collin sollte nach Tempelhoff der General Manstein Schuld
sein, der ohne Befehle mit einem Theile des rechten angegriffen hatte, nach Retzow der König selbst, der zu früh
einzuschwenken befahl und den Fürsten Moritz von Dessau,
als dieser den Fehler einsah und sich widersetzte, mit dro-
hender Geberde dazu zwang. Bei Zorndorf sollte es der
General Kanitz sein, weil dieser den linken Flügel des ersten Treffens kommandirte. Offenbar liegt es aber in der
geometrischen Natur dieser Angriffsweise mit schiefer Front,
daß die Linie auseinander kommt, denn indem ein Flügel
vorschreitet und der andere auf dem Fleck stehen bleibt,
wird anstatt einer Kathete die Diagonale eingenommen.
Bedenkt man nun, daß damals ohnehin eine regelmäßige
staffelförmige Einrichtung dieses Angriffs noch nicht einge-
führt, sondern die Sache taktisch genommen, etwas übers
Knie gebrochen war, wenn man forderte, der linke Flügel
sollte avanciren und der rechte stehen bleiben, so begreift
man kaum, wie es ohne Verwirrung und namentlich ohne
Auseinanderreißen hätte abgehen können. Nun sind die
Truppen, und zwar Offizier wie Gemeiner, gewohnt sich
rechts zu richten und zu schließen, und es ist nicht zu erwarten, daß in der Verwirrung einer Schlacht die Links-
fühlung befohlen und durchgeführt worden sei, es war
also, weil in diesen beiden Schlachten der linke Flügel der
vorgehende und der rechte der stehende war, ziemlich natürlich, daß die beiden Treffen sich rechts an den stehenden
Flügel haltend, nicht mehr hinter der Avantgarde blieben,
sondern neben ihr zu stehen kamen. So wenig ich sonst
ein Freund davon bin, den Ausgang der Schlachten durch
Spitzfindigkeiten der Elementar-Taktik erklärt zu sehen,
so ist doch diese Bemerkung zu natürlich, um sie nicht da
dem Urtheil der Schriftsteller entgegenzustellen, wo diese

auf die taktische Ordnung alles geben. Bei Leuthen ging es im Grunde nicht anders; die Grenadier = Bataillone, welche den ersten Angriff machten, kamen bald neben dem Flügel der Infanterie zu stehen; bei Lowositz riß die Linie so auseinander, daß der König einen Theil der Kavallerie allein in sie hineinrücken lassen mußte. Es ist daher eine Thorheit, wenn man diesen Umstand grade in den Schlachten von Collin und Zorndorf den Fehlern der Führer zuschreiben und überhaupt einen solchen Werth auf ihn legen will, daß er den Verlust der ersteren und den unglücklichen Angriff des linken Flügels in der letzteren, hauptsächlich motiviren soll.

§. 37.

Friedrichs des Großen Feldzugsplan.

Der Plan Friedrichs des Großen, oder vielmehr die Hauptlineamente seines Handelns sind sehr natürlich und für den kritischen Verstand genügend. Er fängt mit einer Offensive in Mähren an, um die Zeit zu nützen, wo er noch mit den Östreichern allein zu thun hat; der Gegenstand dieser Offensive ist die Einnahme einer bedeutenden Festung, damit die östreichische Armee sich nachher mit ihrer Wiedereroberung beschäftige und dadurch absorbirt werde für den übrigen Theil des Feldzugs. Dieses Unternehmen mißlingt, weil er es ohne Schlacht zu Stande bringen will, wozu ihn die Ökonomie seiner Kräfte und die Zaghaftigkeit Dauns veranlassen. Er zieht sich dann nach Böhmen zurück, um in der Gegend von Königs = Grätz noch vier Wochen zu bleiben, bis es Zeit sei, den Russen entgegenzugehen. Den 10. August bricht er mit 15,000 Mann zur Verstärkung der Dohnaschen Armee auf, läßt die übrigen Truppen an der Grenze von Schlesien gegen

Böhmen, und liefert den 21., also ohne Aufenthalt, den Russen die Schlacht von Zorndorf. Der Sieg ist zwar nicht zweifelhaft, aber der Feind hatte keine Niederlage erlitten und der über ihn errungene Vortheil ist blutig erkauft, im Grunde ist der König des weitern guten Erfolgs auf diesem Punkte nichts weniger als gewiß, denn Fermor ist nur einen Marsch, nämlich bis Landsberg zurückgegangen und bei seiner ursprünglichen Überlegenheit immer noch stark genug, wenn der König wieder mit einem Theil der Truppen abmarschiren sollte, seine Unternehmungen fortzusetzen. Allein was bleibt dem König übrig als die Hoffnung, daß Fermor nicht wieder vordringen werde, wie eine Wahrscheinlichkeit zu behandeln; ihnen eine Niederlage beizubringen, hat er jetzt nicht mehr Aussicht als in der Schlacht, sie sind zu brav und zu zahlreich; sie weiter zurückzudrängen, hat er nicht Zeit, weil er nach Sachsen eilen muß, der moralische Erfolg eines Sieges bleibt nun ganz aus, er überläßt also Graf Dohna wieder seinem Schicksal und eilt nach der Lausitz, wohin Daun sich gleich nach seinem Abmarsch gewendet hat. Vier Wochen hat der König zu seiner russischen Expedition gebraucht und in dieser Zeit hat Daun nichts unternommen. Jener findet die Armee des Prinzen Heinrich bei Dresden noch intakt und den Markgrafen Carl, nachdem er Fouqué mit 10,000 Mann zurückgelassen hat, mit der übrigen schlesischen Armee herangerückt. Nur in Beziehung auf diese Armee entsteht die Frage, warum der Markgraf Carl erst zehn Tage nach Daun von Landshut aufbricht, und dann nicht weiter als bis nach Löwenberg marschirt, während es doch natürlich gewesen wäre, wenigstens bis Lauban zu rücken, um Daun einigermaßen in Beziehung auf den Prinzen Heinrich en échec zu halten.

Nachdem der König zurückgekehrt ist, beträgt seine Armee in Sachsen etwa 60,000 Mann. Daun und die Reichsarmee sind wenigstens auf 100,000 Mann zu schätzen. Daun hat die weitern Unternehmungen aufgegeben und sich ins Lager von Stolpen zurückgezogen. Der König hatte kein anderes Interesse als die Östreicher am weitern Fortschreiten zu hindern, und wenn es sein könnte, sie wieder ganz aus der Lausitz zu verdrängen, um etwas mehr freie Hand zu bekommen, der Festung Neisse zu Hülfe zu eilen, die sie seit Anfang August eingeschlossen hielten und mit einer Belagerung bedroheten. Er suchte keine Schlacht, so wie er sie in Mähren nicht gesucht hatte, er war schon dahin gekommen, diese Entscheidung nur im Falle des äußersten Dranges zu wählen. So vergehen denn fünf Wochen, in welchen Friedrich der Große mit nichts anderem beschäftigt ist, als die Detachements Dauns, namentlich Laudon mehr zurückzudrängen, um rechts die Verbindung mit Dresden, links die mit Bautzen zu gewinnen. Nachdem dies erreicht ist, will er Daun Besorgnisse wegen seiner rechten Flanke geben; da die Östreicher aus Zittau verpflegt wurden, welches ihnen rechts seitwärts lag, und wohin die Straße ohnehin einen convexen Bogen macht, so war der Punkt allerdings empfindlich, auch bewegte sich Daun unverzüglich rechts nach Löbau, wo Friedrich der Große das bekannte Lager von Hochkirch unter seinen Kanonen nahm. Nach dem Überfall und der verlornen Schlacht von Hochkirch blieb der König in dem Lager bei Klein-Bautzen noch zehn Tage, dem Feldmarschall Daun gegenüber stehen, zog 6000 Mann unter dem Prinzen Heinrich an sich, ließ Fink mit 10,000 Mann bei Dresden stehen, befahl aber dem Grafen Dohna, die Russen machen zu lassen, was sie wollten (nämlich Colberg zu belagern) und mit seinen

18,000 Mann herbeizueilen. Er selbst gewann durch eine halbe Kreisbewegung den Östreichern einen Marsch nach Görlitz ab, gewann dadurch die Straße vor Schlesien und eilte mit 25,000 Mann nach Neisse (inclusive des von Landshut herangezogenen Fouqué'schen Corps), während Prinz Heinrich mit 15,000 bei Landshut blieb. Durch Friedrich des Großen Annäherung wurde General Harsch bewogen, die Belagerung aufzuheben, und da eine aufgehebene Belagerung in der Regel eine abgemachte Sache ist, so konnte Friedrich der Große auf der Stelle umkehren, um nach Schlesien zurückzugehen, wo er nach funfzehn Tagen, Mitte Novembers wieder ankam, während auch die Armee des Grafen Dohna über Torgau in diese Provinz einrückte. Nun hatte Friedrich der Große wieder gegen 60,000 Mann in dieser Provinz beisammen, welches für Feldmarschall Daun bei der vorgerückten Jahreszeit hinreichend war, nach Böhmen in die Winterquartiere zu gehen. Friedrich der Große schickte nun den Grafen Dohna abermals nach der Mark, um die Schweden, die noch in der Gegend von Ruppin standen, nach Stralsund hineinzutreiben und ebenso sich in Mecklenburg und schwedisch Pommern Winterquartiere zu verschaffen.

Friedrich der Große hatte nun seinen Zweck die Erhaltung dessen, was er noch besaß, vollkommen erreicht. Er hatte nichts an Land eingebüßt und ohne den Fehler von Hochkirch würde er auch verhältnißmäßig wenig an Truppen verloren haben. Doch betrug auch so sein Verlust nicht über 30,000 Mann die er zur Ergänzung seines Heeres im Winter von 1758 zu 59 brauchte.

In diesem ganzen Verlauf ist Alles sehr einfach, naturgemäß und befriedigend. Ein Punkt giebt zu einer kritischen Frage Veranlassung. Als die Russen herangekommen waren, und der König sich also auf dem Punkt sah, durch die Überlegenheit seiner Feinde an einer Seite seines Kriegstheaters einen beträchtlichen Verlust zu machen, entweder in der Mark durch die Russen, oder in Schlesien oder Sachsen durch die Östreicher kam es darauf an, durch einen Sieg diese Gefahr abzuwenden, um dadurch nach einer Seite hin wieder frei zu werden. Dieser Sieg konnte eben so gut im Süden als im Norden gedacht werden. Nun war der Hauptfeind und der welcher es am ernstlichsten meinte, auf dem südlichen Kriegstheater; der König selbst befand sich dort und zwar mit dem größten Theil seiner Kräfte, es war nicht erst nöthig, einen Marsch zu machen; nach dem blos sächlichen Verhältniß und den Begriffen, wie wir sie jetzt vom Kriege haben, wäre es also zweckmäßiger gewesen, die entscheidende Schlacht gegen Daun zu liefern und zu erwarten, ob durch einen Sieg nach dieser Seite den Russen nicht die Lust des weitern Vordringens vergehen sollte. Ohnehin waren sie mit der Belagerung von Cüstrin, welche sie zum Gegenstand ihres strategischen Angriffs gewählt hatten, noch nicht ernstlich vorgerückt, da sie noch gar nicht über die Oder gegangen waren; man konnte also nach dieser Seite hin, in jedem Fall, noch einige Wochen Zeit gewinnen. Viel gefährlicher war, was sich während des Königs Abwesenheit in Sachsen zutragen konnte, weil Dresden nur ein schwacher Punkt war. Zwei Gründe bestimmten Friedrich den Großen aber mit Recht, die Unternehmung gegen die Russen vorzuziehen. Der erste ist ganz objectiv. Einen Sieg nämlich, welchem man nicht durch starkes Nachdrücken eine große Folge geben kann, ist immer viel wirksamer, wenn er gegen eine Armee erfochten wird, die sich an der Spitze einer weit vorgeschobenen Offensive befindet, als wenn die

be

besiegte Armee ihr eigenes Land und ihre festen Punkte nahe hinter sich hat. Dies war hier in Betrachtung zu ziehen. Die Russen konnten durch eine blos verlorne Schlacht leicht veranlaßt werden, über die Weichsel zurückzugehen; Daun aber blieb, wenn er nicht mit der ganzen Armee verfolgt werden konnte, an der Grenze stehen, und es wurde also durch den Sieg nicht viel gewonnen. Der zweite Punkt ist mehr subjektiv oder vielmehr persönlich. Friedrich der Große hatte Daun und seine Armee einigermaßen achten gelernt; gegen die Russen hatte er vermuthlich eine große Geringschätzung und glaubte hier durch einen glänzenden Sieg viel für seine Angelegenheiten und noch mehr für seinen Ruhm zu thun.

§. 38.
Dauns Feldzugsplan.

Daun vereitelt ohne Schlacht des Königs Unternehmung auf Ollmütz. Dies ist das einzig Positive, was er den ganzen Feldzug über gethan hat. War dies denn genug? War nicht Östreich der Staat, welcher den positiven Zweck hatte? Daun that, als hätte er nichts zu besorgen, als die östreichischen Lande in statu quo zu erhalten. Dies ist vollkommen unvernünftig. Daß er die Aufhebung der Ollmützer Belagerung ohne Schlacht bewirkte, mag als ein Verdienst der Künstlichkeit betrachtet werden, aber eine Schlacht war wirksamer und am rechten Ort, weil der König mit seiner Armee eine lange Postenkette bildete.

Man behauptet die östreichische Armee sei in ihrer Wiedergeburt noch zu schlecht zu einer Schlacht gewesen (der östreichische Veteran); wir können das jetzt nicht mehr entscheiden, doch scheint diese Behauptung übertrieben.

Daß Daun den König bis Königin-Grätz mit seinen 4000 Wagen entkommen ließ, war der zweite große Akt der Unthätigkeit, wenn man uns diesen Ausdruck erlauben will; wir haben davon schon gesprochen. Dieser erste Theil des Feldzugs indessen kann noch in die allgemeine Vorstellung eingehüllt werden, daß Daun die Ankunft der Russen in der Mark abwarten wollte, wodurch die Consequenz wenigstens für den philisterhaften Standpunkt gerettet wird. Aber nun kommt der dritte große Akt der Unthätigkeit; die Russen kommen an, der König marschirt ab, bleibt vier Wochen weg, und diese vier Wochen läßt Daun wieder verstreichen, denn die unbedeutende Diversion Laudons durch die Nieder-Lausitz ist kaum nennenswerth, und die vielen unausgeführten Dispositionen und Verabredungen mit dem Herzog von Zweibrücken können nicht in die Reihe der Handlungen gesetzt werden. Daun und die Reichsarmee müssen wenigstens 100,000 Mann stark gewesen sein; und der Prinz Heinrich war 20,000, der Markgraf Carl freilich vielleicht 30,000 Mann, allein diese kamen erst später, nämlich den 21. August heran, und dann noch nicht weit genug, nämlich nur bis Löwenberg. Rechnet man, daß Daun 10,000 Mann durch die Nieder-Lausitz hatte gehen lassen, und 20,000 Mann bei Görlitz lassen mußte, um seine rechte Flanke zu decken, so blieben ihm inclusive der Reichsarmee 70,000 Mann übrig, um den Prinzen Heinrich zu erdrücken. Und das ist ihm nicht genug.

Nachdem der König zurückgekommen, war es freilich nur consequent nichts zu thun, denn wenn er sich vorher nicht stark genug gefühlt hatte, so wäre es die zweite Potenz der Inconsequenz gewesen, nun etwas zu wagen; ohnehin hatte sich durch die heranrückende Belagerung von Neiße ein schwaches Prinzip des Vorschreitens in den östreichischen Plan eingefunden, und Daun, wenn er den König festhielt und unterdessen Neisse eroberte, hatte doch ein Minimum des positiven Kriegszwecks erreicht. In der Totalübersicht des Feldzugs würde sich's ganz gut ausgenommen haben; er hat Ollmütz befreit und Neisse erobert, würden die ruhmwürdigen Berichte gesagt haben, und wenn man die Sache nicht genau ansieht, so schien dies für den damaligen Maßstab nicht wenig zu sein. Dies war auch ganz die Ansicht Dauns, denn die Schlacht bei Hochkirch ist, wie jetzt Niemand bezweifelt, ein bloßes hors d'oeuvre, welches der Zufall, nämlich die schlecht gewählte Stellung Friedrich des Großen herbeigeführt und das vereinte Zusehen Lascy's und Laudons entschieden hat. Auch machte Daun keinen andern Gebrauch von diesem ihm gewissermaßen in die Hände gespielten Sieg, als daß er der Kaiserin zu ihrem Geburtstage das Fahnenangebinde schenkte. — Daun hatte also kein anderes Interesse als den König festzuhalten, folglich eine solche Stellung zu nehmen, daß er ihm immer zuvorkommen konnte, welches nicht schwer war, und wenn dies dennoch nicht gelang, ihn anzugreifen. Statt dieses auf den Zweck gerichteten Vorsatzes ließ sich Daun zu einem Überfall bewegen, mit welchem er keinen Zweck verband, als allenfalls den der Eitelkeit. Wie zeigt sich hier der Mangel an Klarheit, den man damals in der Kriegführung litt und wie wunderbar greifen Furchtsamkeit und Muth in einander. Selbst nach dem Siege bei Hochkirch hatte Daun nicht den Muth, des Königs linke Flanke so mit Posten zu umgeben, daß der Marsch nach Görlitz unmöglich wurde, und nicht den Muth, ihn bei Görlitz anzugreifen, als er sah, daß kein anderes Mittel mehr sei, die Eroberung von Neisse zu sichern; er würde

7 *

also ohne die Schlacht von Hochkirch diesen Muth noch
weniger gehabt haben; und doch forderte es sein Zweck;
dagegen hat er den Muth sich in einen Überfall einzulassen,
der im Großen immer ein gewagtes Unternehmen bleibt,
und zwar ohne eigentlichen Zweck. Man ist berechtigt, die
Schlacht bei Hochkirch so anzusehen, weil Daun ihr gar
keine Folgen gab; wäre sie dagegen in der Absicht unternommen worden, den Marsch des Königs nach Neisse zu
verhindern, so würde sie das größte Lob verdienen. In
jedem Fall hätte dieser Sieg die Stelle desjenigen vertre-
ten können, der konsequenter Weise bei Görlitz erfochten
werden mußte; und ihn nicht auf diese Weise genützt zu
haben, ist wieder der dritte große Akt von Dauns Unthätigkeit.

Dem Könige nach Schlesien zu folgen, wäre völlig
unnütz gewesen, wenn es auch nicht wegen Mangel an einer Basis Schwierigkeiten gehabt hätte. Es kam also nur
wieder darauf an, sich in Sachsen zu entschädigen, wo nur
15,000 Mann unter dem General Itzenplitz und in Dresden eine Besatzung von 3000 Mann geblieben waren. Der
König ist den 1. November von Lauban abmarschirt, kommt
erst den 15. dahin zurück und hätte also erst etwa den
20. an der Elbe sein können. Diese drei Wochen läßt
Daun wieder ohne Unternehmung verstreichen; zwar marschirt er an die Elbe zurück, aber alles was er thut, ist
daß er den großen Garten nimmt, Itzenplitz bedroht, Dresden auffordert, Leipzig durch die Reichsarmee, Torgau
durch Haddik auffordern läßt; d. h. nicht thätig sein, sondern Thätigkeit affectiren.

Dies ist nun der vierte große Akt der Daunschen
Unthätigkeit, worauf er sich zufrieden mit dem Ruhm, ihn

den Augen der Oberflächlichkeit, als der Überwinder des Königs zu erscheinen, in die Winterquartiere begleht.

Östreich hatte in diesem Feldzug seinen Zweck wieder vollkommen verfehlt, ob es gleich schon der dritte war, und man also doch fühlen mußte, es sei Zeit sich dem Ziele zu nähern.

Was dachte man in Wien bei diesem Nichtvorschreiten? wahrscheinlich hieß es, die Russen hätten so gut wie gar nichts gethan, man habe also die ganze Macht des Feindes auf dem Halse gehabt und somit könne man zufrieden sein, den erobernden König in seine Lande zurückgewiesen zu haben. Da man im Jahre 1757 an der entscheidenden Unternehmung in Schlesien wegen des großen Umschwunges bei Leuthen einiges Mißfallen gefunden hatte, so war man mit diesem ruhigen, gleichgewichtigen Resultat von 1758 nicht ganz unzufrieden, und beschloß nun im nächsten Jahr für eine bessere Mitwirkung zu sorgen. So verschleppte man in unklaren Vorstellungen Zeit und Kräfte.

§. 39.
Verhältniß der Kräfte.

Nimmt man die östreichische Armee unter Daun zu 70,000 Mann, die Reichsarmee mit den dabei befindlichen östreichischen Truppen zu 50,000, die russische Armee zu 80,000 Mann an, welches alles in Betracht der Zahl der Bataillone und Schwadronen sehr gering gerechnet ist, und zählt man noch 20,000 Schweden hinzu, so ist die gegen Friedrich den Großen auftretende Macht in diesem Feldzuge 200,000 Mann. Gegen diese hatte dieser inclusive der Besatzungen 116 Bataillone und 218 Schwa-

drohnen, welche etwa 150,000 Mann betragen haben werden. Man kann aber von den 30,000 Mann Besatzungen nur etwa 10,000 als diejenigen rechnen, die mit dem Feinde im Contact waren, also ist die Macht Friedrich des Großen etwa 130,000 Mann, das Übergewicht war also etwa 90,000 Mann, d. h. des Königs Armee betrug noch nicht zwei Drittheil seiner Gegner. Vermuthlich sind die Östreicher merklich stärker gewesen und das Verhältniß wird sich vielleicht nicht viel von eins zu zwei entfernt haben.

Im Jahre 1757 stand es in der ersten Hälfte des Feldzugs für Friedrich den Großen viel vortheilhafter. Schließt man Ostpreußen von der Betrachtung aus, so hatte Friedrich der Große etwa 120,000 Mann, und die Östreicher waren wenigstens um nichts stärker. Am Ende des Feldzugs aber stellte sich's für Friedrich den Großen noch schlimmer als 1758.

Schon vor der breslauer Schlacht war seine Armee auf die Hälfte, also auf 60,000 Mann heruntergesunken; rechnet man aber 20,000 Mann Besatzung hinzu, die mit dem Feinde im Contact waren, so war seine Macht 80,000; die der Östreicher welche sich im Laufe des Feldzugs immer wieder verstärkt hatte, die der Franzosen, Reichsarmee und Schweden aber muß man wenigstens auf 180,000 rechnen, nämlich 100,000 Östreicher, 50,000 die Armée von Soubise, 30,000 unter Richelieu, 10,000 Schweden. Nach der Schlacht von Breslau würde die Sache noch viel schlimmer geworden sein, wenn nicht Richelieu durch Geld und Soubise durch Schläge abgefunden worden wären.

§. 40.

Östreich setzt zu geringe Streitkräfte in Bewegung.

Ist es nicht zum Verwundern daß die Östreicher auch in diesem Jahre wieder mit einer Armee von nicht mehr als etwa 100,000 Mann auftraten? In ihrer eigenen Sache während sie keinen andern Krieg, und weder in Flandern, noch in Italien etwas zu besorgen hatten? — Die Erklärung ist, daß sie keine Spur einer Cantoneinrichtung hatten, alles durch Freiwerbung ergänzen mußten.

§. 41.

Der Postenkrieg zwischen Friedrich dem Großen und Daun.

Die vier Wochen vom 12. September bis 14. Oktober in der Lausitz, wo Friedrich der Große dem Marschall Daun gegenüber, und dieser meistens in seinem Lager bei Stolpen stand, haben eine Art strategischen Ruf wegen der Manövrirkunst beider Feldherrn.

Das Ganze reduzirt sich doch auf sehr einfache Bestandtheile. Friedrich der Große rückt an, und nimmt nahe bei Dresden eine Stellung um seine Verpflegung leicht zu beziehen. Daun hat einige vorgeschobene Posten über die bautzener Straße hinaus; den hauptsächlichsten bei Radeberg unter Laudon. Friedrich der Große läßt ihn zurückdrücken; Laudon geht eine halbe Meile zurück und nimmt eine andere Stellung; auch da weicht er, als man ihm einige Tage darauf mit einem Angriff bedroht und so kommt er nach Bischofswerda. Nun nimmt der König ein Lager, Bischofswerda gegenüber vor dem rechten Flügel Dauns.

Dadurch versichert er sich der Straße nach Bautzen und bedroht Dauns Verbindung mit Zittau ein klein wenig.

Das hilft noch nicht; Daun, den er gern nach Böhmen hinein manövrirt hätte, steht fest; nun marschirt der König bis Bautzen und detachirt Retzow bis Weißenberg Das hilft; Daun bricht auf und nimmt das Lager von Löbau; der König glaubt Daun hinter Löbau und nimmt das Lager von Hochkirch, wie er sagt, in der Absicht um besser zu verbergen, daß er sich mit Retzow vereinigen wollte um über den Prinzen von Durlach herzufallen. Vermuthlich hat doch die Absicht, die görlitzer Straße besser in seine Gewalt zu bekommen, den Hauptgrund ausgemacht. In allem diesen ist weder etwas sehr Verstecktes und Feines, noch etwas sehr Künstliches, und so ist es denn mit den meisten strategischen Manövern beschaffen, die, wenn's hoch kommt, in einer Katzbalgerei um Posten bestehen, wobei oft Eigensinn mehr als wirkliches Bedürfniß der Grund ist.

Friedrich der Große hat in dieser Zeit wenig Detachements. Das Corps von Retzow, welches er links weg auf die görlitzer Straße geschoben hatte, war fast das Einzige; obgleich die Entfernung von Dresden und der beständige Brod- und Mehltransport von daher eine starke Veranlassung zum Detachiren war. Er zog es vor die Transporte durch 6 bis 8 Bataillone begleiten zu lassen. Eben so ist Friedrich der Große fast immer ohne Avantgarde und er nimmt die Gewohnheit an, seinem Gegner oder dessen Detachements immer dicht auf den Hals zu rücken, welches ihm bei Hochkirch so schlecht bekam. Daun dagegen ist nie ohne vier bis fünf detachirte Posten.

§. 42.

Des Prinzen Heinrich Feldzug in Sachsen gegen die Reichsarmee.

Will man ein reines, stark ausgesprochenes Beispiel eines Posten- und Cordonkrieges, so sehe man den Feldzug des Prinzen Heinrich in den Monaten Mai, Juni, Juli und August. Die Reichsarmee unter dem Herzog von Zweibrücken war mit Einschluß der dabei befindlichen östreichischen Truppen 63 Bataillone und 79 Schwadronen, also doch wohl wenigstens 50,000 Mann stark; sie war nach Böhmen marschirt und blieb dort am Fuße der Gebirge, bis Daun nach der Ober-Lausitz kam. Ein Corps Oestreicher, unter dem General Dombasle kam von der französischen Armee und rückte durch Franken in Sachsen ein; es hat doch vermuthlich auch aus 6- bis 8000 Mann bestanden. Prinz Heinrich hatte 33 Bataillone und 46 Schwadronen, d. h. nicht 30,000 Mann; und er wagte es mit diesen Truppen während des ganzen Monats Mai und halben Juni, eine Aufstellung zu nehmen die von Hof bis Freiberg reichte; ja es war ihm an dieser Keckheit nicht genug, sondern er unternahm noch Streifzüge aller Art nach Suhl um ein Paar tausend Gewehre zu nehmen, nach Bamberg, um Kontributionen einzutreiben, wobei er diesen letzten Ort noch vierzehn Tage lang mit 6 Bataillonen und 5 Schwadronen unter dem General Driesen, besetzt hielt. Von Bamberg bis Freiberg sind fünf und zwanzig Meilen! Während der letzten Hälfte Juni und dem ganzen Juli zog er sich mehr zusammen; sein rechter Flügel stand nun bei Zwickau, sein linker bei Freiberg, welches doch immer noch acht Meilen beträgt. Dann im August, wie die Reichsarmee anfing, starke Corps über das Ge-

birge vorzuſchieben, zog ſich Prinz Heinrich näher an die
Elbe und nun war ſeine Hauptſtellung von Freiberg bis
Dresden mit 27 Bataillonen und 30 Schwadronen; ein
Corps unter dem General Aſſeburg aber ſtand bei Wal=
denburg, ſo daß die ganze Armee wieder in einer Ausdeh=
nung von zehn Meilen ſtand.

Als endlich die Reichsarmee Ende Auguſt in das La=
ger bei Pirna einrückte, weil Daun noch über Görlitz vor=
gedrungen war, nahm Prinz Heinrich zuerſt das Lager bei
Groß=Sedlitz und ein Paar Tage ſpäter das von Gamig,
eine halbe Stunde dahinter. Dieſes Lager hatte eine Aus=
dehnung von anderthalb Meilen, die taktiſch beſetzt und
vertheidigt wurden. Es war aber der General Knobloch
noch mit 5 bis 6000 Mann n) Keſſelsdorf detachirt
um gegen Meiſſen Front zu machen und den Rücken zu
beobachten, weil Daun bei Meiſſen übergehen zu wollen
ſchien; auch befanden ſich mehrere Regimenter auf dem
rechten Elbufer zur Vertheidigung des auf dem Lande gemach=
ten Verhaues.

Dieſe Maßregeln, ſo wie die ganze Natur der wäh=
rend der vier Monate genommenen Aufſtellungen, ſo wie
die Darſtellung, welche die Schriftſteller von den Planen
und Abſichten des Prinzen gaben, laſſen keinen Zweifel
übrig, daß der Prinz damit nicht blos eine vorläufige
Deckung, eine Scheinvertheidigung des Landes beabſichtigte,
wobei die Corps im Fall eines ernſtlichen Vorrückens, auf
irgend einen weiter rückwärts gelegenen Punkt hätten ver=
einigt werden ſollen, ſondern es kam darauf an, daß je=
des Corps immer ſo ernſtlichen Widerſtand leiſtete, als es
vermochte. Allerdings war es nicht eine lange Kette klei=
ner Poſten, ſondern gewöhnlich drei oder vier Hauptauf=
ſtellungen, und wenn man es in dieſer Rückſicht lieber

einen Posten- als einen Cordonkrieg nennen will, so ist
dagegen nur das einzuwenden, daß kein Cordonkrieg aus
einer ununterbrochenen Kette kleiner Posten besteht, sondern mehr oder weniger aus einzelnen großen, die sich,
wenn die Gegend sehr dazu einladet, durch kleine Zwischen-
posten in Verbindung setzen; und daß die Grenze zwischen
Posten- und Cordonkrieg sich in unmerklichen Abstufungen
verliert. Zugegeben nun, daß es mehr noch den Namen
eines Posten- als den eines Cordonkrieges verdient, so
müssen wir doch bemerken, daß die einzelnen Posten meistens aus einem Treffen bestanden, und im zweiten höchstens ein oder ein Paar Kavallerieregimenter, die Reserveartillerie und allenfalls noch ein oder ein Paar Bataillone
Infanterie hatten. Wie ausgedehnt die Aufstellung des
ersten Treffens war, läßt sich aus den ausführlichsten Ge-
schichtschreibern meistens nicht ersehen; da sie aber meistens
nach Maßgabe der Hindernisse des Bodens aufgestellt waren, so kann man sich schon denken, daß die Ausdehnung
das gewöhnliche Maaß der Elementartaktik weit überschrit-
ten haben wird. Es finden sich also hier alle Schwächen
und Nachtheile des Cordonsystems; und es ist nicht zu bezweifeln, daß bei einem unternehmenden Gegner die größten Unglücksfälle daraus hätten entstehen können. Nur
ein Umstand minderte die Gefahr etwas; die Posten waren nicht in einem mit Wald bedeckten und durch Gebirgs-
züge durchschnittenen Lande genommen. Dieser Theil von
Sachsen welcher sich längs dem Fuß des Erzgebirges hinzieht, ist zwar reich an guten Aufstellungen, wegen der tief
und steil eingeschnittenen Thäler; aber er ist zugleich kul-
tivirt, offen und zugänglich. Selbst das Erzgebirge welches sich gegen Sachsen hin ganz flach verläuft, ist auf diesem Abhang wenig waldig, und läßt eine gute Übersicht

der Gegend zu. Aber dies alles verminderte nur die Gefahr und machte es nicht unmöglich, eines der längs dem
Gebirge aufgestellten Corps, mit überlegener Macht nicht
blos anzugreifen, sondern ganz zu umgehen, zu umstellen
und aufzureiben.

Worauf war nun des Prinzen Vertrauen hierbei gegründet? Vorzüglich auf die Überzeugung daß sein Gegner entweder gar nichts thun würde, oder wenigstens nichts
ohne die größte Langsamkeit und Schwerfälligkeit, daß also
ein Unternehmen wobei es auf den Untergang eines seiner
Corps abgesehen sei, gar nicht zu fürchten wäre; ferner
auf die Tapferkeit und moralische Überlegenheit der preußischen Truppen, endlich auf den Vortheil starker Stellungen die sich überall darboten. Diese Umstände müssen nicht
blos unter dem Gesichtspunkt des individuellen Falles betrachtet
werden, welche immer und also auch noch jetzt, die allgemeinen Grundsätze modifiziren, sondern zugleich unter dem
Gesichtspunkt der damaligen Zeit und Kriegsart. Daß
50 oder 60,000 Mann blos um ihrer Zahl willen die
innere Bestimmung haben mußten, 30,000 anzugreifen,
zu schlagen, und wo möglich zu zertrümmern, ohne Rücksicht auf die übrigen Umstände und den Zusammenhang
mit den übrigen Operationen, ein Satz der jetzt ziemlich
als Allgemein gültig betrachtet werden kann, war damals Etwas ganz Unbekanntes, oder vielmehr etwas
Nichtvorhandenes.

Daß eine solche Armee jeden Tag oder jede Woche
die unthätig verstrich, als für sich verloren, als einen Fehler ansehen, daß sie es für eine ganz gewöhnliche Aufgabe halten müsse, vermöge ihrer Überlegenheit und der
feindlichen Zerstreuung der Kräfte, eines ihrer Corps zu
umstellen und zu vernichten, war eben so unbekannt;

vielmehr sind die Gefangennehmung des General Fink bei Maxen 1759 und Fouqué's bei Landshut 1760, welches beides doch nur die ganz natürliche Folge solcher Posten-stellungen waren, wie Aloeblüthen zu betrachten, die nur alle funfzig Jahr vorkommen. So war die Richtung der damaligen Kriegsart; in dieser Richtung befand sich der Herzog von Zweibrücken sowohl wie der Prinz Heinrich. Diese geschwächte, abgetödtete, halb erstorbene Kraft des kriegerischen Elementes verminderte alle Gefahren und die überlegene Keckheit des Prinzen durfte es wagen, sich nicht allein gegen die große Übermacht im Besitz des weitläuf-tigen Landstrichs zu behaupten, sondern noch kleine positive Vortheile an sich zu reißen. Wir sehen also, wie in den schlesischen Kriegen schon der Grund gelegt ist zu dem Cor-donsystem, welches im Revolutionskriege bei den deutschen Armeen eine so schlechte Rolle gespielt hat, und mit Un-recht für eine neue schlechte Erfindung gehalten worden ist. Aber freilich ist ein höchst wesentlicher Unterschied der Hauptgegenstand dieser Betrachtung. Der Prinz Heinrich fühlte seine und seiner Truppen moralische Überlegenheit, sie stieg in ihm bis zur Keckheit und Geringschätzung, und der Erfolg hat dieses Selbstgefühl gerechtfertigt; die deut-schen Armeen im Revolutionskriege, oder vielmehr ihre Feldherren fürchteten die Gegner, suchten auf Bergen, hinter Schluchten, Schanzen und Verhauen Schutz, und meinten, dies Einzige bliebe ihnen als eigenthümlicher Vorzug, daß sie es wohl verständen, ein Heer mit einem Gebirgsabschnitt innig zu verschmelzen, und diese Multi-plikation ihrer Kräfte bis zu einer wissenschaftlichen Künst-lichkeit zu treiben.

§. 43.

Die russische Armee.

Daß ihre Thätigkeit in diesem Jahr so wie im vorigen als ein bloßer Pendelschlag eines politischen Getriebes anzusehen ist, liegt klar am Tage. Sie verließ 1757 Preußen nach einem Siege, und hob 1758 die Belagerung von Kolberg auf ohne allen Grund; wenn man auch ihr Zurückgehen nach der Schlacht von Zorndorf als für die damalige Zeiten hinreichend motivirt betrachten will, weil es allerdings doch noch etwas mehr war, Kolberg belagern zu lassen, als von Landsberg aus nach Küstrin hinzusetzen; und ein zweiter Versuch auf Küstrin nicht rathsam schien.

Der Feldzug von 1759.

§. 44.

Übersicht der Stärke.

(1759.) Des Königs Armee ist 141 Bataillone und 200 Schwadronen, welches etwa 125,000 Mann gewesen sein mögen, und mit Einschluß der Besatzungen vielleicht 150,000 Mann, wie im vorigen Jahr. Er hatte 30,000 Mann gebraucht, sie zu ergänzen und von diesen nur 10,000 aus dem Lande genommen, das andere waren Rekruten aus dem Anhaltischen, dem Mecklenburgischen und Schwedischen, meist ausgehobene oder geworbene Ausländer. Die Macht der Gegner waren etwa 120,000 Östreicher, 20,000 Mann der Reichsarmee, 50,000 Russen und 10,000 Schweden, also 200,000. Das Verhältniß war also weniger ungünstig, wie im vorigen Jahre.

§. 45.

Unternehmungen Friedrich des Großen auf feindliche Magazine.

Die Zerstörung der feindlichen Vorräthe in Polen und Mähren mißglückte, die in Böhmen gelang über die Erwartung. Eine Armee von 50,000 Mann hätte fünf Monate, und 25,000 Pferde hätten einen Monat davon erhalten werden können. Ob dieser Gegenstand einen großen Einfluß auf die Begebenheiten des Feldzugs gehabt hat ist dennoch die Frage. Feldmarschall Daun ging Ende Juni nach der Lausitz und hat dort mit circa 70. bis 80,000 Mann mehrere Monate gestanden. So gut wie er bei Marklissa und seine vorgeschobenen Corps bis Rothenburg an der Neisse verpflegen konnte, eben so gut hätte er es bei Dresden gekonnt, wenn es seine Absicht gewesen wäre, sich dahin zu wenden. Daß er erst so spät nach der Lausitz aufbrach, lag offenbar in der Absicht, die Ankunft der Russen zu erwarten, und nicht in zerstörten Verpflegungseinrichtungen. Die Reichsarmee kam aus Franken und bedurfte also jener Vorräthe auch nicht nothwendig.

Man muß also diese Unternehmungen gegen die feindlichen Magazine als kleine Offensiven mit geringen Objekten betrachten, welche der allgemeinen Vertheidigung vorhergingen. Der Feind büßte vielleicht eine halbe Million Thaler und einige tausend Mann ein, und die eigenen Truppen übten sich in kleinen erfolgreichen Gefechten. Die Offensivkraft, womit Friedrich der Große im Jahre 1758, noch einen, auf die Einnahme von Ollmütz gerichteten Ausfall that, ist also nun auf viel kleinere Unternehmungen zusammengeschrumpft.

Vielleicht hat Friedrich der Große einen zu großen

Werth auf die Wirkung dieser Unternehmungen gelegt; aber in jedem Fall haben seine Geschichtsschreiber es gethan.

§. 46.

Der Prinz Heinrich thut ähnliche Schritte.

Die Unternehmung des Prinzen Heinrich gegen die Reichsarmee im Monat Mai hat im Grunde dieselbe Bedeutung. Ihre Magazine zu zerstören und ihr einige tausend Gefangene abzunehmen, Contributionen einzutreiben konnte von Hause aus der einzige Zweck dieses Unternehmens sein, denn man begreift leicht, daß die Reichsarmee nicht Stand gehalten und dem Prinzen Heinrich Gelegenheit zu einem Sieg gegeben haben würde; wenn sie aber auswich, wie sie that, und sich tief in Franken hineinzog, so konnte Prinz Heinrich ihr doch nicht weit genug folgen, um sie in eine wahre Flucht zu treiben. Sobald der Prinz umkehrte, rückte sie wieder vor.

Diese Unternehmung war mit dem Herzog Ferdinand verabredet, dem die Stellung der Reichsarmee in Thüringen und Franken unangenehm war, und der auch 12,000 Mann unter dem Erbprinzen von Braunschweig zur Unterstützung desselben nach Würzburg rücken ließ. Diese Unternehmung gehört aber offenbar zu denen, die kein rechtes Ziel haben, und die etwas in der Manier des Herzogs waren, daher ist vielleicht die Idee von ihm hauptsächlich ausgegangen. Eine Armee die ausweichen kann und nicht zum Halten bestimmt ist, anzugreifen, ohne daß man Mittel hat, sie in irgend eine Klemme zu bringen, ist in die Luft verplatztes Pulver. Ein Paar mal hundert tausend Thaler Contributionen, welche sie einbrachte, mochten das Beste von der Sache sein.

§. 47.

§. 47.
Über das Vorlegen auf der feindlichen Marschlinie ohne schlagen zu wollen.

In die Klasse der sehr sonderbaren strategischen Manöbers, und zwar solcher die von einem ganz falschen Gesichtspunkt auslaufen, gehören die Bewegungen des Grafen Dohna, um den Russen das Vordringen von Posen aus zu verwehren. Die Russen sind in dem seltenen Fall, über die Linie ihres Vordringens, durch nichts bestimmt zu sein. Sie können nach der Mark d. h. auf Frankfurt und Küstrin, oder nach Schlesien d. h. auf Crossen marschiren; Graf Dohna will ihnen das Vordringen verwehren; und glaubt dies nicht besser bewerkstelligen zu können, als wenn er sich immer grade vor ihnen befindet. Heute umgehen sie seinen rechten Flügel und drohen ihn von Crossen und Schlesien abzuschneiden, er schiebt sich so geschwind als möglich rechts und setzt sich ihnen vor; morgen umgehen sie seinen linken Flügel und drohen ihn von der Mark abzuschneiden, er eilt nun links weg, und setzt sich ihnen abermals vor. Graf Dohna's Bewegung ist ungefähr die eines Menschen der eine Herde Puthen hütet, indem er ihnen bald rechts bald links den Weg vertritt. So kommen sie zusammen von Posen bis in die Gegend von Pinne und Neustadt. Da wird endlich der Graf Dohna aus Mangel an Brod genöthigt sein für die Truppenverpflegung höchst beschwerliches System zu verlassen, er geht, was auch daraus werden möchte, nach Meseritz um Brod zu haben. Die Russen nehmen nun die Richtung auf Züllichau. Nachdem Graf Dohna sich mit Brod versehen hat, eilt er ihnen nach, und siehe da, es wird ihm gar nicht schwer ihnen auf die Verbindung mit Crossen zuvorzukommen.

x   8

Erſtlich muß man ſich fragen, was ſollte das Auf-
ſtellen auf ihrer Marſchlinie bedeuten? Doch wohl ſo viel,
daß er ihnen lieber eine Schlacht als den Weg einräumen
wollte. Aber wenn Graf Dohna eine Schlacht für thunlich hielt (er war 26,000, die Ruſſen 50,000 Mann),
wenn er durch des Königs Befehle gedrängt, ſie für nothwendig hielt; ſo muß man ſich wundern, daß er es nicht vorzog, den Feldmarſchall Soltikof anzugreifen, dann waren
die ſchwierigen und zum Theil gefährlichen Rechts- und
Linksbewegungen nicht nöthig; der Angriff aber war damals ſo ſehr im Geſchmack und der Anſicht der preußiſchen
Kriegsführung, daß man ihn ſchon wie den halben Sieg
anſah; und in der That, wenn man die Schlacht doch als
unvermeidlich anſah, und ſie blos ſtehend, ohne irgend eine
vorbereitete Stellung annehmen wollte, ſo war von dieſer
Vertheidigung kein einziger Vortheil zu erwarten, und der
Angriff hatte bei der größern Beweglichkeit der preußiſchen
Truppen in dieſem Fall unendliche Vorzüge.

Aber die Sache iſt, daß Graf Dohna keinen rechten
Willen zur Schlacht hatte, und in der That, was ließ ſich
von einer Schlacht bei ſolchem Machtverhältniß erwarten?
Graf Dohna hoffte alſo vielleicht daß die Ruſſen ihn nicht
angreifen würden; aber konnte er denn erwarten, daß ſie
wie ein Volk Hühner vor dem Hunde ewig vor ihm ſte-
hen bleiben würden? Was konnte ihm alſo das beſtän-
dige Vorlegen helfen? Dies iſt der falſche Geſichtspunkt.

Das Seltſame in dieſen Manövers aber iſt die Prä-
tenſion, in einer flachen und offenen Gegend, ohne ſtarke
Poſten, und ohne Detachements nicht blos einen Punkt
ſondern eine Linie gegen das Vordringen des Gegners unmittelbar durch grades Vorlegen decken zu wollen. Dieſes Beſtreben iſt kaum noch in der Geſchichte vorgekommen

Graf Dohna hatte vielleicht sehr Recht, sich nicht zu theilen, aber er hatte in jedem Fall Unrecht, wenn er in einem Lager ankam und von seinen Patrouillen und Feldwachen die Nachricht bekam, der Feind marschire ihm rechts oder links, sich von seinen Untergeneralen einreden zu lassen, es sei dies blos die Folge der schlechtgewählten Stellung, ein bischen mehr rechts oder links, würde ihn vor der Gefahr sichern, von Schlesien oder der Mark abgeschnitten zu werden.

Wenn die Russen durch 26,000 Mann aufzuhalten waren, so konnte es vielleicht am ersten geschehen, wenn Graf Dohna sie ziehen, sie ungehindert die Richtung nach Schlesien einschlagen ließ, und auf der Frankfurter Straße in ihrer Flanke stehen blieb. Hat je eine Flankenstellung eine große strategische Kraft haben können, so würde es wohl hier gewesen sein, weil es den Russen noch etwas Neues war, und ihnen wegen des unendlichen Tresses auch leichter gefährlich werden konnte.

Aber auch um ihnen eine Schlacht zu liefern, selbst um sich ihnen wieder grade vorzulegen, war dieses ängstliche Rechts- und Linksschieben nicht nöthig; bei der Schwerfälligkeit seiner Gegner konnte Graf Dohna ein Paar Märsche leicht wieder einbringen, wie das Beispiel seiner eignen Bewegung zur Schlacht von Kay hinlänglich zeigt.

§. 48.

Die Schlacht bei Kay.

Diese Schlacht bei Kay ist eine gute Widerlegung der Naturalistentheorie: daß angreifen, auf dem Marsch angreifen, mit rücksichtsloser Entschlossenheit darauf gehen, ein unfehlbares Mittel zum

8 *

Siege sei. In keiner Schlacht waren diese drei Dinge so beisammen, und kein General besaß mehr wie General Wedel die einseitige Virtuosität, welche dazu erforderlich ist. Obgleich General Wedel aus Naturalismus so handelte, so war doch eine Art von Nachäffung der roßbacher Schlacht dabei.

§. 49.
Die Schlacht bei Kunersdorf.

1. Die Schlacht hat einige Ähnlichkeit mit der von Zorndorf. Der König kommt mit dem Entschluß an, die Russen wo möglich zu vernichten. Sie haben eine Stellung jenseits der Oder, in der sie zwar nicht gerade nach allen Seiten Front machen, doch nach allen Seiten gedeckt sind, nach drei Seiten, durch Verschanzungen, nach der vierten durch das Terrain. Der König geht unterhalb über die Oder, umgeht sie (nur nicht wie bei Zorndorf zweimal) vermittelst eines großen Waldes ziemlich verdeckt, greift mit verstärktem rechten Flügel (wie dort mit dem linken) an, und hat die Absicht den andern zu versagen. Auch die Dichte der Aufstellung ist sehr groß, 60,000 Mann auf 6000 Schritt, und sie wird viel größer wenn man bedenkt, daß man sich nur auf dem Raum von 2 bis 3000 Schritten schlug. Daher ist der Widerstand sehr nachhaltend, und der Verlust auf beiden Seiten ungeheuer; der des Königs zwei Fünftheil, der der Russen ein Viertheil. Das alles sind übereinstimmende Züge. Das Machtverhältniß aber ist ein viel weniger ungünstiges für den König: etwa 45,000 gegen 60,000; auch andere Umstände sind ihm günstiger, er greift eine schmale Seite an, die er mit Artilleriefeuer von drei Seiten umfaßt, und etwas später auch mit Infanterie von zwei Seiten angreift.

Der Erfolg ist im ersten Augenblick über alle Maaßen groß, denn so kann man es wohl nennen, wenn in der ersten Viertelstunde 70 Kanonen erobert werden, und ein Drittheil der Stellung; und dennoch kann der König hier nicht wie bei Zorndorf den Sieg erhalten. Fragen wir zuerst was in Beziehung auf diese beiden Schlachten den Unterschied des Erfolges verursacht haben mag.

Drei Umstände sind wir berechtigt in dieser Beziehung geltend zu machen.

Der erste. Die Russen sind allerdings in einer vernünftigern Anordnung aufgestellt, als bei Zorndorf; denn zwei Drittheil der Armee (inclusive Laudon) haben an dem ersten Akt, der Niederlage des russischen linken Flügels, keinen Theil, und sind während derselben keinem Feuer ausgesetzt, also ganz intakt, kommen mit frischen Kräften an, während bei Zorndorf gleich das Ganze afficirt war.

Der zweite. Der König hat seine Kavallerie nicht auf einem Punkt, wo er von ihr Gebrauch machen kann; sie wird durch das bloße Kanonenfeuer geschlagen, ist ganz unnütz; während sie bei Zorndorf die ersten Erfolge der Infanterie so vortrefflich benutzte.

Der dritte. Es ist nicht derselbe kommandirende General, nicht Fermor, sondern Soltikof und Laudon.

Freilich sollte sich das schon in den Anordnungen zeigen, und wenn man von diesen gesprochen hat, sollte man nicht noch vom Urheber derselben zu sprechen haben; aber wer kann die Einwirkungen des kommandirenden Generals bis ins kleinste Detail verfolgen? Durch diese drei Umstände scheint uns die Verschiedenheit des Erfolges bei der Schlacht wenigstens so weit erklärt, daß sich nichts Widersprechendes mehr darin zeigt.

2. Diese Schlacht zeigt noch deutlicher als die von

Lowositz und Prag, wie wenig die zusammenhängende
Schlachtordnung, wo alles von dem mündlichen, augenblicklichen Commandowort abhängen soll und muß, und
welche ursprünglich nur auf den schlichten parallelen Angriff in ebenen Gegenden berechnet war, für künstlichere
schiefe Angriffe in durchschnittenen Gegenden genügend sei.
Des Königs ganzer linke Flügel, namentlich seine zahlreiche
Kavallerie, kamen gar nicht recht zur Schlacht; das heißt:
sie wurden durch bloßes Kanonenfeuer geschlagen, weil sie
unter dem feindlichen Kartätschenfeuer durch die Defileen
vor Kunersdorf gingen. Wenn sie nicht zufolge der zusammenhängenden Schlachtordnung, sich auf diesem Punkt
befunden hätten, so würden sie gesucht haben, weiter links
durch das Defilee zu gehen. In der Verzweiflung, und
im Grunde ohne die Hoffnung irgend eines Erfolges, be-
fiehlt der König den Angriff der Kavallerie. Auf dem
Punkt wo sie etwas hätte leisten können, befindet sich
kein Mann.

Der ganze rechte Flügel der Russen, oder vielmehr
die ganze rechte Hälfte ihrer Stellung ist weder angegriffen noch bedroht, und da man nach grade des Königs Art
kennen gelernt hat, und weiß, daß er immer mit einer zusammenhängenden Schlachtordnung angreift, so kann man
über diesen rechten Flügel ruhig verfügen. Man kann
wohl sagen: daß der König hier in die Schlinge seines
eignen Systems der schiefen Schlachtordnung gefallen ist.

3. Gleichwohl tritt grade in dieser Schlacht der
König zum Erstenmale mit einer getrennten Kolonne, nämlich dem Finkschen Corps auf; es gilt also, was wir in
dem vorigen Paragraphen gesagt haben nur von seiner eigenen Armee. Allerdings scheint das Finksche Corps hier
nicht viel geleistet zu haben, weniger als man hätte erwar-

ten sollen; woran es gelegen, mag der Himmel wissen! Denkt man sich aber den Angriff ganz mit getrennten Kolonnen, eine wo Fink ging, die zweite durch den Beckergrund, die dritte westlich von Kunersdorf gegen den Spitzberg, und eine Demonstration im Walde gegen den rechten Flügel; so hat man den Angriff in der neueren Form, und der Unbefangene wird einräumen, daß wenigstens die Kräfte dabei besser in Wirksamkeit gesetzt werden konnten. Bei Torgau, die einzige Angriffsschlacht welche Friedrich der Große noch geliefert hat, ist das System getrennter Kolonnen schon bestimmter ausgesprochen.

4. Ein wahrer Fehler Friedrich des Großen war die Zurücklassung des General Wunsch mit 9 Bataillonen und 13 Schwadronen (etwa 7000 Mann) auf dem linken Oderufer; und wenn es geschah, wie es höchst wahrscheinlich ist, um den Russen den völligen Rückzug abzuschneiden, so kann man es wohl einen Übermuth nennen. Diese 7000 Mann auf dem linken Flügel im Walde, um den russischen Rechten zu beschäftigen, hätten ihn wahrscheinlich die Schlacht gewinnen machen. Ein ganz besonderer Ingrimm, den Friedrich der Große auf die Russen geworfen hatte, und worin er sich leidenschaftlicher zeigte, als er sonst in seinen großen Angelegenheiten that, ist hier offenbar nicht zu verkennen, und muß ihm auch militairisch als ein sehr großer Fehler angerechnet werden. Ein halber Sieg würde ihm hinreichend genutzt haben, er wäre eine Veranlassung gewesen, daß die Russen in diesem Feldzug nichts weiter unternommen hätten. Das Beispiel von 1757 und 1758 und die ganze Natur eines politischen Bündnisses der Art, führten darauf. Wie konnte der König, der schon längst das System einer weisen Sparsamkeit mit Schlachten und Gefechten angenommen hatte, hier aus seiner Rolle her-

austreten? Nur Leidenschaftlichkeit kann dies erklären. Noch unerklärbarer ist es, daß der König vergessen zu haben schien, wie schwer, ja wie unmöglich es ihm geworden war, bei Zorndorf den Russen eine völlige Niederlage beizubringen.

5. Der rechte Flügel des Königs bestand aus vier Treffen; er zog wahrscheinlich nach und nach, auch das ganze Centrum noch dahin, die numerische Tiefe seiner Aufstellung war also sehr groß, sie würde ihm vielleicht den Sieg verschafft haben, wenn nicht alles zu schnell in den Schlund des Gefechts hineingeworfen wäre; und dieses war wieder die Folge der Schlachtordnung, nach welcher die Treffen alle auf viel zu kleine Entfernungen (wären es auch 400 Schritt gewesen) einander folgten. Natürlich würden die hintern Treffen nicht im Vorgehen geblieben sein, sondern Halt gemacht haben; aber da sie ursprünglich zu nahe waren, so ist eben zu vermuthen, daß dieser Halt auf eine zu geringe Entfernung gemacht wurde. Der ungeheuere Verlust von zwei Fünftheil der Armee, größtentheils todt und blessirt, beweißt es. Es ist übrigens merkwürdig und eine Schande unserer Geschichtsschreiber, daß in dieser wie in keiner der Schlachtbeschreibungen von irgend einem Schriftsteller je das Verhalten der hinteren Treffen erwähnt wird.

6. Der König übereilte sich ferner darin, daß er nach dem Fall des Mühlberges zu wenig Artillerie ins Gefecht zog; der verhältnißmäßig viel geringere Verlust der Russen beweißt es.

7. Im Ganzen nähert sich diese Schlacht schon den neueren Anordnungen. Friedrich der Große hatte, wie schon bemerkt, eine abgesonderte Kolonne; die Kavallerie beider Theile befand sich hinter der Infanterie; die Ver-

bündeten hatten das laudonsche Corps, also ein Drittheil des Ganzen, völlig in Reserve.

8. Die Schlacht bei Kunersdorf ist ein Beweis, wie wenig zusammenhängende Schanzen leisten.

9. Diese Schlacht sollte die Liebhaber großer Kavallerieangriffe wohl überzeugen, daß selbst eine preußische Kavallerie in einer Schlacht, die Friedrich leitet, von einem Seidlitz geführt, nichts vermag gegen die Gewalt der Umstände, und auf eine Art in die Flucht getrieben werden kann, die man zu andern Zeiten und an andern Orten, allein der schlechten Führung zugeschrieben hat.

10. Unglaublich erscheint es uns, daß die Russen das Hühnerfließ und den dahinter liegenden Wald nicht ordentlich besetzt hatten. Bei ihnen war also noch keine Spur eines Vorpostensystems.

11. In Rücksicht der Folgen ist die Schlacht von Kunersdorf der von Zorndorf völlig ähnlich; es ist die nothdürftige Erfüllung einer Bundespflicht in ihren militairischen Wirkungen durch ein politisches Gegengewicht aufgehalten.

§. 50.

Fouqué manövrirt de Ville aus Schlesien hinaus.

Im Juli, während General Fouqué mit 16,000 Mann bei Landshut stand, versuchte General de Ville mit einigen 20,000 Mann ihn aus dieser Stellung zu vertreiben, indem er sich zwischen Landshut und Schweidnitz bei Fürstenstein aufstellte. General de Ville hatte seine eigentliche Verbindungslinie über Trautenau, und deshalb auch einige 1000 Mann bei Güldenelse gelassen; zur Noth konnte General de Ville noch eine Verbindungslinie über Braunau ziehen. General Fouqué nahm seine Verpflegung aus

Schweidnitz; allein da Prinz Heinrich bei Schmotseifen stand, so konnte er sich auch als auf Hirschberg, Jauer u. s. w. basirt betrachten. Unter diesen Umständen war das Verhältniß seiner Verbindungslinie offenbar dem des General de Ville überlegen, und da dieser einige 1000 Mann bei Güldenelse gelassen hatte, so war auch das Machtverhältniß für den General Fouqué nicht sehr ungünstig. Anstatt also den Posten von Landshut aufzugeben, detachirte er nach Friedland, marschirte selbst nach Gottesberg und ließ einige 1000 Mann bei Landshut. Dadurch wurde der General de Ville dermaßen in seiner Verbindungslinie bedroht, daß er entweder einen der preußischen Posten überwältigen oder über Braunau zurückgehen mußte. Er rückte gegen den mittelsten Posten bei Conradswalde, in der Gegend von Gottesberg an; obgleich General Fouqué etwa nur 6 bis 8000 Mann stark war, so fand doch der General de Ville bei den vortheilhaften Aufstellungspunkten, welche die Gegend hier überall darbietet, die Sache zu schwierig, ließ es bei einem schwachen Versuch bewenden und marschirte Ende Juli über Braunau wieder nach Böhmen ab.

§. 51.

Das Lager von Landshut

hatte zwar schon im Jahre 1758 dem General Fouqué und nach ihm dem Prinzen Heinrich zum Posten gedient, es war aber damals weder eines Angriffs noch eines Manövers gewürdigt worden; die Östreicher hatten zu wenig Truppen dagegen. In diesem Jahr, und zwar durch die eben betrachteten Bewegungen des General de Ville wurde das Lager von Landshut zum erstenmal wirklich thätig. Es erwies sich als eine Flankenstellung für die

Straßen, die aus der Gegend von Königin-Grätz nach Schweidnitz führen.

§. 52.

Das Lager von Schmottseifen

spielte in diesem Jahr zum erstenmal eine Rolle, indem der König darin vom 10. bis Ende Juli, und hierauf der Prinz Heinrich bis Ende August gegen Daun oder einen Theil seiner Macht standen. Man muß es gleichfalls als eine Flankenstellung und zwar gegen die aus Böhmen nach der Lausitz und über Friedland nach Schlesien führenden Wege ansehn. Zu bemerken ist daß im Jahre 1758 wo die Verhältnisse ungefähr dieselben waren, als der König gegen die Russen und Daun nach der Lausitz zog, der Markgraf Carl diese Stellung nicht genommen sondern sich bei Löwenberg hinter dem Bober gelagert hatte.

§. 53.

Friedrich des Großen Feldzug.

Betrachtet man des Königs Verfahren nur ganz im allgemeinen, so findet man dasselbe wieder seinen Umständen ganz angemessen und folgerecht. Er wartet die Schritte seiner Feinde ab, ist mit seinen Schlachten so sparsam als möglich, sucht also seinen Erfolg in den Versäumnissen seiner Feinde zu finden. Durch die Zerstörung der feindlichen Magazine, die Zurücktreibung der Reichsarmee nach Franken und Beitreibung von Contributionen, suchte er sich kleine Vortheile zu verschaffen, ehe die Unternehmungen seiner Gegner ihm zu sehr die Hände banden. Geht man mehr ins Einzelne, so entsteht wieder dieselbe Frage in Beziehung auf die Russen, die wir beim vorigen Feldzug gethan haben; ob der König nicht hätte abwarten sollen, bis sie die Oder zu überschreiten ernstliche Anstalten machten. Vielleicht hätte eine Scheinvertheidigung der Oder sie in unentschlossene und unentschiedene Bewegungen verwickelt. Daß der König es vorzog, sich mit ihnen, statt mit den Ostreichern zu schlagen, scheint ausgemacht richtig, und es sprechen allerdings wieder dieselben Gründe dafür: nämlich eine weniger ausgebildete Armee, eine unbeholfene Führung und im Fall eines Sieges, mehr strategischer Erfolg; denn von einem Siege gegen die Russen war immer noch zu erwarten, daß er sie auch ohne besonderen Nachdruck für den übrigen Theil des Feldzugs unthätig machen würde, während ein Sieg über den Feldmarschall Daun, ohne eine Folge von kräftigen Offensivbewegungen, ihn nur einige Märsche zurückbrächte.

Aber als entschiedene Fehler muß man folgende Punkte betrachten:

1. Wenn der König den Russen im Juni eine Schlacht liefern wollte, warum ging er statt den General Wedel hinzuschicken, nicht selbst zu der Armee des Grafen Dohna? höchst wahrscheinlich hätte er bei Züllichau die Russen geschlagen.

2. Warum zog er die Flankenstellung von Schmotseifen in diesem Jahre vor, während doch die Verhältnisse genau dieselben wie im Jahre 1758 waren, wo er sich den Ostreichern grade entgegengestellt hatte? Er würde natürlich dadurch die Verbindung mit den Russen vielmehr erschwert, vielleicht unmöglich gemacht haben, und mit dem Prinzen Heinrich vielleicht in ungestörter Verbindung geblieben sein, welches doch im Kriege eine Hauptsache ist.

3. Die unnütze Zurücklassung des General Wunsch auf dem linken Ufer der Oder, haben wir schon erwähnt. Wenn man wie Friedrich der Große nur in der höchsten

Ökonomie der Kräfte seine Rettung finden kann, so ist es ein doppelter Fehler, diesen Grundsatz in einem so entscheidenden Augenblick aus den Augen zu verlieren.

4. Daß der Prinz Heinrich nach der Schlacht von Kunersdorf, als Daun von Mühlrose bis Mark-Lissa, zwanzig Meilen weit, in fünf bis sechs einzelnen Posten aufgelöst war, nicht irgend einen entscheidenden Schlag gegen einen seiner Posten versuchte, oder daß er nicht wenigstens früher schon ganz entschieden gegen den rechten Flügel der Daunschen Stellung vorrückte und seine Verbindung mit Böhmen bedrohete, ist als ein wahres Versäumniß, also als ein Fehler zu betrachten. Wäre auch Daun wirklich 80,000 Mann stark gewesen auf dieser Linie, wie man aus seinen Äußerungen gegen den Marquis Montalembert in Mühlrose schließen muß, so mußte doch der Prinz Heinrich der wenigstens 40,000 Mann stark war, leicht Gelegenheit finden, einen wesentlichen Punkt der Daunschen Linie mit Übermacht anzugreifen. Wenn solche Verhältnisse keine Thätigkeit, keine positive Kraftäußerung, auch bei den passivestem Systemen hervorrufen sollen, so würde es im Kriege überhaupt keine günstigen Momente zum Angreifen mehr geben. Der Marsch, welchen der Prinz im September auf Bautzen vornahm, that augenblicklich seine Wirkung, obgleich damals Daun 12,000 Mann unter dem General de Ville aus Böhmen an sich gezogen hatte; dies ist ein Beweis, daß bald nach der Schlacht von Kunersdorf eine solche Bewegung ein heilsames Zugpflaster geworden wäre.

Erklären kann man sich diese Unterlassungssünde ziemlich leicht; der Prinz Heinrich war vom König getrennt und wollte nichts Entscheidendes auf eigene Verantwortlichkeit unternehmen.

5. Das gefährliche Vorschieben des General Fink nach Maxen ist kaum zu erklären, geschweige denn zu entschuldigen.

§. 54.

Dauns Feldzug.

Man hat zu wenig Nachrichten über die Absichten des Feldmarschall Daun um ein Urtheil über, wir wollen nicht sagen: die Zweckmäßigkeit sondern nur die nothdürftigste Consequenz seiner Maßregeln zu fällen; und wenn man die großen Lineamente des Feldzuges ins Auge faßt, so ist man in der That kaum einen Schritt weiter, und der kritische Verstand kann sich nur darüber betrüben, wie wenig ihm von allem dem einigermaßen verständlich und erklärlich ist. Wir wollen diese Lineamente von dem Theile des Feldzugs der die meisten Verwicklungen hat, uns ins Gedächtniß zurückrufen.

Feldmarschall Daun will in diesem Jahr, wie im vorigen, die Ankunft der Russen abwarten. Er bricht Ende Juni aus seinem Lager bei Schurz auf, um nach der Lausitz zu ziehn, wo er den Russen näher sein wird wenn sie ihre Richtung wieder auf Frankfurt, oder auf Crossen nehmen. Diese versammeln sich unterdeß bei Posen, manövriren den Grafen Dohna bis Züllichau zurück und schlagen seinen Nachfolger den General Wedel daselbst am 23. Juli. Daun kommt Anfangs Juli bei Mark-Lissa an, der König nimmt ihm gegenüber das Lager von Schmotseifen. Daun hat einige 20,000 Mann unter de Ville und Harsch gegen Landshut gelassen; der König, Fouqué mit 15,000 bei Landshut. Daun ist jetzt, wenn man etwa 10,000 Mann abrechnet, die bei der Reichsarmee sein mochten, 80- bis 90,000 Mann stark, der König vielleicht

50,000. Soltikof rückt mit 50,000 Mann gegen Frankfurt vor und will durch ein Corps Östreicher verstärkt sein. Ende des Monats Juli gehen die Bewegungen zu dieser Vereinigung vor. Wie Jemand, der einen Sprung machen will, erst einen Fuß vorsetzt, so werden Laudon und Haddick erst bis Rothenburg vorgeschoben, und warten da die Ankunft der Russen in Frankfurt ab. Prinz Heinrich ist unterdeß über die Elbe gegangen; er läßt die Hälfte seiner Armee unter Fink bei Camenz und marschirt mit der andern Hälfte an Haddick und Laudon vorbei nach Sagan. Der König übernimmt Ende des Monats den Befehl über die Armee des Prinzen Heinrich und dieser den bei Schmotseifen. Der König rückt von Sagan gegen Forste vor, und treibt den General Haddick auf Spremberg zurück. Laudon aber hat sich schon von ihm getrennt und ist mit 20,000 Mann bei Frankfurt zu den Russen gestoßen. Der König wendet sich nun auch gegen Frankfurt, vereinigt sich mit der Wedelschen Armee, zieht den General Fink noch an sich, wird dadurch etwa 50,000 Mann stark und rückt zur Schlacht vor.

Daun ist indeß von Mark-Lissa mit 30,000 Mann aufgebrochen und hat ein Paar lauernde Katzenschritte bis Priebus gethan, gewissermaßen um zu horchen, was bei Frankfurt vorgeht. Er läßt seinen rechten Flügel bei Mark-Lissa, de Ville wird mit 12,000 Mann aus Böhmen herbeigerufen, um ihn zu verstärken, und der linke unter Haddick muß wieder bis Mühlrose vorrücken. Die Reichsarmee kommt nach Sachsen, wird durch ein Corps von 10,000 Mann unter Macquire verstärkt und angewiesen Dresden zu belagern.

Die Zwecke des Feldmarschalls Daun sind also, die Russen abzuwarten, sie zu verstärken, sie dem König ge-

wissermaßen wie einen Bissen hinzuhalten, an dem er sich
die Zähne stumpf beißen könnte, die Reichsarmee zur Eroberung von Dresden zu brauchen, selbst aber die Ober-
und Nieder-Lausitz zu umstellen, dadurch seine Verpflegung
zu sichern, die Verbindung mit den Russen zu unterhalten
und die Belagerung von Dresden zu decken. Dieser Absicht gemäß nimmt er in fünf bis sechs einzelnen Posten
die Linie von Mark-Lissa bis Mühlrose ein.

Den 12. August ist die Schlacht von Kunersdorf,
sie wird von den Russen gewonnen, der König geht nach
Fürstenwalde, die Russen gehen über die Oder, bleiben
aber bei Lossow sechszehn Tage wie angenagelt stehn.
Dann thut noch einen kleinen Marsch in der Richtung zu
ihnen, nämlich bis Triebel; er hat den 22. August eine
Unterredung mit Soltikof in Guben. Er möchte gern
die Russen mit sich zu Hause nach der Ober-Lausitz nehmen, damit sie ihm helfen, auch den Prinzen Heinrich zu
schlagen, oder wenigstens ihn zu vertreiben, und dann irgend eine Belagerung in Schlesien vorzunehmen. Soltikof
hat dazu nicht Lust, er fängt an, die Sprache zu reden,
die ein stehender Artikel in allen kriegerischen Verhandlungen verbündeter Heere ist: er habe genug gethan, Daun
solle erst, wie er, zwei Schlachten gewinnen. Doch läßt
er sich bewegen, diesseit der Oder zu bleiben, und sich etwas mehr gegen Daun hinzuziehn, er vereinigt sich den
20. mit Haddick bei Lieberose. Der König folgt ihnen,
und rückt nach der Gegend von Lübben. Auf der andern Seite hat der Prinz Heinrich angefangen, rechts
auf Sagan zu detachiren und sich selbst in dieser Richtung
zu bewegen, als ein Versuch sich mit dem Könige zu vereinigen. Feldmarschall Daun aber rückt dem General
Ziethen bei Sorau auf den Leib, und Prinz Heinrich giebt

nun

nun die Idee einer Vereinigung mit dem Könige auf. Unterdeß hat die Reichsarmee nach einer Belagerung von acht Tagen Dresden den 4. September eingenommen. Der König troß seiner Schwäche hat von Lübben aus den General Wunsch zum Entsatz abgesendet, dieser kommt zu spät, wird aber durch den General Fink bis auf 10,000 Mann verstärkt, und setzt sich nun der Reichsarmee bei Torgau entgegen, die unterdeß auch noch durch den General Haddick verstärkt worden ist.

Prinz Heinrich faßt nun, nämlich Mitte September, den Entschluß, auf Dauns rechten Flügel zu drücken und durch Streifereien in Böhmen seine Magazine zu zerstören. Obgleich dies von keiner sonderlichen Wirksamkeit ist, so bringt es doch den Feldmarschall Daun auf der Stelle nach Bautzen zurück. Dieser Rückzug Dauns veranlaßt auf der andern Seite die Russen sich der Oder zu nähern, zwar versprechen sie ihm noch Glogau zu belagern, und werden zu dem Ende wirklich durch 10,000 Mann von der Daunschen Armee verstärkt, allein ihr Hauptzweck ist, an die Oder zu kommen, und es ist nicht schwer zu bemerken, daß Soltikof beschlossen hat, für diesen Feldzug nichts weiter zu thun. Sie marschiren über Naumburg, Neustädtel nach Beuthen an der Oder; der König läßt sich durch einige tausend Mann von der schlesischen Armee wieder verstärken, und bleibt ihnen immer zur Seite, weil er besorgt ist, sie könnten auf das schwachbesetzte Glogau einen glücklichen Handstreich ausführen.

Daun hat sich indessen dem Prinzen Heinrich entgegengestellt, und rückt jetzt gegen Görlitz vor, um ihn weiter zurückzudrücken; Prinz Heinrich aber, welcher den General Fink bei Torgau durch eine große Übermacht bedroht weiß, fürchtet nichts für Schlesien (wie wohl man

x   9

doch nicht recht einsieht, warum nicht) und hält es für wichtiger, die Mark zu decken. Er marschirt um Dauns linken Flügel herum, überfällt bei Hoyerswerda nach einem sehr schnellen Marsch von zehn Meilen innerhalb achtundvierzig Stunden, den General Wehla, macht ihn mit 1800 Mann zu Gefangenen und richtet dann seinen Marsch auf Torgau, wo er sich mit dem General Fink vereinigt. Daun glaubt nun nichts besseres thun zu können, weil die Russen und der König schon jenseits des Bobers sind, als auch über die Elbe zu gehen, seine östreichischen Truppen von der Reichsarmee an sich zu ziehen, und sich gegen den Prinzen Heinrich aufzustellen. Dieser ist nun 50,000 Mann stark, und hat seine Stellung bei Meissen genommen. Daun scheint 60- bis 70,000 Mann stark gewesen zu sein. Da von seiner ursprünglichen Stärke etwa 30,000 abgehen, die er zu den Russen geschickt hat, so muß er wohl noch 20,000 Mann in der Lausitz gelassen haben. Höchst sonderbar aber ist es, daß die Reichsarmee, vielleicht 15- bis 20,000 Mann stark, hinter Daun das Lager bei Plauen beziehet, und dadurch gewissermaßen ohne allen Antheil an den Operationen bleibt. Daun drückt nun den Prinzen Heinrich bis Torgau zurück, indem er seine rechte Flanke mit Corps umstellt, wobei in der Gegend von Dommitsch, der Herzog von Ahremberg, fast das Schicksal des General Fink bei Maxen gehabt hätte, doch mit einem Verlust von 1500 Mann davon kam. Ende Oktober haben die Russen ihren Marsch nach Polen angetreten, Laudon ist nach Ober-Schlesien aufgebrochen, der König hat jedem einige tausend Mann nachgeschickt und ist selbst mit 15,000 Mann nach Sachsen marschirt, wo er Anfangs November zu seinem Bruder stößt. Daun geht hierauf hinter den plauenschen Grund zurück, die

Reichsarmee stellt sich hinter Daun auf, und der König will durch Umstellung von Dauns linker Flanke ihn nach Böhmen zurück manövriren. Bei dieser Gelegenheit schiebt er das Corps von Fink nach Maxen vor, wo dasselbe den 23. November geschlagen und gefangen wird. Der König giebt seinen Plan noch nicht auf, sondern läßt den Erbprinzen von Braunschweig von der Armee der Verbündeten mit 12,000 Mann noch im Dezember nach Sachsen kommen und versucht nun von Freiberg aus über Dippoldswalde in Dauns linker Flanke vorzudringen; findet aber die Stellungen zu stark, die Umstände zu schwierig und begnügt sich daher dicht vor Daun in engen Cantonirungen zu überwintern, und diesen auf den schmalen Landesstreifen zwischen der Weistritz und der Elbe einzuschränken. Welches ist nun die strategische Essenz die wir aus dieser Übersicht ziehen können? Gestehen wir's nur, keine. Daun will die Russen abwarten, will sich in der Lausitz mit ihnen verbinden, und dann gemeinschaftlich mit ihnen handeln; das ist der ganze Operationsplan des staatsklugen Kaunitz, des vorsichtigen Daun, des gelehrten Lascy.

Was weiter geschehen soll, was der Gegenstand, wie die Form des Handelns sein soll, davon kein Wort.

Man würde diese Art von Beschränktheit durchaus bezweifeln und verwerfen müssen, wenn nicht Montalembert in seiner Correspondenz die Sache einigermaßen umständlich zur Sprache gebracht, und sich darüber mehr als einmal beschwert hätte.

Hätte sich der Feldmarschall Daun mit dem General Soltikof auf einer Basis befunden, so daß der eine ganz einfacher Weise zum andern gestoßen wäre, so würde der Mangel an Vorherbestimmung dessen was weiter geschehen sollte, wenigstens nichts Ungewöhnliches sein, wenn es auch

9 *

an und für sich immer ein Fehler bliebe, die Hauptfälle welche vorkommen können, nicht deutlich durchdacht zu haben; aber Daun und Soltikof beschreiben höchst wunderliche krumme Linien um die Hauptmacht ihres Gegners, die schlesische Armee, und vereinigen sich wie eine Kneifzange zwischen der feindlichen Macht in einer Spitze. Daß dieser Zustand nicht für einen normalen gelten konnte, in dem man beharren und das Weitere abwarten könnte, daß man vielmehr suchen müßte, in demselben schnell zur Entscheidung zu bringen, was dem Feldzuge die Wendung geben sollte, das scheint so einfach, so dringend zum gesunden Menschenverstand zu reden, daß man nur bedauern muß, sich gar nicht in den Standpunkt versetzen zu können, aus welchem diese Vernachläßigung des Einfachsten und Natürlichsten erklärlich scheint.

Nachdem der König geschlagen war und nur noch 30,000 Mann stark blieb, war nichts natürlicher, als seinen Sieg zu verfolgen, dem Könige immer wieder auf den Leib zu rücken, und ihn, ich weis nicht wohin zu treiben. Daß man Berlin dabei bekam, die ganze Mark eroberte, mit den Schweden in Verbindung kam, mag alles als bloße Nebensache gelten, denn wir haben bei andern Gelegenheiten gesehen, daß dies den Lebensfaden Friedrichs des Großen noch nicht eigentlich abschnitt. Aber was sollte denn aus der Armee des Königs eigentlich werden, die nirgend eine Verstärkung fand? Es blieb ihr nichts übrig als sich unter die Kanonen von Magdeburg zurückzuziehen. Zu diesem äußerst natürlichen Resultat der Schlacht von Kunersdorf konnte und mußte der Feldmarschall Daun mitwirken, indem er mit 20. bis 30,000 Mann gegen Friedrich den Großen vorrückte. Da er nach seinen eigenen Äußerungen selbst 30,000 Mann stark war,

50,000 Mann gegen den Prinzen Heinrich hatte, und Haddick noch mit 10. bis 15,000 Mann bei Lieberose stand, so würde eine solche Verstärkung der russischen Armee, ein solches gemeinschaftliches Vordringen gegen den König wahrlich nicht kühn gewesen sein; aber trotz allen dem kann man begreifen, daß der Feldmarschall Daun diesen Schritt nicht thun wollte und zwar aus bloßer Unentschlossenheit. Dagegen fehlt es uns selbst an einem Namen, der uns den gänzlichen Mangel an weiteren Plänen erklären könnte.

Alles dreht sich in den Verhandlungen darum, daß die Russen diesseits der Oder bleiben, daß sie nach der Lausitz kommen, aber was sie diesseits der Oder und in der Lausitz sollten, ist nirgends ausgesprochen. So lange Dresden belagert wurde, kann man die Eroberung desselben als das Objekt der Operationen gelten lassen, aber Dresden fiel schon am 4. September; nun ist die Rede davon, den Prinzen Heinrich zu vertreiben, und einen Ort in Schlesien zu erobern. Aber wie kam Feldmarschall Daun dazu, mit einem Male den König, die Hauptperson, wie eine gleichgültige Nebensache zu behandeln, seine Bewachung der elenden Reichsarmee anzuvertrauen, wie konnte ferner von einer Belagerung in Schlesien die Rede sein, da gar keine Vorbereitung dazu gemacht war; endlich mußte man denn, um einen Platz in Schlesien zu erobern, sich wie Arabeskenzüge in geschweiften Umwegen mit den Russen bei Lieberose vereinigen? Im Oktober, als der Prinz Heinrich aufs linke Elbufer gegangen war, hatte ja der Feldmarschall Daun die Berennung und Belagerung eines schlesischen Platzes ganz bequem und doch zog er es vor, selbst aufs linke Ufer zurückzukehren.

Gestehen wir es nur, wir sehen von allem dem nichts

klar ein, die Gründe des Handelns sind uns verloren gegangen. Nur zweierlei bleibt uns als Resultat, erstens
die Gründe des Handelns sind verloren gegangen weil sie
kleinlich, winzig und fremdartig waren, also des Zweckes und
der Anstrengung von denen hier die Rede ist, in jedem
Fall unwürdig; das zweite Resultat ist, daß wir es nur
bedauern können, wenn später sogenannte gelehrte Militäre,
aus diesem uns ganz unverständlichen Gerille eines veral-
teten Zeughauses Waffen wissenschaftlicher Formen und tief
durchdachter Grundsätze haben machen wollen. Gegen dieses Ideengeklappere kann man den Geist der Jugend nicht
genug verwahren.

§. 55.

Die Russen und Östreicher suchen die Vereinigung.

Vereinigt zu sein und zu handeln, ist bei Kriegen
verbündeter Mächte ein großes Bedürfniß, und zwar einzig
und allein aus politischen Gründen, weil sonst der eine
oder der andere, oder beide Nichts thun. Nie sprach sich
dies Bedürfniß stärker aus, als in dem Feldzuge von 1759.
Soltikof glaubte nicht stark genug zu sein, wenn nicht
20,000 Mann Östreicher zu ihm stießen (ein sonderbarer
konfuser Begriff da ihm eigentlich nicht einmal ein bestimmtes Pensum aufgegeben war), und Daun fürchtet,
daß die Russen unverrichteter Sache wieder abmarschiren
würden, wenn er nicht mit ihnen in Verbindung wäre.
Auch in den neuern Kriegen hat man das Bedürfniß der
möglichsten Mischung der Fahnen gefühlt, und es hat seinen völlig genügenden Grund.

Aber in dem Bestreben Dauns und Soltikofs liegt
doch noch etwas Anderes; sie glaubten wirklich nicht anders handeln zu können, als wenn sie sich einander die

Hand, oder vielmehr die Fingerspitze gegeben hätten, während es doch ganz einfach war und immer sein wird, daß nur jeder seines Orts darauf zu gehn braucht, um in der Wirkung zur Einheit zu gelangen.

Wenn aber Daun die Russen durchaus bei sich haben wollte, warum mußte denn die Vereinigung in der Nieder-Lausitz geschehen, wo beide Theile sich in einer ganz verschrobenen Lage befanden? Warum gingen die Russen nicht nach Ober-Schlesien, oder warum marschirte Laudon nicht nach Posen?

Übrigens wird die Weise wie Daun die Vereinigung bewirkt, wie eine Art von Meisterstück der strategischen Manövrirkunst betrachtet. Die Sache aber ist, daß von dem Augenblick an, daß Prinz Heinrich sich nach Sagan wandte, es den Preußen gar nicht mehr möglich war, die Vereinigung zu verhindern; denn theils waren Haddick und Laudon so stark, daß sie es eben nicht zu scheuen brauchten, mit einem Detachement anzubinden, theils ist der Raum vom Bober bis zur Elbe so breit, daß man gar nicht einsieht, wie es ihnen hätte verwehrt werden können, die Gegend von Frankfurt durch einen Bogen zu erreichen.

Dieses vierwöchentliche auf dem Sprung stehen, diese immer länger werdende Spitze nach der Oder hin schien vielmehr das Mittel zu sein, eine derbe Ohrfeige zu bekommen, und seinen Zweck zu verfehlen.

§. 56.
Normalstärke einer Armee.

Eine merkwürdige, die Zeit charakterisirende Thesis kommt in Montalembert's Correspondenz vor. Er berechnet die nothwendige Stärke der russischen Armee wenn sie eine Belagerung unternehmen soll auf 80,000 Mann, und verlangt, da die Russen nicht über 40,000 anzukommen pflegen, 40,000 Östreicher dazu. Nun hat dies zwar einigen Sinn, da er dabei an die Belagerung von Stettin oder Glogau denkt, und man also, da die Plätze bestimmt sind, auch die Stärke der Armee bestimmen kann, die zu ihrer Belagerung erforderlich ist. Aber Montalembert will natürlich nicht 80,000 Mann auf die Belagerung verwenden, sondern auch die Observationsarmee daraus bilden. Wie kommt er nun dazu, dieser Armee im Voraus einen bestimmten Grad nothwendiger Stärke beizulegen. Weiß er aus Erfahrung, wie groß die Armee ist, die Friedrich der Große den Russen entgegenstellt? Nein! denn diese ist bald 20-, bald 30-, bald 50,000 Mann gewesen.

Warum soll denn nun die Observationsarmee durchaus 50- oder 60,000 Mann stark sein? Freilich sind 60,000 Mann besser als 30,000, aber wenn die 30,000 von einem andern Punkt weggenommen werden müssen, so hört dies auf ein Grund zu sein. Offenbar würde Friedrich der Große gegen 30,000 Mann nicht dieselbe Macht abgesandt haben, die er gegen 60,000 abgesendet hätte; gegen die Schweden z. B. die doch zwischen 10- und 15,000 Mann waren, hatte er in diesem Feldzuge nur 2- bis 3000; die Schweden wären also trotz ihrer kleinen Armee immer noch sehr überlegen gewesen, wenn sie hätten handeln wollen.

Die Sache, von der wir hier sprechen, aber ist: daß die Militairs früherer Zeit einen dunkeln Begriff von einer Normalarmee hatten, was größer war, für überflüssig hielten, was kleiner war, nicht gelten lassen wollten.

Beim Marquis Montalembert scheint dieser Begriff sich bei 50,000 Mann festgestellt zu haben; Tempelhoff,

in deſſen Werk dieſes Ideengeſpenſt an mehreren Orten er-
ſcheint, ſcheint ſich mit etwas weniger zu begnügen. Offenbar hängt dieſe Idee dunkel mit jener andern zuſammen,
daß die Armee nur als Einheit wirke, als eine zuſammen-
geſetzte Maſchine mit einem Schlage, und daß ſie alſo,
wie eine überladene Mine, überflüſſige Kräfte haben könne.
Wie man nur trotz der uralten Geſchichte und trotz der
täglichen Erfahrung wo ſich die Kräfte, wenn auch nicht
in der großen Schlacht doch außer derſelben theilweis mit
ſchlugen, zu dieſer verdammten Künſtelei hat kommen
können?

§. 57.

Flankenmanöver.

Sie kommen in keinem Feldzuge ſo häufig und regelmäßig vor.

Im Juli wollen die Generale Harſch und de Ville,
Fouqué von Landshut auf die Weiſe vertreiben, werden
aber durch eben das Mittel nach Böhmen zurückgebracht,
wovon wir ſchon geſprochen haben.

Im September drängt Prinz Heinrich durch einen
Druck auf Dauns rechte Flanke dieſen nach Bautzen zurück.

Im Oktober umſtellt Daun des Prinzen Heinrich
rechte Flanke und drückt ihn einige Märſche bis Torgau
zurück; als der Prinz nicht weiter weichen will, läßt Daun
den Herzog von Ahremberg mit einigen 20,000 Mann
ganz in ſeinem Rücken bis Dommitſch vorgehen.

Er ſelbſt nimmt ſeine Stellung bei Schilda, hat den
General Gemmingen bei Düben, und den General Guasco
zwiſchen ſich und Gemmingen bei Strehla. Prinz Heinrich
hat den General Rebentiſch bei Düben, alſo dem General
Gemmingen gegenüber, und ſtellt nun den General Fink

zwischen sich und Dommitsch, dem Herzog von Ahremberg entgegen. Prinz Heinrich war also ganz umstellt, und dabei noch durch die Elbe umgränzt. Zum Glück befand sich die Reichsarmee, welche auf dem rechten Elbufer war, noch zu weit zurück, nämlich hinter dem Floßgraben der Elster. Prinz Heinrich blieb also standhaft und ergriff trotz seiner viel weniger günstigen Lage, dasselbe Mittel, welches Daun in der Folge gegen den General Fink anwandte, nämlich das zu weit vorgeschobene Corps durch einen überlegenen Angriff von mehreren Seiten zu erdrücken. Er schickte den 26. Oktober den General Wunsch mit 5. bis 6000 Mann bei Torgau über die Elbe, um sie bei Wittenberg wieder zu überschreiten und sich dann mit dem General Rebentisch vereinigt auf den Herzog von Ahremberg zu werfen, während Fink ihn von der Seite von Torgau her angreifen, und ein viertes Corps unter Wedel bei Falkenberg, die Verbindung mit Daun abschneiden sollte. Der Herzog von Ahremberg aber hatte den 28. Befehl bekommen, sich gegen Wittenberg zu wenden, und die Corps von Gemmingen und Guasco, sich mit ihm zu vereinigen. Dadurch wurde der Plan des Prinzen Heinrich gestört, allein der Herzog von Ahremberg fand sich doch, als er den 29. auf den General Wunsch stieß, veranlaßt, sich gegen Düben zurückzuziehen, und verlor auf diesem Rückzuge bei Säckwitz, zwischen Kemberg und Düben, den General Gemmingen mit 1500 Mann.

Als im Anfang Novembers der König, von der Begleitung die er der russischen Armee bis Glogau gegeben hatte, mit 15,000 Mann bei Torgau eintraf, fing er auf dieselbe Art an, Dauns linke Flanke zu umstellen, und diesen bis hinter den plauenschen Grund zurückzudrücken. Da dieser, wie Prinz Heinrich bis Torgau, nicht weiter weichen wollte, so ließ er Fink bei Maxen vorgehen, während er bei Wilsdruff, und Ziethen bei Kesselsdorf stand. Obgleich General Fink weniger in dem Rücken der feindlichen Armee stand, als der Herzog von Ahremberg bei Dommitsch, so war er doch unendlich viel gefährlicher gestellt, denn der König stand nicht, wie Daun dort, in der Flanke der feindlichen Armee, und hatte nicht wie Daun mehrere Zwischencorps; außerdem war General Fink zwischen die östrichische und die hinter dieser stehende Reichsarmee hineingeschoben. Man kann wohl sagen daß die Geringschätzung des Gegners hier bis zur Verblendung ging; der Erfolg ist bekannt genug.

Beide Fälle, den von Dommitsch und den von Maxen kann man als Übertreibungen ansehen, wo man den Rückzug des Feindes hat erzwingen wollen, vermittelst einer Maßregel, die ihrer Natur nach mehr eine leise Förderung als eine gewaltsame Durchtreibung des Zweckes sein muß. Kann man einen feindlichen Feldherrn durch Umstellung seiner Flanke, durch Bedrohung und wirkliche abwechselnde Unterbrechung seiner Verbindungslinie, nicht vermögen, weiter zurückzugehen, so wird man durch die übermüthige Feststellung eines Corps auf seiner Rückzugsstraße den Zweck auch nicht erreichen, denn das Erstere ist schon ein Zeichen daß die wesentlichen Bedingungen zu einer solchen Wirkungsart fehlen; eine lange offene Seite die nicht zu decken ist, oder ein ohnehin zum Rückzug halb entschlossener, oder ein furchtsamer Gegner; wo diese Umstände nicht sind, wird das immer dreistere Vorschieben sie nicht hervorrufen, sondern früh oder spät zu solchen Verlusten führen, wie der von Maxen war, weil es zu schwer ist, eine so vorgeschobene Spitze vor einem überlegenen Anfall von allen Seiten zu bewahren.

§. 58.

General Dierike bei Meissen.

Noch einen Unglücksfall der Art erlebte der König, indem der General Dierike mit 3 Bataillonen auf dem rechten Elbufer bei Meissen den 1. Dezember vom General Beck genommen wurde. Wir erwähnen dieses Ereigniß hier, weil damit derselbe Charakter von Keckheit und Unvorsichtigkeit verbunden ist, der in der maxner Begebenheit liegt. Daß der König ein kleines Corps auf dem rechten Elbufer hatte, war natürlich, und da es dicht bei Meissen stand, so war es an und für sich nicht gefährdet. Daß es seine Verbindung durch die Beschädigung der Brücke verlor, war Zufall, und daß es dennoch stehen blieb, nicht grade zu tadeln, da kein Feind in der Nähe war. Als aber der General Beck gegen dasselbe anrückte, hätte man entweder gleich im ersten Augenblick an das Uberschiffen denken oder General Dierike hätte seinen Rückzug die Elbe abwärts antreten sollen; daß ein viel kleineres Corps als der Gegner, welches gar keine Verbindung mit der Armee hat, es auf ein entscheidendes Gefecht ankommen läßt, ist offenbar gegen die allgemeinsten Regeln der Klugheit.

§. 59.

Angriff der feindlichen Armee auf dem Marsch.

Der König hatte in den meisten seiner Schlachten, Mollwitz, Czaslau, Soor, Hohenfriedberg, Roßbach, den Feind angegriffen, ehe er mit seinen Anordnungen recht zu Stande war, entweder wirklich auf dem Marsch oder doch noch mit seiner Aufstellung beschäftigt; daher war denn die Idee, den Feind auf dem Marsch anzugreifen, die taktische Mode geworden und Alles schrie dem Grafen Dohna

und dem General Wedel zu und nach: die Russen auf
dem Marsch anzugreifen. Beide versuchten es, und es
wollte immer nicht recht gelingen, denn selbst bei Palzig
oder Kay waren sie nicht mehr im Marsch. Es führt
dies zu der Frage, ob das überhaupt leicht und thunlich
sei? Jetzt wo die Armeen sich gewöhnlich ein Paar Meilen bis einen ganzen Tagemarsch auseinanderlagern, ist es
nur möglich, wenn der Zufall es begünstigt, denn ehe man
den Marsch des Feindes erfährt, hat er ihn schon beendet.
In den schlesischen Kriegen aber, wo die Armeen oft sich
auf Kanonenschußweite von einander lagerten und es noch
kein verstärktes Vorpostensystem gab, war es allerdings
nicht unmöglich, doch blieb es immer eine schwere Aufgabe.

§. 60.
Der König deckt Glogau gegen die Russen.

Als die Russen im Oktober sich der Oder näherten
und Glogau dadurch bedroht wurde, glaubte der König
sich immer zwischen ihnen und dieser Festung halten zu
müssen, und da er nicht sogleich über die Oder gehen wollte,
als sie hinübergegangen waren, stellte er wenigstens ein
Corps jenseits unter den Kanonen der Festung auf. Der
König wußte recht gut, daß die Russen nicht sogleich zu
einer Belagerung dieses Platzes schreiten könnten; war die
Garnison zu schwach, so konnte er sie ja leicht durch ein
Paar Bataillone und beschleunigte Märsche verstärken. Er
fürchtete sich also vor einem Sturm oder, allgemein gesagt, vor dem was die Franzosen une insulte nennen,
worin der Fall einer schlaffen und schlechten Vertheidigung
mitbegriffen ist. Kurz er hatte wegen Glogau kein gutes
Gewissen. Hätte dies in individuellen Umständen gelegen,
so wäre es nicht der Mühe werth, den Fall herauszuheben;

aber es ist merkwürdig, daß diese Ansicht fast eine durchgehende der frühern Kriege ist. Überall wird die Armee im Felde gebraucht, um die Festungen vor einer Berührung mit dem Feinde zu verwahren, während doch grade umgekehrt die Festungen wie Eisböcke hingelegt sein sollten, die feindliche Macht zu brechen, ehe sie an die Armee kommt. Nimmt man den Festungen diese Stelle, so nimmt man ihnen die Hälfte ihrer Wirksamkeit. Nichts desto weniger ist es, so und zwar aus einem Grunde, der sich auch in der Folge immer wieder finden wird. Er liegt in dem so wenig geehrten, so oft verhöhnten und doch immer gesuchten und benutzten Vortheil des Abwartens. Der Feind entschließt sich viel eher zu einer Belagerung als zu einer Schlacht. Stellen wir uns nun so, daß er nicht an die Festung kommen kann, ohne uns vorher anzugreifen, so ist, wenn ihn die Thätigkeit, die Fülle seiner Kraft nicht sehr drängt, Hundert gegen Eins zu wetten, daß ers gut sein läßt, es wird also weder Schlacht noch Belagerung vorfallen. Entblößen wir aber die Festung, so ist er gleich mit der Belagerung tant bien que mal bei der Hand, und wäre es auch nur ein Simulacre davon; denn diese Art von Unternehmung hat nichts von der Natur einer Katastrophe, er kann sie zu jeder Stunde einstellen, und sie ist also auch dem Furchtsamsten noch genehm. Nun ist er im langsamen Vorschreiten und wir können diesen Vortheilen nicht anders als durch eine Schlacht Einhalt thun. Was wir also früher ohne Schlacht durch bloßes Abwarten erreichen, kann jetzt nur durch die Schlacht erreicht werden; folglich ist jetzt der Feind im Vortheil des Abwartens, denn uns wird der Entschluß zur Schlacht so schwer wie ihm.

In Fällen also wo kein großes Ziel fortreißt, keine

große Kraft drängt, in den Kriegen, wo man dem Kriege selbst, nämlich der Schlacht zu begegnen fürchtet, wird man den Vortheil, sich unter besserer Umständen hinter der Festung zu schlagen, dem Vortheile, sich vielleicht gar nicht schlagen zu dürfen, immer nachsetzen.

§. 61.
Die Reichsarmee stellt sich hinter Daun.

Zwei Mal befand sich die Reichsarmee die doch 15-bis 20,000 Mann stark war, gradé hinter der des Feldmarschalls Daun. Im September und Oktober vier Wochen lang, als Daun gegen den Prinzen Heinrich vorrückte, blieb sie hinter dem plauenschen Grund, und wurde erst den 18. Oktober auf das rechte Elbufer über Großen-Hain vorgeschickt, und dann befand sie sich, während Daun hinter dem plauenschen Grund stand, in der Gegend von Pirna. Sie war in beiden Fällen nicht etwa als eine Reserve zu betrachten, dann würde Daun sie anders gestellt haben, sondern es schien nicht der Mühe werth, sie in die Kampflinie mit aufzunehmen.

Der Feldzug von 1760.

§. 62.
Übersicht der Stärke.

(1760.) Des Königs Truppen im Felde waren 141 Bataillone und 207 Schwadronen, man soll sie nach dem Zeugniß aller Schriftsteller nicht über 100,000 Mann schätzen; also 25,000 weniger als im vorigen Jahr. Rechnet man dazu 20,000, die in den Festungen lagen, die mit dem Feinde in Berührung waren, so ist die ganze Macht 120,000 Mann.

Die Östreicher hatten etwa 120,000 Mann im Felde.
Die Russen erschienen etwa mit 75,000 Mann, nämlich
65,000 Mann in Schlesien und 10,000 in Pommern gegen Colberg; die Schweden mit 10,000, die Reichsarmee
mit 20,000, welches überhaupt 225,000 Mann macht.
Das Verhältniß war also noch ungünstiger als im Jahre
1758; welches bis dahin das ungünstigste gehabt hatte,
nämlich 130 gegen 220.

Die Vertheilung der Macht im Anfange des Feldzugs war folgende. Der König mit 50,000 Mann in
Sachsen, Prinz Heinrich mit 30,000 hinter der Warthe
zur Beobachtung der Russen. Fouqué mit 12,000 in
Schlesien, Stutterheim mit 8000 Mann gegen die Schweden in der Mark.

Daun mit 80,000 Mann in Sachsen und der Lausitz,
Laudon mit 40,000 in Schlesien, die Russen im Anmarsch
von der Weichsel, die Reichsarmee aus Franken.

§. 63.
Friedrichs des Großen Feldzug.

Von einer Offensive gegen Östreich ist schon seit zwei
Jahren nicht mehr die Rede. Den Angriff der russischen
Armee bei ihrem Erscheinen hat der König sich auch im
vorigen Jahr verleidet; seine Streitkräfte nehmen immer
mehr ab, bedürfen also immer mehr der sorgfältigsten Auf-
bewahrung für den äußersten Fall; was konnte der König
in dieser Lage anders thun, als diesen äußersten Fall abwarten, und wo möglich die Gewalt des Stoßes durch
geschickte Bewegungen zu brechen suchen.

Es ist sein Vortheil in der Hinterhand zu bleiben,
wie die Spieler sagen, den Gegner ausspielen zu lassen,
und sich dann nach den Umständen zu richten. Von einem
Op-

Operationsplan kann also nicht die Rede sein. Er stellt 30,000 Mann unter dem Prinzen Heinrich vorläufig den Russen entgegen, bleibt mit 50,000 Mann in Sachsen und läßt etwa 12,000 unter Fouqué im schlesischen Gebirge. Das ist der ganze Operationsplan. Wenn man von hinten her urtheilen darf, so hätte Prinz Heinrich im Juni und Juli in Schlesien gegen Laudon gebraucht werden können, weil die Russen erst im August an der Grenze Schlesiens erschienen. Ihr spätes Erscheinen war so sehr in der Ordnung, daß man glauben sollte, Friedrich der Große hätte darauf rechnen können und sollen. Es findet sich in keinem Schriftsteller das geringste Motiv, die leiseste Andeutung über die Ursachen dieser frühen Aufstellung des Prinzen Heinrich gegen die Russen angegeben und doch lag bei den Unfällen die den König in Schlesien trafen, diese Kritik so nahe. Bei solchem Mangel an Motiven muß man diesen Punkt als einen großen Fehler des Königs ansehn, als eine wahre Kraft- und Zeitverschwendung.

Ende Mai's setzen sich die Armeen in Bewegung. Laudon betritt die Ebene Schlesiens und schließt zugleich Glatz ein. Dies macht den König für Schlesien besorgt; er sieht ein, daß er dorthin, aber suchen muß, Daun mit hinzuziehn, damit nicht ganz Sachsen verloren gehe und die Mark in ernstliche Gefahr gerathe. Den 15. Juni geht er über die Elbe. Daun thut dasselbe. Nun beschäftigt sich der König ein Paar Wochen damit, dem Corps von Lascy, welches Daun ungefähr so braucht wie 1758 in der Ober-Lausitz das Laudonsche, etwas anzuhaben; dies gelingt nicht, giebt ihm aber die Überzeugung, daß Daun die Absicht hat, ihm den Weg nach Schlesien zu verlegen. Am 26. Juni erfährt der König Fouqué's Katastrophe; dies drängt ihn von Neuem zu dem Entschluß, nach

x

Schlesien zu gehen; indessen vergingen doch noch acht Tage in den bisherigen Manövern gegen Daun und Lascy, und erst den 2. Juli trat der König den Marsch an, ließ den General Hülsen mit circa 12,000 Mann an der Elbe und ging mit einigen 30,000 über Königsbrück und Mariastern auf Bautzen, wo er zwischen Daun, der schon voraus nach Görlitz war, und Lascy, der noch einen Marsch zurück war, eintraf. Dies und ein nachtheiliges Kavaleriegefecht, welches des Königs Avantgarde mit der Lascyschen hatte und welches den König etwas erbitterte, brachte diesen auf die Idee, sich plötzlich gegen Lascy in der Richtung auf Dresden zu wenden. Vielleicht konnte er Lascy einen derben Schlag beibringen, vielleicht konnte ein schneller Streich auf Dresden gelingen. In Schlesien war doch am Ende auch nicht viel zu gewinnen; Fouqué war verloren und die Festungen konnten einigen Widerstand leisten. Der König dreht also den 9. schnell um, Lascy weicht eiligst nach Dresden zurück, um sich dort mit der Reichsarmee zu vereinigen. Der König folgt, geht den 13. über die Elbe, vereinigt sich mit Hülsen und belagert Dresden fünf Tage lang bis Daun ankommt, und dann noch acht Tage lang in Dauns Gegenwart, welches aber, da es auf dem rechten Elbufer gar nicht mehr eingeschlossen war, kaum für mehr als eine Bravade gelten kann. Den 28. hebt der König die Belagerung auf und erfährt zugleich den Fall von Glatz. Nun sieht er seinen Zug nach Schlesien als dringend und unvermeidlich an. Den 2. August brechen beide Armeen auf dieselbe Weise auf wie vier Wochen früher; auch Laudon, der indeß einen Versuch auf Breslau gemacht hat, aber vom herbeieilenden Prinzen Heinrich vertrieben worden ist, kommt wie damals dem Feldmarschall Daun wieder bis an den Bober entgegen,

Daun und Lascy marschiren auf der Straße von Bautzen, Görlitz und Lauban auf Löwenberg, der König nördlich derselben über Königsbrück auf Bunzlau. Daun und Laudon legen sich dem König an der Katzbach vor und trennen ihn dadurch von Breslau, dem Prinzen Heinrich und von Schweidnitz. Der König kommt den 10. bei Liegnitz an, macht den 11. einen Versuch, den linken Flügel der Östreicher zu umgehen, überschreitet auch bei Goldberg die Katzbach, kann aber nicht weiter vordringen, weil er die Gegner in zu guten Stellungen findet. Er geht nach Liegnitz zurück, in der Hoffnung sich vielleicht über Parchwitz dem Prinzen Heinrich nähern zu können, in jedem Fall den Weg nach Glogau offen zu haben.

Der König befand sich in dieser Zeit in einem so gefährlichen Verhältniß, daß eine eigene Kunst dazu gehörte, nicht darin unterzugehen. Er war mit einigen 30,000 Mann abmarschirt; Daun und Lascy müssen wenigstens zu 50,000 angenommen werden, Laudon zu 30- bis 40,000, er hatte also 80- bis 90,000 Mann gegen sich und die Absicht ihnen durch Märsche und Manöver Straßen und Verbindungen abzugewinnen, also weit entfernt ihnen auszuweichen und durch Verlust an Boden seine Sicherheit zu suchen, wollte er vielmehr diesen noch gewinnen.

Was der König befürchten mußte, war ein gemeinschaftliches Angriff der feindlichen Macht auf ihn; das System, welches er dieser Gefahr entgegensetzte, war nach seinen eigenen Worten das eines Parteigängers. Er blieb immer dicht unter den Augen seiner Gegner, so daß eine unvermuthete Vereinigung derselben gegen ihn nicht leicht stattfinden könnte, und nächstdem blieb er in beständiger Bewegung, gestattete ihrer Umständlichkeit also nicht, durch einen längeren Aufenthalt in einer Stellung über die besten

Mittel des Angriffs sich zu vereinigen. Dies System führte ihn den 14. nach Liegnitz zurück und vermochte ihn noch in der Nacht zum 15. seine Stellung zu verändern und aufs linke Ufer des schwarzen Wassers zu gehen, wo er der Straße von Glogau mehr gewiß war. Die Folge war der bekannte Ausgang der Schlacht von Liegnitz. Dieser Sieg über Laudon war also eine Folge des vom Könige angenommenen Systems, aber freilich mußte auch der Zufall diesem dabei günstig sein, und man kann diesen Erfolg darum wohl als eine bonne fortune ansehen, auf die der König nicht rechnen konnte, die er aber in hohem Grade verdiente.

Nachdem ihm dieser Sieg und sein dreister Marsch am 16. den Weg über Parchwitz auf Breslau geöffnet hat, befindet sich nun der König mit seinem Bruder, auf Breslau basirt, zwischen seinen Gegnern, den Russen und Östreichern. Daun hat die Verbindung mit den Russen allzu zaghaft aufgegeben und sich gegen Schweidnitz gezogen, um wenigstens den König noch von diesem Platz, den er allenfalls zu belagern gedenkt, abzuhalten. Der König kann sich mit den erhaltenen Vortheilen einstweilen begnügen; die Verbündeten stehen auch auf bedeutenden Umwegen in Verbindung; es ist also kein gemeinschaftlicher Angriff auf ihn zu befürchten. Er verstattet seinen Truppen unter diesen Umständen einige Wochen Ruhe und will das Weitere abwarten. Die Russen fangen Ende August eine Bewegung gegen Herrnstadt an, womit sie eigentlich meinen sich der niedern Oder zu nähern und eine Diversion zum Besten der Östreicher einzuleiten. Der König hält dies für das Zeichen ihres Aufbruchs nach Polen um so mehr, da der Feldmarschall Soltikof ernstlich krank ist. Er zieht daher von der Armee des Prinzen Heinrich 18,000 Mann an sich, und läßt den General Golz mit 12,000 Mann gegen Glogau abrücken, um diesen Platz zu sichern.

Mit 50,000 Mann wendet sich nun der König den 29. August gegen Daun in der Absicht, das eingeschlossene Schweidnitz zu entsetzen und Daun ins Gebirge zu treiben. Er fängt damit an, auf der graden Straße nach Schweidnitz vorzurücken. Er findet Daun mit seiner Hauptmacht bei Domanze, wendet sich nun links, umgeht den Zobtenberg, dringt über Langenseifersdorf und Költschen gegen Schweidnitz vor. Die Östreicher haben ihre Stellungen verlassen und sich an den Fuß des Gebirges zurückgezogen.

Der König hat nun die Verbindung mit Schweidnitz, er bricht den 11. September wieder auf, durchzieht im Angesicht Laudons das Defilée von Kauder und nimmt das Lager bei Reichenau. Da Laudon sich ihm gegenüber stellt, Daun auch herbeikommt und Lascy nach Landshut rückt, so sieht der König, daß er auf dieser Seite ohne nachtheilige Gefechte nicht weiter kommen kann. Er marschirt also am 16. September wieder links ab in die Ebene zurück am Fuß des Gebirges unter den Augen, dem Kanonenfeuer und einigen Kavallerieangriffen der Östreicher fort, um Dauns rechten Flügel herum und erreicht die Höhen von Burkersdorf, ehe diese hinreichend besetzt sind. Die Avantgarde des Königs unter dem General Wied wirft die feindlichen Truppen unter General Ferrari von den Höhen und der König nimmt eine Stellung von Hohengiersdorf über den blauen Ranzen nach Dittmansdorf und Bärsdorf. Daun stellt sich ihm dicht gegenüber. — In diesen Stellungen blieben beide Armeen drei Wochen, der König war hier offenbar im Vortheil; er hatte die Verbindung mit ganz Schlesien, während Daun nur die über Trautenau mit Böhmen und allenfalls nach der Grafschaft Glatz hatte. Daun würde also doch wohl damit geendigt haben, sich nach Böhmen zurückzuziehen, hätte nicht die Diversion der Russen gegen Berlin ihn aus dieser Lage gezogen. Diese hatten sich der Oder genähert und Daun selbst den 29. Lascy mit 15,000 Mann durch die Lausitz auf Berlin abgeschickt. Als der König dies erfuhr, scheint er es Anfangs für eine Demonstration gehalten zu haben, denn er sandte erst ein Corps ab, um Lascys Bewegungen zu beobachten, und brach erst den 7. Oktober, als jener schon vor den Thoren von Berlin war, auf. Er marschirt mit großer Schnelligkeit auf dem kürzesten Wege über Haynau, Sagan, Guben auf die russische Hauptarmee und Berlin los, nachdem er den General Golz bei Sagan an sich gezogen hat. Jene hat sich aber schon wieder auf das rechte Oderufer zurück und ihre Detachements von Berlin an sich gezogen, während Lascy nach Torgau hin ausgewichen ist. Der König wendet sich nun gegen die Elbe, die von der Reichsarmee bis Wittenberg erobert worden ist, und jetzt besetzt gehalten wird. General Golz kehrt nach Schlesien zurück, um Cosel zu befreien, wohin sich Laudon noch gewandt hat. Daun ist dem Könige in einiger Entfernung gefolgt, und hat sich mit Lascy bei Torgau vereinigt. Die Russen stehen noch in der Neumark und scheinen den weitern Erfolg der Begebenheiten an der Elbe abwarten zu wollen.

Zwei Dinge mußten den König jetzt sehr drücken; der Verlust von Sachsen, nämlich von Torgau, Wittenberg und Leipzig und dem dazwischen liegenden Landstrich, wodurch ihm ein großer Theil seiner Hülfsquellen genommen und das Kriegstheater an den Thoren von Berlin aufgeschlagen war, und die Nähe der Russen, welche zum ersten Mal in der Mark und Pommern Winterquartiere beziehen zu wollen schienen. Jetzt schien ihm, um diese beiden Knoten zu lösen, der Zeitpunkt zu einer Schlacht. So ungern er sich in ein so kostbares Wagstück einließ, so glaubte er doch jetzt damit nicht zu viel zu thun. Der König hatte etwa 50,000 Mann unter seinem Befehl. Daun mochte 60,000 sein; ob die Reichsarmee mit ihm gemeinschaftlich schlagen würde, war ungewiß; das Verhältniß der Streitkräfte war also günstiger als es in irgend einem andern Augenblick gewesen war. Der König fing damit an, die Truppen unter dem Prinzen von Würtemberg und Hülsen durch Magdeburg vorgehen zu lassen, — er selbst ging den 26. Oktober bei Roslau über die Elbe; da die Reichsarmee sich auf Leipzig zurückzog, so ließ er sie Anfangs verfolgen, als sie aber über jenen Ort hinaus war, zog er die Truppen wieder an sich.

Daun hatte sich in ein vermeintlich starkes Lager bei Torgau gesetzt; noch wollte der König versuchen, ob eine Bewegung über seine linke Flanke hinaus ihn zum Rückzug bewegen und dem Könige ungefähr die Vortheile ohne Schlacht geben würde, die er von einem Siege erwartete. Der König marschirte auf Schilda; da er seine Magazine in Düben hatte und dies sein ganzes Wohl und Weh in diesem Augenblick war, so konnte er nicht weiter gehen. Daun blieb unbeweglich und machte rückwärts Front. Nun schritt der König den 3. November zum Angriff, der Sieg von Torgau erfolgte und die Östreicher räumten in Folge desselben Sachsen bis zum plauenschen Grunde. Die Russen gingen über die Weichsel zurück, nicht grade als Folge der Schlacht von Torgau, aber doch um die Zeit derselben nach Ankunft des Feldmarschalls Butturlin.

Der König folgte den Östreichern in die Gegend von Dresden. Er wurde durch die Schlacht Meister von

Torgau und der Gegend bis zum Erzgebirge; selbst Freiberg überließ man ihm. Die östreichische Armee scheint in
einer sehr schlechten Verfassung gewesen zu sein, wenn man
die Verwirrung und Noth sieht, die selbst beim lascyschen
Corps in Meissen herrschte. Hiernach zu urtheilen und
da Daun den Befehl selbst nicht wieder übernommen hatte,
würde es dem Könige höchst wahrscheinlich gelungen sein,
die östreichische Armee ganz aus Sachsen zu vertreiben,
wenn er schneller gefolgt wäre und stärker gedrückt hätte,
dann fiel Dresden in den ersten Wochen des Winters.
Des Königs Verweilen bis zum 7. Oktober in seiner
Stellung bei Hohengiersdorf muß ihm als ein Fehler angerechnet werden; wäre er aufgebrochen, sobald er die
Richtung Lascys kannte, d. h. spätestens den 3. Oktober,
so ging Berlin nicht verloren. Die feindlichen Corps an
Statt durch seine Ankunft den 12. von Berlin abzumarschiren, würden schon den 8., d. h. vor Einnahme der
Stadt, ihren Rückzug angetreten haben. Dieser kurze
Verlust Berlins kostete dem Könige einige 1000 Mann,
der Stadt zwei Millionen Thaler und dem Staate viel-
leicht auch eine Million an verlorenen Effekten; das war
Alles nicht ganz leicht zu verschmerzen.

Indessen ist ein Verweilen von ein Paar Tagen mehr
oder weniger immer ein trügliches Objekt für eine Kritik,
die sechszig Jahr später auftritt, und sie darf nicht zu viel
Bedeutung darauf legen. Es sind also nur zwei Gegenstände in des Königs Feldzug, die sich die Kritik nicht
wohl erklären kann; der erste ist die unnütze Verwendung
der heinrichschen Armee gegen die Russen zu einer Zeit
wo diese noch gar nicht in Wirksamkeit treten konnten;
der zweite der allzugroße Werth, den der König auf die
Stellung von Landshut legte. Daß er eine Stellung die

sich nun schon ein Paar Jahr hindurch auf eine gewisse Art bewährt hatte, bis auf den letzten Augenblick gehalten wissen wollte, ist erklärlich genug, aber der steife Befehl sie in jedem Fall zu behaupten; der Mangel an Spielraum, welchen er seinem General dabei läßt, erklärt sich nur aus der Charaktereigenheit des Königs, die sich bei Maxen auf eben die Art gezeigt hatte und dabei muß die Kritik stehen bleiben. Das Ganze des Feldzugs aber erscheint wie ein von der höchsten Thätigkeit und Gewandtheit unterstütztes Aufsparen der Kräfte.

§. 64.

Dauns Feldzug.

Das Ziel welches sich die Östreicher für diesen Feldzug zunächst gesteckt hatten war erstens: in Schlesien einen und den andern Platz zu gewinnen; denn da sie jetzt Dresden hatten, so glaubten sie vor der Hand für die Befreiung von Sachsen genug gethan zu haben, und mit Recht auf ihr nächstes Interesse, die Eroberung von Schlesien denken zu dürfen. Daß sie von Sachsen aus den Kern des preußischen Staats angreifen konnten, nämlich die Mark Brandenburg, und in derselben die Kriegsmacht des Königs, und daß sie mit Zertrümmerung dieses Kerns, Schlesien am sichersten erobern würden, war nicht in den Ansichten der damaligen Kriegskunst. Einen Angriff des Königs glaubten sie nur wie ein pis-aller betrachten zu müssen, und ihr beständiges Bestreben ging dahin sich ohne Katastrophe in den Besitz gewisser Vortheile zu setzen, die dann der König durch eine Initiative ihnen wieder entreißen müßte. Da dieser die Katastrophe eben so sehr fürchtete als sein Gegner, wiewohl bei seinen beschränkten Mitteln mit mehr Recht, so glaubten sie in dieser Manier ihren meisten Vortheil zu finden. Es war, wie das in Kriegen, die nicht mit der vollen Gewalt des Elements geführt worden, immer ist, ein gegenseitiges Zuschieben der Initiative.

Zweitens wollten sie das in Sachsen Errungene, nämlich Dresden, nicht wieder verlieren. Dies war das nächste Ziel, ob sich mehr erreichen lassen würde, blieb den Umständen anheimgestellt. Um jene Zwecke sicherer zu erreichen, wollten sie, wie immer, die Mitwirkung der Russen abwarten. Die Östreicher schätzten nämlich des Königs Streitkräfte den ihrigen ziemlich gleich, und wenn man weiß daß eine kleine Überschätzung des Gegners im Kriege gewöhnlich ist, so wird man sich nicht darüber wundern. Auf die Reichsarmee rechneten sie nicht viel; zur Offensive gehört Überlegenheit, zur größeren Sicherheit des Erfolges gehört wieder Überlegenheit, es ist also in der That nicht sehr zu verwundern wenn sie das Auftreten der Russen abwarten wollten. Um die Wirksamkeit dieser Verbündeten zu verstärken, ihrer sich mehr zu versichern, wollten sie dieselben nach Schlesien haben, um den gewaltigen Zwang, welcher im Jahre 1759 durch die Lage der Kriegstheater in dem gemeinschaftlichen Handeln eingetreten war, zu heben, und diese Gemeinschaft natürlicher zu machen. Auch das wäre natürlich gewesen, wenn die Östreicher nicht dabei einen großen Irrthum begangen hätten. Sie übersahen, daß wenn sie sich auf Böhmen, die Russen aber sich auf die untere Warthe basiren wollten, diese Vereinigung beider Armeen in Schlesien immer höchst gezwungen und schwierig bleiben und dem König die Mittel lassen würde, sich leicht zwischen beide hineinzuschieben und so die Gemeinschaft aufzuheben, und in diesem Fall war ein nahes Beieinandersein beider Verbündeten mehr schädlich als nützlich. Die Östreicher hätten also den Russen die Mittel verschaffen müssen, mit Preisgebung ihrer Verbindungen oberhalb Breslau zu leben, und das war wohl sehr schwer, und mußte wegen der großen Ausgaben unpolitisch erscheinen; oder die Östreicher selbst hätten sich auf Ober-Schlesien und Mähren basiren und sich also bei der Ankunft der Russen mit ihrer Macht nicht in der Linie der Katzbach, sondern des schweidnitzer Wassers aufstellen sollen.

Weil man also die Russen in Schlesien erwartete, so sollte Laudon mit 40,000 Mann daselbst bleiben, um mit ihnen gemeinschaftlich zu handeln. Daun wollte unterdeß in Gemeinschaft mit der Reichsarmee, also wohl über 80,000 Mann stark, den König in Sachsen festhalten. Da die Russen, wie voraus zu sehen war, nicht vor Ende Juli auf dem Kriegstheater erscheinen würden, so hatte Laudon Zeit, einstweilen in Schlesien allerhand zu versuchen und die Intermezzo's von Landshut, Glatz und Breslau hatten statt.

Dies alles war, bis auf den herausgehobenen Punkt in der That voll innerer Consequenz, wenn auch nicht großartig. Es war im Geist der damaligen Politik und Kriegskunst.

Daun für seine Person hatte also anfangs die Rolle, den König in Sachsen festzuhalten, oder ihm nach Schlesien zu folgen, in jedem Fall seine Macht zu neutralisiren. Drei Monate hindurch, nämlich Mai, Juni und Juli hat er diesen Zweck erfüllt, wenn gleich etwas auf Kosten Dresdens.

Da er den König wohl auf 60,000 Mann schätzte, Daun selbst ohne die Reichsarmee, und die zur Deckung der Ober-Lausitz aufgestellten Detachements, nicht stärker sein mochte, so ist er vermuthlich ziemlich stolz auf diesen Theil seines Feldzuges gewesen.

Wie sie beide in Schlesien ankommen, ist Daun's nächstes Augenmerk, den König von Schweidnitz und Breslau, mithin auch vom Prinzen Heinrich abzuschneiden. Er will sich ihm längs der Katzbach vorlegen; dazu aber sieht er sich nicht stark genug und ruft also Laudon herbei. Der König war einige 30,000 Mann stark, aus Sachsen abmarschirt, Daun glaubte ihn wohl 40,000; er selbst war jetzt ohne Laudon vielleicht 70,000; allein wenn man sich auf einer Linie von sechs bis acht Meilen ausdehnen soll, so kann man sich bei dem obigen Verhältniß leicht zu schwach finden.

Daun hielt sich, indem er die Linie der Katzbach vertheidigte, mit den Russen so gut wie vereint und im Stande, gegen eins der drei Objekte, von welchen er den König getrennt hatte, nämlich Schweidnitz, Breslau und den Prinzen Heinrich, oder auch, mit großer Überlegenheit gegen den König selbst etwas zu unternehmen. Aber in diesem Plan war doch eigentlich weder Klarheit noch ein durchgreifender Gedanke. Man war mit den Russen vereinigt, was gegenseitige Benachrichtigung betraf, aber da Russen und Östreicher ganz verschiedene Front machten, und entgegengesetzt laufende Verbindungslinien hatten, so war keine Einheit der Bewegungen möglich. Die Stellung des Prinzen Heinrich vor Breslau, hielt die Russen in der ihrigen fest; ein Angriff auf den Prinzen Heinrich bei Breslau war nicht thunlich, weil er sich unter die Kanonen von Breslau, oder vielmehr in die starken Wasserlinien die dieser Ort auf seiner polnischen Seite hat, zurückziehen konnte; die ganze 65,000 Mann starke Macht der Russen konnte also nur gebraucht werden, um mittelst einer über die Oder vorgeschobenen Avantgarde die rechte Seite Dauns gegen den Prinzen Heinrich zu decken.

Denken wir uns nun die Russen mit allen Eigenthümlichkeiten, die einen Verbündeten, der von so weit herkommt, und ein so schwaches Interesse an den weitern Erfolgen hat, charakterisiren. Sie hatten geglaubt mit 65,000 Mann vor Breslau anzukommen, dort Laudon mit 40,000 zu finden, also 100,000 Mann stark dem Prinzen Heinrich gegenüber zu stehen, von dem sie recht gut wissen konnten daß er nicht über 30- bis 40,000 Mann stark sein könnte; den König hofften sie funfzig Meilen von sich entfernt zu wissen; das wäre ihnen grade mundrecht gewesen. Nun ist der König nur wenige Märsche von der Oder, Laudon zu Daun gestoßen; sie sehen die Möglichkeit daß der König sich gegen sie wendet und gemeinschaftlich mit seinem Bruder über sie herfällt. Ob sie nun gleich die Freiheit haben einem solchen Stoß zu rechter Zeit auszuweichen, so drückt diese Chimäre doch den Feldmarschall Soltikof wie der Alp den Träumenden. Das Mißtrauen gegen Daun ist vom vorigen Jahre her noch nicht erloschen, und vom Feldmarschall bis zum letzten Corporal glaubt jeder, daß die Östreicher den Russen die ganze Gefahr und alle Opfer des Krieges allein aufbürden, für sich selbst aber den Erfolg behalten wollen. Diese Stimmung und der daraus entspringende üble Wille, ließ sich mit höchster Wahrscheinlichkeit voraussehen, denn es ist nur die ganz gewöhnliche Erscheinung solcher Verhältnisse.

Daun seinerseits hat den König mit seiner Hauptmacht gegen sich, die er auf 40,000 Mann schätzt; seit vierzehn Wochen hat er ihn auf dem Halse, sieht ihn täglich rechts und links an sich herum marschiren, ist immer

in Gefahr, einen seiner Posten von ihm überwältigt zu
sehen, ehe er mit der Hauptarmee herbeieilen kann, dabei
ist er nicht ganz sicher, daß der Prinz Heinrich ihm nicht
von Breslau aus in den Rücken falle; Daun also glaubt,
er sei es, der die ganze Last des Krieges trage, und die
Russen, seit ihrer Ankunft vor Breslau müßige Zuschauer,
thäten wahrlich nicht zu viel, wenn sie wenigstens durch
ein über die Oder vorgeschobenes Corps, ihn einigermaßen
gegen den Prinzen Heinrich sicherten. Daun sah indeß die
Gefahr, daß die Russen sich gegen die polnische Gränze
zurückziehen, und ihm also dann noch weniger nützen könnten; er beschloß also seine Überlegenheit zu einem Angriff
auf den König zu verwenden. Der Sieg des Königs über
Laudon ist die Folge dieses Angriffs. Des Königs große
Beweglichkeit und der Zufall haben ihren Antheil an diesem Ausgang, und Daun ist also wohl zu entschuldigen;
indeß kann man doch sagen, daß der ganze Entwurf nicht
ohne Fehler war. Dieser Verlust drückt das Niveau des
daunschen Plans merklich hinunter. Er findet nun seine
Aufstellung hinter der Katzbach zu gewagt, giebt die bisherige Verbindung mit den Russen über Auras auf, öff-
net die Straße nach Breslau, und sucht nur den Zugang
nach Schweidnitz zu verlegen, indem er sich zwischen dem
Zobtenberg und Striegau aufhält. Wenn man bedenkt
in welcher Überlegenheit Daun immer noch gegen den König blieb (80,000 gegen 30,000), und wie leicht er also die
Scharte hätte auswetzen können, nachdem der König über
die Katzbach gegangen war, so erkennt man in diesem Rückzug deutlich wie wenig Enthusiasmus für seinen persönlichen Ruhm, wie wenig kriegerischen Ehrgeiz dieser Feldherr hatte, und wie sein ganzes Betragen nur immer auf
der Linie politischer Behutsamkeit und Klugheit hinläuft,

die ihn auf der einen Seite vor großen Katastrophen im
Felde, auf der andern vor Mißbilligung der Kaiserin, und
ihres Kabinettes sichert. Die Frage, ob der östreichische
Staat dabei seinen Zweck erreichen würde, beantwortete
sich sein Gewissen mit der allgemeinen Betrachtung, daß
Östreich den Krieg länger aushalten könnte als Preußen.

Nachdem sich Daun den möglichen Einwirkungen des
Prinzen Heinrich auf seine rechte Flanke entzogen hatte,
suchte er die Verbindung mit den Rußen auf der andern
Seite, nämlich um den rechten Flügel des Königs, über
Leubus nach Striegau zu gewinnen und fuhr fort auf ihre
Mitwirkung zu bestehen, indem sie entweder mit dem Ganzen oder mit einem beträchtlichen Corps an der Kätzbach
erschienen. Er wollte den König jetzt von der westlichen
Hälfte Schlesiens abschneiden, wie er ihn vorher von der
östlichen abgeschnitten hatte. Hiermit aber konnte es ihm
wohl nicht Ernst sein, und noch weniger konnte er glauben, daß die Rußen auf diese Vorschläge eingehen würden, wobei sie allerdings den mit dem Prinzen Heinrich
jetzt vereinigten, und von Daun auf keinerweise im Zaum
gehaltenen König, zu einem Angriff gegen sich gereizt haben würden. Auch mit der Belagerung von Schweidnitz
wozu einige Demonstrationen gemacht wurden, konnte es
nicht Ernst sein. Es scheint also wirklich daß Daun in
diesem Augenblick, nämlich in der letzten Hälfte Augusts,
in eine Art von Planlosigkeit verfallen war, und sich in
Wien vermuthlich nur mit der Vorstellung rechtfertigte,
daß er nun die ungetheilte Macht des Feindes auf sich
habe, und daß die 70,000 Verbündeten nicht das geringste
für die gemeine Sache thäten.

Der Marquis Montalembert brachte bei den Rußen
die Idee einer Diversion gegen die Marken auf die Bahn,

worauf diese nicht abgeneigt waren einzugehen; sie setzten sich über Trachenberg auf Herrnstadt in Bewegung, wodurch sie sich jenem Ziele näherten, zugleich Glogau bedroheten, und was die Hauptsache sein mochte, sich vom Könige entfernten. Diese Bewegung in den letzten Tagen Augusts nahm der König für das Zeichen ihres Aufbruchs nach Polen; er schickte hierauf 12,000 Mann unter dem General Golz nach Glogau, und zog die übrigen 18,000 Mann der heinrichschen Armee an sich, mit denen er nun circa 50,000 Mann stark gegen Daun marschirte, und diesen vermittelst wechselseitiger Stöße auf seine rechte, dann auf seine linke, dann wieder auf seine rechte Flanke ins Gebirge manövrirte. In dieser Stellung blieben beide Heere etwa drei Wochen, wobei Daun offenbar im nachtheiligen Verhältniß war, da dem König die Verbindung mit ganz Schlesien offen stand, Daun aber auf die Straße von Trautenau nach Böhmen beschränkt war, und nur allenfalls die nach Glatz noch offen hatte. Die Verbindung mit der russischen Armee war nun ganz verloren, und die Nachrichten mußten durch Mähren gehen, wo sie vier Tage Zeit brauchten.

Daun war nun wie an die böhmische Grenze festgeschmiedet. Den König bei seiner jetzigen Stärke in einer Gegend anzugreifen die so starke Stellungen darbietet, schien ganz unthunlich; es war also vorauszusehen, daß die Östreicher mit einem Rückzug nach Böhmen endigen mußten, wenn die Russen nicht etwas zu ihrer Befreiung thäten Die Diversion nach der Mark gefiel dem Feldmarschall Daun nur halb. Wenn die Russen sie allein unternahmen, so war nicht viel davon zu erwarten, und ein starkes östreichisches Corps mitzugeben, schien ihm sehr bedenklich. Dauns Bedürfniß und seine Tendenz war, die

Rus-

Ruſſen ſo nahe als möglich zu behalten, dies ſchien ihm doch das natürlichſte, nächſte und wirkſamſte. Er trug alſo auf eine Belagerung von Glogau an. Hier zeigten ſich aber bald die größten Schwierigkeiten wegen der Belagerungsbedürfniſſe.

Es blieb alſo nichts übrig als auf die Diverſion nach der Mark und Berlin einzugehen. Daun ſandte den 20. September den General Lascy mit 15,000 Mann durch die Nieder-Lauſitz dahin ab, und dieſer General, welcher den Weg von fünfundvierzig Meilen in zehn Tagen zurücklegte, war durch ſeine Gegenwart allerdings das wirkſame Prinzip zur Eroberung der Stadt. Ohne ihn hätten ſich die Ruſſen unverrichteter Sache zurückziehen müſſen. Daun war gewiß nicht wenig ſtolz, dieſes Detachement gewagt, und ſich Friedrich dem Großen gegenüber ſo geſchwächt zu haben, daß er nach ſeiner Meinung ihm kaum gewachſen blieb. Der Lohn für dieſes vermeintliche Wageſtück blieb nicht aus. Des Königs Abmarſch am 7. Oktober nach der Mark befreite Daun aus ſeiner weder ſehr ruhmvollen noch angenehmen Lage.

Was konnte er nun mit der wieder erworbenen Freiheit anfangen? Vor allen Dingen mußte er das von der Reichsarmee bis Wittenberg hin eroberte Sachſen, als die halbe Ausbeute dieſes Feldzugs decken; er konnte alſo nicht in Schleſien bleiben um etwa Schweidnitz oder Breslau zu erobern; das erſtere verſprach einen zu langen Widerſtand, namentlich einen längern als Dresden geleiſtet haben würde, welches unterdeß in Gefahr kam; das andere war, nach den damaligen Anſichten, von geringem Nutzen, ſo lange man Schweidnitz oder Neiſſe nicht hatte; auch lag es für die ſpäte Jahreszeit zu tief im Lande, um die Belagerungsbedürfniſſe hinzuſchaffen. Es ſchien ihm alſo

x   11

nichts so dringend als dem Könige nach Sachsen zu folgen. Indessen glaubte er 20- bis 30,000 Mann unter
Laudon in Schlesien lassen zu dürfen um noch Eins oder
das Andere zu unternehmen, da er sich an der Elbe durch
die Reichsarmee um soviel verstärkte.

Der König war abmarschirt, um Berlin zu sichern,
d. h. also den Russen auf den Hals zu gehen. Das
nächste und natürlichste für Daun schien also zu sein,
dem König ganz nahe zu folgen, um bei der Hand zu sein
den Verbündeten beizustehen. Allein theils war das sehr
schwierig wegen der schnellen Bewegung des Königs, theils
mußte Daun wohl, daß diese Verbündeten sich in keine
Gefahr setzen würden.

Sein Ziel war also: Torgau, Lascy und die Reichsarmee, und seine Methode: vorsichtige Entfernung vom
Könige. Er kam den 22. Oktober bei Torgau auf dem
rechten Elbufer an.

Die Russen waren gegen die Warthe zurückgegangen;
Daun mußte nun erwarten unverzüglich den König mit
seiner fast vereinigten Macht gegen sich zu haben. Er
selbst war vielleicht, das Detachement abgerechnet, nicht
über 60,000 Mann. Wollte er nicht Sachsen bis Dresden hin räumen, so kam es darauf an, in einer starken
Stellung sowohl den Manövern, als auch allenfalls dem
Angriff des Königs zu widerstehen. Jetzt schien nichts natürlicher, als eine solche gemeinschaftliche Stellung mit der
Reichsarmee zu nehmen, daß beide gemeinschaftlich schlagen
konnten. Dies geschah gleichwohl nicht, die Reichsarmee
wich nach Leipzig hin aus, und zog sich sogar über Leipzig
hinaus, gegen das Erzgebirge zurück, während Daun seine
Stellung bei Torgau nahm. Das Verhältniß mit der
Reichsarmee gehört zu den am wenigsten aufgeklärten des

siebenjährigen Krieges. Kein Zeit-Schriftsteller hat es der Mühe werth gehalten, einige Auskunft darüber zu geben. Im Jahre 1759 stand, wie wir schon bemerkt haben, diese Armee zweimal hinter der östreichischen, als spiele sie gar nicht mit; jetzt in einem ziemlich entscheidenden Augenblick macht sie es nicht viel anders. Man kann wohl begreifen, daß sie ihre Verbindungen mit dem Reich nicht gern aufgab und ihre Magazine in jener Richtung hatte, doch sind das keine hinreichenden Gründe, in solch einem Augenblick die Östreicher ganz im Stich zu lassen. Da der Herzog von Zweibrücken zugleich östreichischer General war, so läßt sich auch nicht voraussetzen, daß Eigensinn und Widerspenstigkeit desselben zu einer wahren Entzweiung geführt hätte. Man muß zuletzt von Allem etwas gelten lassen und nächstdem annehmen, daß Daun geglaubt habe, der König werde doch immer ein kleines Corps gegen sie stehen lassen. Ebenso mag dieser Feldherr geglaubt haben, daß der König die Russen nicht ganz unbeobachtet lassen, daß er auch etwas gegen den General Beck aufstellen würde, welchen Daun zur Deckung seiner Verbindung auf dem rechten Elbufer, dort gelassen hatte. Dann wäre ihm freilich zu einer Hauptschlacht nicht viel übrig geblieben. Von alle dem aber geschah nichts, während Daun seine Kräfte so vereinzelte, daß ihm von 90,000 Mann bei Torgau höchstens 60,000 verblieben, hielt Friedrich die Seinigen so zusammen, daß er gegen die Russen, den General Beck und die Reichsarmee keinen Mann stehen ließ, und mit Ausnahme von 9 Bataillonen die sein Magazin in Düben deckten, Alles, d. h. etwa 50,000 Mann, in der Schlacht hatte.

Seit Leuthen hatte Friedrich der Große die Östreicher nicht angegriffen, sich immer, wenn er dazu entschlossen schien, durch gut vorbereitete Stellungen abschrecken lassen, und sein ganzes System hatte in beständigen Bewegungen gegen ihre Flankencorps bestanden. Dies erwartete Daun vermuthlich auch jetzt, und darauf war er vorbereitet. Sein Verfahren ist also im Grunde nur das alte, und folglich auch, wenn man will, nicht ohne Consequenz. Man kann also diesem Feldherrn die Zerstreuung der Kräfte hier nicht mehr zum Vorwurf machen, als überall; das Vertrauen aber welches er zu dem Lager bei Torgau hatte, als einer Stellung in der man nach allen Seiten Front machen kann, ist seiner Vorsicht nicht würdig. Daß Daun nach der verlornen Schlacht hinter dem plauenschen Grunde Stand hielt, war ein Sieg, den er über sich selbst gewann; er fürchtete doch wohl, daß ein Rückzug nach Böhmen seinen Kredit in Wien brechen könnte, nachdem er ihn schon durch zwei verlorne Schlachten auf die Probe gesetzt hatte.

Werfen wir noch einen Gesammtblick auf diesen daunschen Feldzug, so finden wir in der Führung desselben allerdings weniger unzusammenhängende, unmotivirte und unerklärliche Momente, als in den Feldzügen von 1758 und 1759. In dem System äußerster Vorsicht, langsamen Vorschreitens und in der Ansicht daß schon bloßer Zeitgewinn ein Vorschreiten sei, weil der König von Preußen den Krieg nicht so lange aushalten könne als seine Gegner, erscheint diese Führung immer consequent; allein freilich ist der Standpunkt jener Ansicht zu niedrig, denn, erstens ist in der Allgemeinheit der Fälle allemal der schwächere, bedrohte, halbniedergeworfene Derjenige, welcher von der Zeit etwas zu erwarten hat, der also auf ihren Gewinn denken muß, mithin kann es nicht der Andere sein; zweitens ist in der Führung dieses Feldzugs auf die Natur eines Bündnißkrieges zu wenig Rücksicht genommen.

Es ist ein ganz vergebliches Abarbeiten, wenn man hofft durch einzelne Einwirkungen und Verständigungen diejenigen widerstrebenden Prinzipe zu beseitigen, die tief in der Natur der Sache liegen. Alle Hindernisse welche hier individuell und zufällig erscheinen, sind im Grunde allgemeiner Natur.

Fermor, Soltikof oder Butturlin, wer es auch sei, es wird immer ein solcher sein, der, anstatt durchzugehen, lieber hinter dem Zügel etwas zurück bleibt. Warum? — Weil der Hof nur einen solchen wählt. Eben so ist es mit allen übrigen Dingen, welche als Hauptsache bei der Armee zur Sprache kommen. Es bleibt also nichts übrig als das Allgemeine durch Allgemeines zu besiegen, d. h. dem Verbundenen ein eigenes wahres Interesse zum Handeln zu geben, und so lange und so weit als dieses Interesse sich wirksam zeigt, seine eigene Kräfte tüchtig zu brauchen, und nicht auf Morgen zu verschieben, was besser heut geschieht.

§. 65.

Die Schlacht von Liegnitz.

Sie zeichnet sich durch zwei Eigenthümlichkeiten aus.

Erstens gehört sie zu den seltenen Schlachten, die durch den plötzlichen Wechsel der Stellung, also durch eine Art von Thätigkeit, die dem Vertheidiger wenn sich die Gegend dazu eignet, immer zu Gebote steht, gewonnen worden ist, und zwar durch einen Totalwechsel der Stellung. Man sieht, was eine solche Maßregel leisten kann.

Zweitens gehört sie zu den Schlachten in denen die

Kräfte sich nicht ausringen und erschöpfen. Obgleich in den
schlesischen Kriegen dies überhaupt nicht in dem Maaße der
Fall war, wie jetzt, und die damaligen Schlachten mehr
in einem einzelnen Akt, mit schnellerer Entscheidung, spiel-
ten, so ist dies doch mit der Schlacht von Liegnitz mehr
als gewöhnlich der Fall, und zwar ihrer Natur nach so,
daß sie auch jetzt noch einen solchen Hergang haben würde.
Laudon wurde von des Königs Anwesenheit in einer Gegend, wo er ihn nicht gesucht hatte, überrascht, nega-
tiv überfallen.

Er überschritt einen Bodeneinschnitt in getrennten
Kolonnen; es war noch finster, als er auf den König
stieß; er hatte weder Zeit noch Raum, seine Kräfte einigermaßen zu entwickeln; er wurde also übergerannt.
Aber seine Tapferkeit, Entschlossenheit, sein Ehrgeiz machte,
daß er nicht einmal übergerannt wurde, sondern fünf Mal
hinter einander, indem er fünf Versuche machte, einen tüchtigen Angriff zu bilden. Und diese wiederholten Versuche,
diese nachhaltige Anstrengung im beständigen Anfangen machten seinen Verlust so groß, und den Erfolg ent-
scheidender als er bei Schlachten dieser Art, ohne unmit-
telbares Verfolgen werden kann. Fälle dieser Art
sind die einzigen, wo es noch heut rathsam ist, sich auf
einmal auf seinen Gegner zu werfen.

§. 66.

Die Schlacht von Torgau.

Die erste Haupteigenthümlichkeit von Seiten des Angriffs ist, daß der König den Feind mit ganz getrennter
Macht von vorn und hinten angreift. Bis Kunersdorf
waren des Königs Schlachten immer in ungetrennter Ordnung, gewissermaßen mit dem Kommandowort geliefert

worden. Bei Kunersdorf sehen wir zuerst unter dem General Fink eine getrennte Kolonne; aber sie hat nur eine untergeordnete Stelle, und befindet sich ziemlich nahe bei der Hauptarmee. Als der König in diesem Feldzuge den 8. Juli sich von Bautzen aus plötzlich gegen Lascy wendet, entwirft er eine Angriffsordnung in drei getrennten, den Feind umfassenden Kolonnen. Sie kommt nicht zur Ausführung, weil Lascy ausgewichen ist. Bei Torgau nun ist der Angriff wieder umfassend, und mit getrennter Macht. Wir sehen also, wie der König nach und nach zur Zergliederung seines Heeres beim Angriff, als eines geschickten Mittels, zu großen Erfolgen zu gelangen, überging.

Fragen wir uns, welche vortheilhaften und nachtheiligen Wirkungen die Trennung und umfassende Richtung der Theile gehabt hat, so ergiebt sich folgendes:

a) Wegen der Trennung wirkten die Theile nicht so gleichzeitig, und übereinstimmend wie es ohne dem geschehen wäre. Der König war ziemlich geschlagen, ehe Ziethen wirksam eingriff. Aber dieser Mangel an Zusammenwirken reichte doch nicht bis zum gänzlichen Mangel an Einheit, denn die Sache war doch mit dem König nicht völlig beendet, als Ziethen einschritt. Die Wirkung dieses Einschreitens reihte sich an die Wirkung an, die des Königs Gefecht bei Daun hervorgebracht hatte; und so war also dieses Gefecht nicht verloren; der Mangel an Zusammenstimmung ging mithin nicht so weit, den Erfolg des Ganzen zu wenden; und so dürfte es sich in allen Fällen zeigen, wo es den Befehlshabern der getrennten Theile nicht an Muth und gutem Willen fehlt.

b) Wenn die 30 Bataillone und 50 Schwadronen

Ziethens, sich bei der Kolonne des Königs befunden
hätten, würden sie das Gefecht wenigstens nicht so
leicht hergestellt haben. Die siptitzer Höhen waren
unstreitig der entscheidende Besitz, und diese haben
sie fast ohne Blut errungen, weil sie von hinten kamen. Man kann sich den entscheidenden Eindruck
vorstellen, den Ziethens Vordringen bis in die Hauptstellung in einem Augenblick machen mußte, wo die
östreichische Armee, mit Ausnahme Lascy's, ganz
aufgelöst war, und die Nacht einbrach.

c) Ziethens verspäteter Angriff auf die siptitzer Höhen
war, wie der König ganz richtig bemerkt, durch den
Fehler entstanden, daß er sich aus Besorgniß für
seine rechte Seite zu viel um Lascy bekümmert hatte.
Dergleichen muß bei getrennten Kolonnen oft vorkommen, und ist als ein unvermeidliches Übel derjenigen Selbstständigkeit anzusehen, welche Führer
solcher Kolonnen haben müssen. Aber daß dieser
Fehler gut gemacht wurde, und Ziethen noch zu
rechter Zeit die Schwächung der Hauptstellung bemerkte und benutzte, muß man nicht schlechthin für
einen Zufall halten, sondern es ist eine Wirkung
des kriegerischen Geistes, der in dem preußischen
Heere war. Wenn sich auch hier mehrere, und in
jedem Fall Möllendorff und Ziethen, in das Verdienst theilen müssen, so gehört es doch dem Heere
an. Ohne ehrgeizige Betriebsamkeit, ohne Unerschrok-
kenheit, ohne Furcht vor dem gebieterischen Willen
des Königs, wäre die Schwächung des daunschen
Rückens nicht bemerkt oder nicht benutzt worden.
Die natürliche Folgerung ist, daß man in einem

Heere, dessen Führer erprobte Tüchtigkeit haben, von
der getrennten Wirksamkeit weniger Nachtheile zu
befürchten hat. Die zweite Haupteigenthümlichkeit von Seiten des Angriffs ist der mehr successive Gebrauch der Streitkräfte. Es entstanden
hier fünf Treffen hinter einander, nämlich zwei von
der Avantgarde, zwei Haupttreffen und die Reserve.

Der König hatte bei Kollin und bei Kunersdorf auch
vier Treffen hinter einander gehabt; aber sie waren mehr
oder weniger nahe auf einander gefolgt, weil die Armee
beisammen war; hier wo die Avantgarde angriff ehe die
andern Treffen heran waren, verzog sich der successive Gebrauch derselben länger, denn das erste Treffen der Avantgarde wurde um ein Uhr ins Gefecht geführt, während
die Reserve erst gegen sechs Uhr ankam. Die Folge von
dieser nachhaltigeren Anstrengung des Angriffs scheint gewesen zu sein, daß sich die feindliche Armee stärker daran
verzehrte und auflöste; denn von etwa 40,000 Mann,
welche die daunsche Armee, ohne Lascy ausmachte, scheint
Abends um sechs Uhr als die preußische Reserve ankam,
wenig mehr intakt gewesen zu sein, man könnte sich sonst
das schnelle Vordringen des letzten aus wenigen Bataillons bestehenden Angriffs bis auf die siptizer Höhen, durchaus nicht erklären *). So war es weder bei Kollin, noch
bei Kunersdorf; in beiden Schlachten war durch die plötzliche Anstrengung der Preußen, nur der Flügel zermalmt,
den sie getroffen hatten, zwei Drittheil der Stellung aber
und die Reserve ganz intakt.

---

*) Alle Augenzeugen, namentlich der Prinz von Ligne, bestätigen die
totale Auflösung der daunschen Armee

Von Seiten der Vertheidigung hat die Schlacht folgende Eigenthümlichkeiten.

1. Es ist eine feste Stellung, die nach drei Seiten Front macht, und nur die vierte durch Torgau und die Elbe zum Rückzug frei hat; und zwar ist diese vierte Seite grade eine der schmalen, so daß der Rückzug, was die Hauptmasse der Truppen betrifft, nach der Flanke geschehen mußte.

Die Natur solcher Stellungen erfordert eine große örtliche Stärke; die von Torgau war auf vortheilhaften, aber doch nicht bedeutenden Höhen genommen; sie war auch stellenweis mit Hindernissen des Zugangs umgeben, aber es war kein rechter Zusammenhang in diesen Hindernissen, und das Ganze konnte niemals für eine wahrhaft starke Stellung gelten. Die Verschanzungen waren nur sehr unbedeutend.

Ferner erfordert eine solche Stellung eine gewisse Tiefe, und diese betrug bei der torgauer nicht mehr als acht hundert bis tausend Schritt. Dazu kam, daß diese Stellung mitten im Walde lag, daß man also gar nicht um sich sehen konnte, und daß dieser Wald nicht von einem regelmäßigen Vorpostensystem der Östreicher durchzogen war. In beiden Fehlern hatte sie Ähnlichkeit mit der Zorndorfer. Endlich ist doch in einer Schlacht wenig Heil zu erwarten, in der man nach allen Seiten Front macht, und dabei ganz passiv bleibt. Die Trennung, welcher sich der Feind bei einem umfassenden Angriff unterwirft, bringt ihm nicht die geringste Gefahr, und es ist nichts natürlicher als daß sich die Stöße so lange wiederholen werden bis ein Paar in ihren Wirkungen zusammentreffen und die Sache entscheiden. Zu einer solchen Stellung gehören also Vorbereitungen, um einen Theil mit Überlegenheit anzufallen und ganz aus dem Felde zu schlagen, während der andere durch einen starken Boden hingehalten wird. Dazu hatte sich aber Feldmarschall Daun keinesweges eingerichtet, denn die Verfolgung ihrer Vortheile gegen den König betrieben die Östreicher ganz ohne Plan, und selbst gegen die Absicht des schon verwundeten Dauns. Lascy konnte nichts gegen Ziethen unternehmen, ja er konnte nicht einmal zur Vertheidigung der Hauptstellung gehörig mitwirken, warum? — weil er zur Deckung des äußerst bedenklichen Rückzugs sich nicht von der Stelle rühren durfte. Eine nach allen Seiten Front machende Stellung in der man sich ganz leidend verhalten will, ziemt nur dem ganz schwachen, dann muß aber der Boden von ganz anderer Stärke sein.

2. Die Östreicher hatten ihre Reserveartillerie in der Gegend von Reiden, und da sie nicht so schnell zurückgeschafft werden konnte, so gab dies dem Feldmarschall Daun Veranlassung, sie gleich im Anfang des Gefechts zu brauchen. Diese ungewöhnlich viele Artillerie, und die vortheilhaften Höhen welche die östreichische Infanterie inne hatte, waren die Ursachen der zerschmetternden Wirkung, welche der östreichische Widerstand gegen die Angriffe des Königs hatte.

3. Die Kavallerie wurde hier, so zur unmittelbaren Verfolgung der Vortheile gebraucht, welche die Infanterie errungen hatte, wie in wenig anderen Schlachten geschehen ist. Die Folge war daß die Östreicher in der Schlacht selbst, und auf einem kaum über tausend Schritt betragenden Terrain 4000 Gefangene machten.

Diese Schlacht gehört übrigens zu den eigentlich beabsichtigten, die durch einen dringenden Zweck hervorgerusen wurde, und in Erreichung dieses Zwecks ihre strategische Bedeutung erfüllte.

§. 67.

Die Stellung von Landshut.

Es ist uns immer unmöglich gewesen in der Gegend von Landshut die Vortheile zur Landesvertheidigung zu erkennen die Friedrich der Große darin fand.

1. Die strategische Lage dieser Stellung. Landshut liegt an der Straße die von Trautenau nach Schweidnitz führt. Allein da diese Straße einen beträchtlichen Bogen macht, so gehen kürzere Wege über Friedland und über Gottesberg u. s. w. nach Schweidnitz, welche Landshut eine und mehrere Meilen weit links lassen. Deshalb ist die Stellung von Landshut für diese Eingänge Schlesiens eine Flankenstellung, die sie nicht gradezu sperrt, aber bedroht, und so hat sie sich im Jahre 1759 gegen den General Harsch auch gezeigt. Da aber durch die Grafschaft Glatz wieder andere Wege aus Böhmen nach Schlesien führen, die von der landshuter Stellung zu weit entfernt sind, um durch sie wirksam bedroht zu werden, so ist auch der Einfluß den sie auf den Eingang von Trautenau nach Schweidnitz hat, nicht sicher, und es hängt von der Stärke und Kühnheit des Feindes ab, ob er viel auf sie Rücksicht nehmen will. Laudon drang 1760 im Juni über Wartha in die Ebene Schlesiens ein, ohne sich an Landshut zu kehren.

Landshut liegt ferner an der Straße, die innerhalb des Gebirges aus dem Fürstenthum Schweidnitz in das Fürstenthum Jauer führt, d. h. in das sogenannte hirschberger Thal auf Schmiedeberg und Hirschberg. An dieser Straße welche eine Meile hinter Landshut über einen sehr hohen Querkamm des Gebirges geht, liegt es unmittelbar. Allein es liegt am Fuß dieses Gebirgrückens, in einer sehr zugänglichen Gegend, und ist also nicht als dessen Paß zu betrachten, der sich vielmehr eine Meile dahinter auf der Höhe befindet.

Diese Beziehung der landshuter Stellung hat sie dem Könige hauptsächlich wichtig gemacht; denn obgleich auf dieser Straße niemals der eigentliche Tractus der kriegerischen Bewegungen gelegen hat, weil sich im hirschberger Thal selten oder nie bedeutende Truppenmassen befunden haben, sondern erst gegen die Grenze der Lausitz hin bei Löwenberg u. s. w. wo das Riesengebirge wieder zugänglicher wird, so ist doch jene Gegend wohl gebrandschatzt worden, und namentlich im Jahre 1760 als Fouqué die landshuter Stellung zuerst verlassen hatte. Landshut, Schmiedeberg und Hirschberg aber waren die wohlhabendsten Orte des ganzen Gebirges, und der König durch den Minister Schlaberndorf noch mehr dazu aufgefordert, legte einen großen Werth darauf, daß sie gedeckt würden.

2. Die örtliche Stärke der Stellung. Die Natur der Gegend ist einer starken Stellung auf dem rechten Boberufer ganz entgegen; auf dem rechten Boberufer aber muß sie genommen werden, wenn Landshut selbst gedeckt bleiben soll, auch ist das linke Ufer in dieser Gegend viel flacher und niedriger. Der Wasserzug ist nämlich auf den Bober und Landshut gerichtet, und es laufen mehrere Bergrücken, die vom hohen Gebirge aus den Gegenden von Liebau und Gottesberg kommen, gegen den Punkt von Landshut hin. Natürlich fallen sie nach Landshut hin immer mehr ab, weil sie von höheren Gegenden kommen, und bilden einzelne Rücken deren keiner ganz in dem Sinn läuft, den die Aufstellung bei Landshut eigentlich fordert.

Unter diesen Umständen würde es ganz unmöglich sein, sich dort eine Stellung zu denken, wenn nicht die Unregelmäßigkeiten, welche diese Höhenzüge in sich wieder haben, Gelegenheit zu einzelnen vortheilhaften Punkten gäben. Allein theils sind diese Punkte nur vortheilhaft, nicht unangreifbar, nicht ausgezeichnet stark, theils ist das Ganze immer ohne rechten Schluß und Zusammenhang. Die eigentliche Front des Lagers würde gegen Liebau, also zunächst gegen Reich-Hennersdorf sein, wo man ein Stück des einen auslaufenden Bergzugs benutzen kann; allein sie hat ein höheres Terrain gegen sich, welches die Aussicht und eine offensive Reaction erschwert. Dies empfand Fouqué als er im Juni die Stellung zum zweitenmal nahm, und die Östreicher die Höhen von Blasdorf festhielten, wo er es nicht wagte, sie anzugreifen.

Durch diese Front ist nur der Weg von Liebau vertheidigt; alle andern Zugänge nach Landshut, nämlich durch das Thal der Zieder und über Forste, laufen der eigentlichen Stellung in die linke Flanke. Gegen diese muß also auch Fron gemacht werden. Dies geschah von Fouqué durch einen Posten auf dem Buchberg und Mummelberge, wovon der letzte die abscheulichste Stellung von der Welt ist, nämlich auf einem schmalen nach Landshut hin sehr steil abfallenden Rücken, der einen großen Wald vor der Nase hat. Auch war hier der Widerstand sehr unbedeutend. Nun ist bei den vielen Wegen welche der Feind nach Böhmen hat, eine Umgehung immer so gut wie ausgemacht, denn er kann sich, wie Laudon auch that, erst bequem im ganzen Fürstenthum Schweidnitz aufstellen, um dann die Stellung von Landshut, nicht allein in der linken Flanke, sondern auch von der dritten Seite, nämlich über Hartmannsdorf und Vogelsdorf anzugreifen, welches der eigentliche Rücken ist, so daß sie ihren Rückzug dann nach ihrer rechten Flanke, nämlich auf der schmiedeberger Straße nehmen muß. Alles dies trug sich 1760 zu, und Fouqué war also auch genöthigt, gegen diese dritte Seite Front zu machen, welches in einem ziemlich vortheilhaft gelegenen, aber doch sehr zugänglichen und dreimal zu weitläuftigen Retranchement auf dem Galgenberg geschah. Wir können also das Lager von Landshut durchaus nicht unter die starken Stellungen zählen, und am wenigsten für ein schwaches Corps von 10- bis 12,000 Mann. Gleichwohl hatte dies Lager bis dahin, nämlich 1758 und 1759 wirklich nützliche Dienste geleistet, indem es von den Östreichern respectirt worden war; und wenn es jetzt überwältigt wurde, so muß man sagen, daß es durch Laudon und mit dreifacher Übermacht geschah.

Allein dies beweist doch wenig für seine eigentliche Stärke; denn es ist von Laudon nicht blos überwältigt, sondern das darin aufgestellte Corps ist ganz zu Grunde gerichtet worden.

Zu einer bloßen Überwältigung hätte es weniger Kräfte und Anstrengungen bedurft. Es dürfte vielmehr beweisen wie im Kriege eine bloße Scheinkraft, eine Art Popanz, lange Dienste leisten kann.

Daß Friedrich der Große ein so ernstliches Vertrauen dazu haben konnte, lag wohl darin, daß er selbst niemals in diesem Posten gestanden hatte, und ihn vermuthlich nicht genau kannte. Es ist sehr wohl möglich und denkbar, daß er bis zum Jahr 1760 die Gegend von Landshut nicht mehr als ein einzigmal, und dann doch vermuthlich nur flüchtig, gesehen hat. Zu den einzelnen Corps herumzureisen, wie die kommandirenden Generale jetzt wohl thun, war damals wenig Sitte, und namentlich bei Friedrich dem Großen, der von dem Feldzug von 1741 her noch eine unangenehme Erinnerung davon haben mochte, daß er seine Truppen verlassen hatte, um sich zu Schwerin zu begeben. Wir lesen nirgend von solchen Reisen, vielmehr war er im Laufe des Feldzugs fast immer an der Spitze seiner Avantgarde.

Man kann es unter diesen Umständen nicht tadeln, daß Friedrich der Große von diesem Lager fortdauernd Gebrauch machen wollte, und an der Idee hing, es so spät als möglich aufzugeben, daß er aber dem General Fouqué fast keinen Spielraum ließ, ihn in seine Katastrophe hineinstieß, ist ein Fehler seiner oft zu eigenwilligen Denkungsart, und der Geschichte von Maxen an die Seite zu stellen.

§. 68.
Manöver und Märsche des Königs.

Friedrich der Große war im Jahre 1760 der Vertheidiger, wie er es seit 1758 immer war. Der Krieg wurde in seinem Kriegstheater geführt und die Gegner hatten den positiven Zweck des Vorschreitens, der König den negativen des Erhaltens. Der König suchte dieses Erhalten auch nicht durch entscheidende Schlachten und Siege zu bewirken, denn bis Torgau hin ist eine Hauptschlacht nirgend seine Absicht. Dagegen haben die Östreicher wirklich diese Absicht (obwohl mit Zittern und Zagen).

Nichts desto weniger ist der König gegen Daun immer der positiv Handelnde, immer der Thätige, und dieser liegt immer nur in der Parade. Dies scheint ein Widerspruch, der sich auf folgende Art löst. Daun wollte nicht eher gegen den König einen Stoß wagen, bis er eine gute Gelegenheit dazu fände; er wollte also die Russen abwarten, woll-

wollte dann eine solche Stellung gewinnen, daß er mit ihnen in Verbindung handeln konnte, und von der andern
Seite dem Könige so viel als möglich von den Verbin-
bungen rauben, die seine Streitkraft stützten; vielleicht
konnte er dann sogar zu einer Belagerung schreiten, ohne
eine Schlacht zu wagen. Mit diesen Zwecken meinte Daun
gnugsam vor der Hand gegen sein Ziel vorzuschreiten, und
den positiven Erfolg so vorzubereiten, daß er ihm später
um so gewisser wurde. Alle diese Zwecke waren aber ne-
gativer Natur, und führten Daun zu einer in vier bis
fünf Posten ausgedehnten Aufstellung, wodurch dann jedes
positive Handeln gegen einen so beweglichen Gegner fast
unmöglich wurde. Der König aber, der vor der Hand
nichts Positives wollte, als sich nicht durch bloße Stellungen von seinen festen Plätzen abdrängen und aus seinem
schlesischen Kriegstheater gewissermaßen hinausschieben zu
lassen. — der König hielt seine Hauptmacht dicht beisammen und suchte durch schnelle Märsche, die er dicht unter
den Augen des Feindes, d. h. also auf den kürzesten
Wegen that, die Punkte, welche ihm wichtig waren, zu
gewinnen, und es dann dem Gegner zu überlassen, ihn
durch einen Angriff wieder aus dem Besitz zu setzen.
Mit diesem Zweck seiner Märsche verband er den zweiten, gelegentlich einen der daunschen Posten mit überlegener Macht zu überwältigen, und den dritten, auf die Verbindungslinie des Feindes selbst sich zu stellen. Daun
mußte nun seine ganze Übermacht und Thätigkeit immer
darauf verwenden, diesen dreifachen Zweck zu vereiteln.
Mit dem ersten gelingt es ihm am wenigsten, denn der
König gewinnt nach und nach die Verbindung mit Breslau, seinem Bruder und Schweidnitz; mit den andern beiden gelingt es ihm besser, denn nirgend erleidet einer seiner

x   12

Posten einen bedeutenden Schlag (wiewohl doch bei Burkersdorf ein kleiner nicht verhütet werden konnte), und nirgends verliert er seine Verbindungslinie. Allein er büßt bei diesen Bestrebungen doch immer ein Stück des Bodens ein, den er inne hat, und so kömmt er zuletzt mit dem Rücken an's Grenzgebirge.

Wir sehen also hier eine Thätigkeit für sehr untergeordnete Zwecke, man möchte sagen, für Zwecke der dritten und vierten Ordnung, und diese sind es auch meistens, welche das strategische Manövriren erzeugen, weil die größeren Zwecke für solches Spiel zu stark drängen. Bei dieser Thätigkeit für untergeordnete Zwecke kann es denn auch leicht wie hier geschehen dahin kommen, daß der, welcher im Allgemeinen der Angreifende ist und bleibt, hierbei zum Vertheidiger wird, und umgekehrt. Die Zwecke dieser Manövres haben wir genannt, auch die Mittel, nämlich bei Daun die gewählten Posten, beim Könige die kühnen und schnellen Märsche. Nun ist es aber eine ausgemachte Sache, daß diese Märsche ohne die große taktische Überlegenheit des preußischen Heeres, ohne seine bis dahin unerhörte Schlacht- und Marschfertigkeit unmöglich gewesen wären, und daß die Blößen und Gefahren, welche dennoch dabei entstehen mußten, nur durch die außerordentliche Thätigkeit und beständige Bewegung gedeckt werden konnten. Wegen aller dieser Eigenschaften nun verdient der König eine wahre Bewunderung, und der Feldzug von 1760 ist in diesem Sinn als der kunstreichste des siebenjährigen Krieges anzusehen. Daß Daun am Ende den kürzern dabei ziehen mußte, lag schon in der absoluten Passivität. Diese hing aber wieder mit der Aufgabe zusammen, die sich Daun gestellt hatte. Denn da er immer auf fünf bis sechs Meilen Ausdehnung zerstreut war, so konnte er nichts ohne

Vorbereitung und ein Paar Tage Zeit unternehmen, und diese ließ ihm der König nicht. Endlich entschloß er sich, gedrängt durch die Verhältnisse, einen Stoß blindlings und auf gut Glück zu thun, und dieser mißlang, und benahm ihm ganz die Lust zu einem zweiten. Diese Manövres zeigen, wie der Grundsatz, alles mit der höchsten Vorsicht zu thun, und so wenig als möglich auf das Spiel zu setzen, in eine ganze Reihe von Schwierigkeiten verwickeln kann, die dann auch wirklich das Handeln unmöglich machen. Jede neue Sicherheit, auf welche man bedacht ist, wird ein kleines Gegengewicht in der Maschine, deren Gang am Ende in ihrer eignen Friktion erstickt, und so entsteht dann diese Unwirksamkeit überlegener Kräfte, über welche die Welt, die nur einen Gesammtblick auf die Sache wirft, in Erstaunen geräth.

Die Manövres dieses Feldzugs zerfallen übrigens in vier verschiedene Momente.

Die beiden ersten sind die beiden Märsche, welche der König nach Schlesien antrat, die viel Ähnlichkeit mit einander haben, und wovon er den ersten nur bis Bautzen ausführte. Gewöhnlich werden sie so gedacht, als ob der König sich zwischen Daun und Lascy auf derselben Straße befunden hätte, welches doch unrichtig ist. Der König hatte nur die Märschhöhe zwischen beiden, aber auf einer nördlichern Straße, oder vielmehr auf Nebenwegen. Daß ein solcher Marsch mit einer beträchtlichen Armee und sehr zahlreichem Fuhrwerk in großer Nähe des Feindes, und bei der Überlegenheit desselben, immer in Gefahr, einen der vielen kleinen Flüsse, über welche der Weg ging, gesperrt zu sehen, — große Schwierigkeiten hat, ist leicht zu begreifen; und deswegen sind diese beiden Märsche mit Recht als Meisterstücke angesehen worden.

12 *

Der dritte Moment enthält die Bewegungen an der Katzbach, bis zur liegnitzer Schlacht, der vierte, die Bewegungen nach dieser Schlacht, wo des Königs wechselseitige Stöße auf die Flügel Dauns diesen ins Gebirge schieben, ungefähr wie man ein schweres Meuble von der Stelle bringt, indem man bald die eine bald die andere seiner Seiten vor sich herschiebt.

§. 69.

Vereinigung der Russen mit Daun.

Wenn man den Russen nicht ein eigenes Kriegstheater anweisen konnte, auf dem sie auch ein eigenes Interesse fanden, wenn man mit ihnen gemeinschaftlich handeln wollte, so war es allerdings vernünftiger, sie an der obern Oder nach Schlesien kommen zu lassen, als sich wie im Jahre 1759 um die preußischen Heere herum, mit ihnen die Fingerspitzen zu reichen. Aber wir haben schon gesagt, daß es keine wirkliche Vereinigung war, wenn die Verbindungslinien beider Heere ganz entgegengesetzte Richtungen hatten. Denkt man sich dazu noch zuerst den Prinzen Heinrich, dann auch den König zwischen beide hineingeschoben, und nun noch die Oder und die Festung Breslau zwischen beiden, so sieht man wohl ein, daß diese Vereinigung unendlich viel schlimmer war, als die im Jahre 1759, oder die Trennung von 1758. Der König behielt den Vortheil der innern Linien, hatte aber nun nicht mehr dreißig Meilen von der einen zur andern zu marschiren, konnte also den einen mit seiner ganzen Macht überwältigen, ehe der andere merkte, daß er sich ihm nicht mehr gegenüber befinde. Dies war die ununterbrochene Furcht Soltikof's, und dies hat ihn, wie Daun, zu einer rückgängigen Bewegung vermocht, die sie beide ganz trennte.

Der Feldzug von 1761.

§. 70.

Übersicht der Stärke.

(1761.) Des Königs Armee im Felde scheint in diesem Jahr ungefähr aus 133 Bataillonen und 226 Schwadronen bestanden zu haben, deren Stärke man auf 110,000 Mann annehmen kann. Rechnet man dazu etwa 10,000 Mann Festungsbesatzungen, welche mit dem Feinde in Berührung kommen, so ist die ganze preußische Macht 120,000 Mann.

Die östreichische Armee im Felde scheint man nicht unter 130,000 Mann annehmen zu dürfen. Die russische Armee in Schlesien betrug 65,000, die in Pommern 20,000, die Reichsarmee 20,000, die schwedische 10,000, macht 245,000.

Es stieg also, obgleich die preußische Armee im Felde sich in diesem Jahre durch besondere Werbeanstrengungen stärker als im vorigen befand, doch das Mißverhältniß immer höher. Denn jetzt übersteigt es schon das Doppelte.

Die Vertheilung war im ersten Theil des Feldzugs bei den Preußen:

der König mit	60,000 Mann	in Schlesien.
Prinz Heinrich mit	35,000 ⸱	in Sachsen.
Herzog von Würtemberg mit	12,000 ⸱	in Pommern.
General Belling mit	3000 ⸱	gegen die Schweden.
	110,000.	

Die Östreicher hatten 45,000 Mann unter Daun in Sachsen.

Unter Laudon in Schlesien 75,000 Mann.

Unter Beck in der Lausitz 10,000 Mann die später auch nach Schlesien gingen.

130,000.

Die Russen hatten 65,000 Mann in Schlesien und etwa 20,000 Mann in Pommern unter Romanzow gegen Colberg.

§. 71.

Des Königs Feldzug.

Die Verhältnisse hatten beim Anfange des Feldzugs offenbar eine große Ähnlichkeit mit denen des vorigen. Daun und der König (anfänglich) waren in Sachsen, Laudon erwartete die Russen in Schlesien. In dieser Provinz waren also die Hauptunternehmungen zu erwarten, und der König faßte darum auch wieder den Entschluß, selbst hinzugehen; nur hatte er statt der 12,000 Mann, die im vorigen Jahre in der Stellung von Landshut alles über sich ergehen lassen sollten, in diesem Jahr den General Golz mit 24,000 daselbst, der sich in der Gegend von Schweidnitz eine Stellung wählte, die wenigstens nicht so leicht von dem ganzen übrigen Kriegstheater getrennt und umgarnt werden konnte. Der König hatte nicht die Aussicht, sich in diesem Jahr von Daun nach Schlesien gefolgt zu sehen, denn vermuthlich kannte er so viel von den Plänen der Östreicher, um zu wissen daß Daun in Sachsen bleiben sollte, er mußte daher auch statt eines untergeordneten Corps von 12,000, in diesem Jahr eine beträchtliche Armee von 35,000 Mann unter seinem Bruder Heinrich dort lassen.

Dagegen stellte er den Russen keine eigene Armee entgegen. Doch bestimmte er die unter dem Herzog von Würtemberg stehenden 12,000 Mann dazu, ein verschanztes Lager bei Colberg zu beziehen, um die Eroberung dieses Platzes dadurch unmöglich zu machen, und andere 12,000 Mann schickte er, nach seiner Ankunft in Schlesien im

Monat Mai, unter dem General Golz nach Glogau, um die große russische Armee zu beobachten, wenn sie sich Schlesien nähern würde.

Der König behielt nur etwa 60,000 Mann unter seinem persönlichen Befehl in Schlesien, und seine Absicht war, sich damit wo möglich immer zwischen den Russen und Ostreichern so zu stellen, daß ihre völlige Vereinigung nicht statt finden könne, und dieselbe Ungewißheit und derselbe Mangel an Zusammenstimmung eintreten möchte, der im vorigen Jahre bedeutende Unternehmungen verhindert hatte. Dabei war der König immer mehr von dem Gedanken, sich mit den Russen zu schlagen, zurückgekommen, und schien fest entschlossen, sie unangefochten zu lassen, dagegen seine ganze Aufmerksamkeit darauf zu richten, ob er dem General Laudon in der Ebene eine Schlacht abgewinnen könne, weil er bei der Stärke seines Heeres sich dann einen Sieg versprach. Ob die politischen Verhältnisse in Petersburg an jenem Entschluß des Königs irgend einen Antheil hatten, ist ungewiß; da er in seinen Werken nicht einmal darauf hindeutet, so ist man auch nicht berechtigt es anzunehmen. Motivirt wird dieser Entschluß schon dadurch, daß ein Schlag gegen die Ostreicher immer wirksamer für die allgemeinen Angelegenheiten blieb, als gegen die Russen.

Bei dieser Ansicht des Königs über, welche gar kein Zweifel statt finden kann, da er sie ganz ausdrücklich ausspricht, und sein Betragen kurz vor der Vereinigung beider Armeen ganz daraus hervorgeht, muß man es als einen fremdartigen Einfluß ansehen, daß sich der König im Monat Juni durch einen Plan des General Golz fortreißen ließ, das Corps desselben bis auf 24,000 Mann zu verstärken, in der Absicht, damit gegen eine der Kolonnen der russischen großen Armee etwas zu unternehmen, ehe sich das Ganze vereinigt hatte. Der plötzliche Tod des General Golz machte, daß aus dieser Unternehmung nichts wurde, die übrigens wahrscheinlich nicht besser abgelaufen wäre, als die im Jahr 1759 versuchte.

Da der König mit ziemlicher Gewißheit voraussehen konnte, daß die Russen nicht vor Ende Juli an der Oder ankommen würden, so ist wieder nicht einzusehen, warum er den General Golz so früh, nämlich um vier bis fünf Wochen zu früh, nach Glogau abschickte.

Er würde, da er selbst Mitte Mai in Schlesien eintraf, sich fast zwei Monate mit 60,000 Mann dem General Laudon gegenüber befunden haben, der in dieser Zeit selbst nicht stärker war. Billig muß hier die Frage untersucht werden, warum der König dies in seiner Lage so vortheilhafte Machtverhältniß nicht zu einem entscheidenden Schlage gegen Laudon benützte, da er voraussah, daß er in sechs bis acht Wochen es mit einer doppelt so großen Macht zu thun haben würde. So einfach dies klingt, so schwierig war es in der Ausführung. Wäre davon die Rede gewesen, den General Laudon in der Ebene Schlesiens anzugreifen, so würde der König nicht einen Augenblick sich bedacht haben, vielmehr war dies sein lebhafter Wunsch. Allein Laudon hatte sich in die Stellung von Braunau zurückgezogen und hielt nur die Grafschaft Glatz besetzt. Auch bei Braunau würde er keine Schlacht angenommen haben, sondern nach Königin-Grätz hin ausgewichen sein. Zu einem nachdrücklichen Einfall in Böhmen aber wären die Umstände wenig geeignet. Rechts dem Könige standen bei Zittau 30,000 Mann unter Odenel, welche Daun dahin geschoben hatte, um nöthigenfalls zur Unterstützung Laudons gebraucht zu werden. Diese konnten entweder durch Böhmen Laudon entgegenrücken, oder in Schlesien gegen Schweidnitz und Landshut vordringen. Links dem Könige hatte Laudon die Festung Glatz inne, und die Grafschaft besetzt; diese hätte in jedem Falle erst vom Feinde gereinigt und die Festung eingeschlossen werden müssen, ehe der König gegen Braunau vordringen konnte. Daß unter solchen Umständen von einem Stoß gegen Laudon in einem Lande, welches so viel starke Stellungen darbot, kein sonderliches Resultat zu erwarten war, ist wohl einleuchtend; einzelne Postengefechte, welche siegreich bestanden worden wären, würden in Beziehung auf die Macht des Feindes kein merkliches Resultat gegeben haben, dagegen konnte des Königs Heer von dieser Invasion in der Folge, wenn die Russen an der Oder ankamen, doch immer merklich geschwächt zurückkehren; der König hatte aber nichts so sehr am Herzen, als die Erhaltung seines Heeres, weil er mit jedem Jahre mehr einsah, wie die Furcht vor seinen zahlreichen Bataillonen ihm nützlicher war, als die Schläge, welche er damit thun konnte. Nur Eins könnte eine besondere Rücksicht verdienen, es war die Zerstörung der feindlichen Vorräthe. Da die Russen aus diesen Vorräthen zum Theil mit versorgt werden sollten, so mußten sie sehr beträchtlich sein, und wahrscheinlich war Königin-Grätz eins der Hauptmagazine. Welche Wirkungen in dieser Beziehung von einem Einfall in Böhmen zu erwarten waren, läßt sich jetzt ohne Auskunft über die nähern Umstände nicht mehr beurtheilen; da der König diesen Punkt so häufig ins Auge faßte, so ist wohl zu vermuthen, daß er sich auch davon nicht viel habe versprechen können. Uns ist es genug, gezeigt zu haben, daß dies der einzige Gesichtspunkt blieb, unter welchem eine Benutzung des augenblicklichen vortheilhaften Machtverhältnisses denkbar war, daß aber in jeder andern Beziehung dieser Vortheil illusorisch wurde, wenn Laudon vorsichtig blieb.

In der That muß sich der Fall im Kriege öfter ereignen, daß ein Feldherr der nicht mehr Stärke genug hat, nach irgend einer Seite hin einen ernstlichen Angriff zu unternehmen, und der sein Heil hauptsächlich von der Schonung seiner Kräfte erwarten muß, ein augenblickliches günstiges Machtverhältniß gar nicht mehr benutzen kann, wenn die Gegner ihm nicht durch ihre Fehler Gelegenheit dazu geben. Je schwächer man im Kriege ist, um so mehr muß man von den Fehlern der andern leben.

Aber es gab doch wohl noch einen Punkt, auf dem Friedrich der Große eines wirksamen Angriffs fähig gewesen wäre, und das war Sachsen. Hätte der König seine schlesische Festungen blos mit starken Besatzungen versehen und sich vor der Hand um die Russen gar nicht bekümmert, so würde er im Monat Mai in Sachsen ohne Schwierigkeit mit 80,000 Mann haben auftreten können. Die Reichsarmee war damals noch nicht bei der Hand, und Daun allein dieser Macht gewiß nicht gewachsen. Ein entschiedener Angriff auf die Stellungen von Maxen und Dippoldswalde würde Daun gewiß aus seinem Lager hinter dem plauenschen Grunde vertrieben, und dem Könige vielleicht einen entschiedenen Sieg verschafft haben; dann war die Belagerung Dresdens ein Gegenstand, der gar nicht außer seinem Vermögen lag. Aber freilich muß man sagen, daß die Östreicher auch nach einer verlornen Schlacht alles aufgeboten haben würden, Dresden zu entsetzen, und daß, wenn dies gelang, dem Könige am Ende von dieser Unternehmung nichts übrig geblieben wäre, als eine beträchtliche Schwächung seiner Streitkraft.

Wer alles durch Zeitgewinn und Aufsparen der Kräfte zu erreichen sucht, der muß die Energie des Krieges nicht von selbst steigern, das wäre aber hier der Fall gewesen. Wir sehen also, daß auch hier mancher wichtige Grund in die entgegengesetzte Wagschaale tritt. Wem der Zeitgewinn im Allgemeinen günstig ist, für den ist es schwer in einer beschränkten Periode, wo der Zeitgewinn für seinen Gegner Vortheil haben kann, ihm diese durch positives Handeln zu rauben; denn es bleibt immer eine Art von Widerspruch gegen seinen großen Zweck, und es kann sehr leicht geschehen, daß man Pfennige einnimmt und Thaler ausgiebt.

Wir kehren zu den wirklichen Begebenheiten zurück. Des Königs Absicht war also, wie im vorigen Jahr, durch eigentliches Manövriren sich der Vereinigung so lange als möglich zu widersetzen. Hatte er im vorigen Jahre dabei in manchen Gefahren geschwebt, so war es ihm am Ende gelungen, und in der That würde es ihm auch in diesem Jahre gelungen sein, ohne drei Umstände, welche in diesem Jahre anders waren. Der erste war eine größere Bereitwilligkeit und Dreistigkeit der Russen; ihr Übergang bei Leubus und ihr Marsch von da bis Liegnitz, begründet diese Behauptung. Der zweite war die bei den Ostreichern für sie eingerichtete Verpflegung, wodurch der Zwang, welchen ihnen ihre Verbindungslinie im vorigen Jahr aufgelegt hatte, aufhörte. Beide Umstände konnte der König nicht wohl vorher wissen. Der dritte Umstand aber lag in seinem eigenen Verfahren. Anstatt im vorigen Jahre den Russen eine eigene Armee entgegen zu stellen, ließ er sie diesmal im letzten Augenblick so sehr außer Acht, daß er nicht einmal ihren Übergang bei Leubus erfuhr. Hätte der König in dieser Gegend nur ein Corps von

12,000 Mann gehabt, so würde Butturlin höchst wahr=
scheinlich den Übergang für unthunlich gehalten haben, und
wer weiß, wie sich dann die Sachen verzögert hätten.

In der Mitte Juli trafen die Russen an der schle=
sischen Gränze ein und richteten ihren Marsch auf Namslau.
Laudon hätte den 19. Juli ein Lager bei Frankenstein be=
zogen. Dadurch wurde die Absicht einer Vereinigung in
Ober=Schlesien ausgesprochen. Der König zieht die gegen
die Russen aufgestellten Corps nach und nach über Bres=
lau nach Ohlau und Brieg, und später zu seiner Armee,
mit der er den 21. Juli nach Nimptsch marschirt, wäh=
rend Laudon an demselben Tage nach Münsterberg gekom=
men ist. Den folgenden Tag, den 22. Juli, gewinnt der
König dem General Laudon den berühmten Marsch nach
Groß=Nossen ab. Laudon wollte dies Lager beziehen, und
bildete sich nicht ein, daß der König die Absicht haben
könnte, den Weg nach Neisse einzuschlagen, da er im
Grunde schon darauf stand; der König schlug aber diese
Straße wirklich ein, ging dicht an Laudons rechtem Flügel
vorbei und kam in dem Lager von Groß=Nossen an, als
die laudonschen Fouriere eben das Lager abstecken wollten.
Durch diesen Marsch sah Laudon die Vereinigung mit der
russischen Armee in Ober=Schlesien als zerstört an, und
ließ ihr deshalb eine Vereinigung in Nieder=Schlesien,
nämlich durch einen Übergang bei Leubus vorschlagen, wor=
auf sie auch einging. Er blieb in dem Lager von Ober=
Bomsdorf (westlich von Patschkau) noch ein Paar Tage
stehen, und verstärkte seine Detachements in Ober=Schle=
sien, um den König noch mehr in der Meinung zu be=
stärken, daß man die Vereinigung dennoch dort suchen
werde. Der König blieb wirklich in diesem Irrthum, und
wandte sich über Neisse gegen Neustadt, während Laudon

selbst den 28. Juli nach Frankenstein zurückkehrte. Allein wir sehen Laudon den 2. und 3. August noch einmal sich über die Neisse nach Ober-Schlesien wenden, wie es heißt, um seinen Detachements Luft zu machen, und den König in der Idee der Vereinigung auf dieser Seite zu bestärken. Nachdem der König in der Gegend von Oppersdorf östlich von Neisse bis zum 3. August geblieben ist, erfährt er die veränderte Richtung, welche die russische Armee von Namslau zurück auf Breslau genommen habe, und, daß sie bei Bernstadt stehe; er beschließt hierauf, nach Neisse zu gehen; als er dort ankommt, hört er, Laudon sei im Marsch auf Strehlen, hierauf setzt der König seinen eigenen Marsch fort, und nimmt das Lager bei Schönbrunn, zwischen Grottkau und Strehlen. Den 5. geht der König nach Strehlen; Laudon hat aber mit seiner Hauptarmee nun das Lager von Frankenstein wieder bezogen. Der König befindet sich nun immer noch zwischen den Russen und den Östreichern, und im Stande, die Vereinigung über Ohlau zu verhindern. Laudon bleibt bis zum 8. im Lager bei Frankenstein und nimmt den 9. nach einem starken Marsch das Lager bei Kunzendorf und Bögendorf. Hierauf geht der König den 10. nach Koith. Den 11. und 12. ging die russische Armee bei Leubus über die Oder. Den 12. nahm der König eine Stellung bei Lonig) zwischen Jauer und Neumarkt; den 13. ging er auf die Nachricht, daß Laudon im Marsch auf Jauer sei, nach Merzdorf in die Gegend von Jauer, um Laudon anzugreifen. Da dieser aber seine Gebirgsstellung nicht verlassen hatte, und von den Russen bei Liegnitz noch nichts angekommen war, so kehrte der König den 14. in seine Stellung bei Lonig zurück. Den 15. stießen 4000 östreichische Pferde zur russischen Armee, die in die Gegend zwischen Neumarkt und Liegnitz marschirte. Der König stand bei Wahlstadt, Markgraf Carl bei Conig: den 16. blieb man gegenseitig so stehen; den 17. nahm Laudon das Lager bei Jauer, die Russen bei Liegnitz, der König bei Wahlstadt und Jenkau. Die Vereinigung war nun als bewirkt zu betrachten, wenigstens sah sich der König nicht mehr im Stande, den General Laudon mit ungetheilter Macht anzugreifen. Den 19. rückten die Russen noch etwas näher an Laudon nach Hochkirch; der König ging nach der Gegend von Pietschen und Klein-Beckern, wie er sagt in der Absicht, sich der Höhen von Kunzendorf zu bemächtigen; da er aber nur einen kleinen Marsch that, so kann es mit dieser Absicht nicht recht ernst gewesen sein. Den 20. nahm er das feste Lager von Bunzelwitz, weil Laudon bereits wieder rechts abmarschirt und in der Gegend von Kunzendorf eingetroffen war.

Diese sämmtlichen Märsche und Stellungen des Königs waren also darauf gerichtet, durch seine Zwischenstellung die Vereinigung der beiden Armeen unmöglich zu machen, und wenn Laudon sich in die Ebene hervorwagen sollte, diesen anzugreifen; dagegen die Russen in jedem Fall unangetastet zu lassen. Nun blieb aber Laudon äußerst vorsichtig in seiner Kunzendorfer Stellung bis auf den letzten Augenblick, und nur die Russen, von denen man es am wenigstens hätte erwarten sollen, waren keck und nahten sich dem Könige dergestalt, daß es ihm ein Leichtes gewesen wäre, sie anzugreifen. Der König blieb seinem System treu und ließ sie ungestört ziehn. Allerdings würde ein Sieg über die Russen die Vereinigung vereitelt haben; allein wenn man bedenkt, wie viel Menschen dem Könige die Schlacht von Zorndorf gekostet hatte, so kann man wohl sagen, daß nach einem ähnlichen Siege er sich in einer sehr gefährlichen Lage befunden haben würde, weil Laudon sich dann vielleicht verpflichtet gehalten hätte, mit seiner an 80,000 Mann starken Armee etwas gegen ihn zu unternehmen. Unter solchen Umständen nun, nämlich bei des Königs Zurückhaltung gegen die Russen auf der einen, und dem guten Willen und der Dreistigkeit Butturlin's auf der andern Seite, konnte die Vereinigung beider Heere nicht fehlen. In der That ist es auch unmöglich, eine solche Vereinigung durch Zwischenstellungen zu verhüten, wenn die Gegner guten Willen haben.

Der König rückte, da er die Vereinigung nicht hatte verhindern können, den 20. in die Nähe von Schweidnitz, weil die Deckung dieses Platzes ihm das nächste Bedürfniß war. Die Gegend von Bunzelwitz schien ihm die meisten Vortheile des Bodens zu einer Aufstellung zu versprechen, er beschloß also, sich darin so festzusetzen und so zu verschanzen, daß er, wegen der Nähe von Schweidnitz in seiner Verpflegung gesichert, auf die ferneren Bewegungen und Detachirungen der vereinigten Armee keine Rücksicht zu nehmen brauchte. Dies hieß mit andern Worten, nach allen Seiten Front machen, und alles fernere Manövriren in dem Punkt einer verschanzten Stellung zu koncentriren. Es wurde augenblicklich zur Verschanzung der Stellung geschritten, und da die Russen noch fünf Tage zögerten, ehe sie sich den Ostreichern und dem Könige ganz näherten, so hatte der König Zeit, die Hauptsachen dieser Verschanzung bis dahin zu vollenden.

Es scheint wirklich nicht, daß der König früher die Idee eines solchen festen Lagers schon gefaßt hatte, wenigstens findet sich in keinem Schriftsteller eine Spur davon, auch scheint es nicht, daß besondere Vorbereitungen getroffen waren. Es ist also als der Entschluß des Augenblicks zu betrachten, zu welchem der König, wenn sich die Umstände auf eine ähnliche Art gemacht hätten, vermuthlich auch im vorigen Jahre gekommen sein würde.

Beim ersten Anblick erscheint nun dieser Entschluß als höchst gewagt, und wir sind daher genöthigt, dabei zu verweilen.

Das Lager von Bunzelwitz mit allen seinen Verschanzungen war sehr stark, aber doch keinesweges unangreifbar; eine Stellung aber, in der man seinen Rückzug aufgiebt, sollte dies wohl immer sein. Bedenkt man dabei das Machtverhältniß von 130,000 gegen kaum 60,000 Mann, so scheint es, daß bei einem ernstlichen Angriff von mehreren Seiten der König in die Gefahr einer wahren Katastrophe kam, das heißt, daß er, im Fall es ihm nicht gelang den Angriff von allen Seiten abzuschlagen, Gefahr lief, keinen Rückzug zu behalten, oder sich wenigstens nur mit einigen schwachen Trümmern seines Heeres wie aus einem Schiffbruch zu retten. Sich einer solchen Möglichkeit auszusetzen, dazu schien keine Nothwendigkeit vorhanden, denn wenn der König sich anfangs bei Schweidnitz aufstellte, in der Absicht nur, so lange zu bleiben bis die Gegner zum Angriff oder zu einer Umstellung vorgingen, so konnte er sich später gegen einen Angriff im äußersten Fall in ein verschanztes Lager bei Breslau zurückziehen, und wenn Laudon zur Belagerung von Schweidnitz schritt, ohne eine Schlacht geliefert zu haben, so schien der Offensive, welche dann dem Könige gegen die vereinigte Armee blieb, mehr Hoffnung zum Erfolg, mehr Freiheit des Handelns, und in jedem Fall weniger Gefahr eines Äußersten zu liegen, als in der festen Stellung von Bunzelwitz.

Ge-

Gewiß sind diese Betrachtungen nicht ohne Realität, aber freilich auch nicht ohne Gegengewicht.

Die vereinigte Armee war circa 130,000 Mann stark, es war aber vorauszusehen, daß mancherlei Detachements zur Deckung ihrer Verbindungslinie sie schwächen würden, weil dies ein ununterbrochener Gebrauch der Östreicher war. Rechnet man indessen das Doppelte an Infanterie, was der König hatte, so war am Ende nur die Frage, ob ein Bataillon in einer vortheilhaften Stellung und bei sehr starken Verschanzungen nicht im Stande sein sollte, zweien zu widerstehen. Dies schien keine zu kühne Voraussetzung; bedenkt man dabei, daß der König ungewöhnlich stark an Artillerie war, nämlich sechstehalb Geschütz auf 1000 Mann, und zwar größtentheils sehr schwere Kaliber, so erscheint das Mißverhältniß noch um Etwas verringert. Nun kommt die große Betrachtung, daß die Russen nur eine Hülfsarmee waren, von der die äußerste Anstrengung sich nicht erwarten ließ, und daß selbst wenn sie zu dieser entschlossen waren, der Oberbefehl nun zwischen zwei von einander unabhängigen Feldherrn getheilt blieb. Unter diesen Umständen schien ein gleich heftiger Anfall von allen Seiten nicht zu erwarten. Beide Armeen hatten sich ohnedies mit vieler Mühe erst vollkommen vereinigt, es schien nicht wahrscheinlich, daß sie sich zum Behuf der Schlacht in dem Maaße wieder trennen würden, daß die eine Armee ganz von der andern geschieden und der König zwischen beiden war. Ohne eine solche Trennung aber konnten sie seinen Rückzug nicht ernstlich bedrohen. Der König sah, ohne sich an das absolut Mögliche zu kehren, die Dinge wie sie ihm wahrscheinlich waren.

Laudon betrachtete er als den Hauptfeind; die Front seines Lagers, welche der Stellung desselben gegenüber lag, als die natürliche Front seines Angriffs, weil sie ohnehin die zugänglichste war; er beschloß also sich hier mit seiner Person und seinen Hauptkräften bereit zu halten, im übrigen nach den Umständen zu handeln. Eine zu ernstliche Bedrohung seines Rückzugs ließ immer noch eine Offensive nach einer Seite hin zu, wodurch er sich den Weg bahnte. Kurz, genau betrachtet war die Gefahr bei einem Angriff im bunzelwitzer Lager nicht ganz so groß, wie sie auf den ersten Anblick erschien. Ein Lager bei Breslau würde unstreitig weniger gefährlich sein, denn dort waren die verbündeten Armeen durch dasjenige, was vor Schweidnitz und gegen Neisse blieb, schon etwas schwächer, dazu der große Fluß, die große Stadt — alles das ließ keine solche Einengung wie bei Bunzelwitz zu. Aber wenn der König sich dadurch auch einer Schlacht mit mehr Sicherheit entziehen konnte, so war doch Schweidnitz kein Ort, dessen Widerstand länger als drei bis vier Wochen zu erwarten war; in dieser Zeit mußte also der König zum Handeln übergehen. Die Basis von Breslau, Brieg und Neisse, welche der König gegen Laudon hatte, verschaffte ihm nach dieser Seite hin allerdings eine große Wichtigkeit der Bewegungen, allein der Besitz von Glatz deckte auch diese Seite Laudons besser; denn man sieht wohl ein, daß wenn von Bedrohung der Verbindungslinie die Rede sein sollte, es schwer gewesen wäre, von der rechten Seite her bis zur Straße von Trautenau auf Landshut vorzubringen. Laudon in derjenigen Stellung, welche er zur Deckung der Belagerung von Schweidnitz genommen haben würde, anzugreifen, würde auch kein leichtes gewesen sein; denn wenn er in der Nähe von Schweidnitz blieb, so bedurfte es eben keiner großen Macht zu dessen Belagerung, und ließen ihn die Russen dabei nicht ganz im

Stich, so könnte er dem Könige in einer vortheilhaften Stellung und mit einer überlegenen Macht immer auf eine Art entgegen treten, die zu wenig Erfolg versprach. Es waren also auf dieser Seite bei einer genauen Betrachtung auch weniger günstige Verhältnisse zu erwarten. Nun tritt aber wieder jenes Hauptmotiv ein, welches in Kriegen solcher Art so oft vorherrschen muß, beati sunt possidentes. So wie der König sich von Schweidnitz entfernte, wurde die Belagerung ohne Anstand vorgenommen, und immer war es des Königs Sache, sie rückgängig zu machen; blieb der König bei Schweidnitz stehen, so mußte der Feind erst einen großen Entschluß fassen, den König in einer Hauptschlacht anzugreifen; ob er mit diesem Entschluß zu Stande kommen würde, war um so weniger gewiß, als sich hier zwei Willen dazu vereinigen mußten; kam der Feind nicht damit zu Stande, so hatte der König den ganzen Erfolg umsonst. In einer Lage wie die Friedrich's II. war, mußte diese Ansicht immer die vorherrschende sein.

Hat man alle diese Erwägungen angestellt, so wird man sich nicht mehr ermuthigt fühlen, die Wahl des bunzelwitzer Lagers ausgemacht als ein zu großes Wagstück zu betrachten, und dem Könige hier einen Fehler vorzuwerfen.

Nach dem Abzug der Russen sendet der König den General Platen zur Zerstörung der russischen Magazine nach Polen. Nach dem ganzen Betragen Butturlin's hätte man glauben sollen, dies würde seinen Rückzug gegen die Weichsel beschleunigen. Der König ist also gewiß zu entschuldigen, wenn diese Wirkung nicht eintrat und General Platen am Ende weniger zu zerstören fand, als er gehofft hatte. Der König blieb nach dem Abzug der Russen noch

13 *

vierzehn Tage im Lager von Bunzelwitz stehen, und brach
dann auf, um einen Versuch zu machen, ob er Laudon
durch Besorgniß für seine Magazine aus Schlesien wieder
nach Böhmen und der Grafschaft Glatz in seine frühere
Stellung zurückbringen könne. Ein Paar Tage nach seinem Abmarsch fällt Schweidnitz durch Sturm. Alle Kritiken sind nun, wegen dieses eben nicht dringend nöthigen
Aufbruchs, über Friedrich den Großen hergefallen, und haben darauf aufmerksam gemacht, wie dieser Feldzug höchst
wahrscheinlich ohne irgend einen Erfolg verstrichen sein
würde, wenn der König bis zum letzten Augenblick bei
Bunzelwitz stehen geblieben wäre. Dies ist offenbar ein
Raisonnement ganz à posteriori. Warum sollte der König
fürchten, daß Schweidnitz in diesem Augenblick erstiegen werden würde — und wozu könnte eine Festung nützen, die man in
jedem Augenblick mit einer Armee beschützen müßte? Der
Fall von Schweidnitz hat seine Ursachen nicht in dem Abmarsch des Königs, denn der König war ja nicht der
Kommandant, und seine Armee nicht die Besatzung dieser
Festung, sondern in der zu großen Schwäche der eigentlichen Besatzung, und in dem Leichtsinn des Kommandanten.
Das erste ist dem Könige als ein Fehler zuzurechnen, das
zweite gehört zu den Unglücksfällen. Es sind zwar nahe
an 4000 Mann für eine Festung von mäßigem Umfang
nicht grade als eine unzureichende Besatzung anzusehen,
indessen verdiente wohl die Nähe des General Laudon,
welcher Unternehmungen der Art liebte, und die Eigenthümlichkeit der Befestigung eine besondere Rücksicht, und
der König hätte ein Paar tausend Mann mehr hineinwerfen sollen. Für eine Belagerung war die Jahreszeit freil-
lich noch nicht zu spät, aber der König scheint darüber

keine Besorgnisse mehr gehabt zu haben, wozu ihn seine Nachrichten wohl berechtigt haben werden.

Des Königs Abmarsch hatte wie es scheint keine dringenden Gründe, denn wenn auch die Lebensmittel die Hauptveranlassung gewesen sind, so ist doch das Magazin in Schweidnitz nicht grade bis im letzten Augenblick benutzt worden. Allein wenn man bedenkt, daß die Truppen im bunzelwitzer Lager auf ihr gewöhnliches Brod, und sehr knappe Fleischportion beschränkt waren, und in den fünf Wochen, welche der König dort zubrachte, ein sehr mühseliges und dürftiges Leben führten, so begreift man wohl, daß der König, da für das Ausharren doch auch keine sehr dringende Gründe vorhanden waren, auf die Idee kommen konnte, sich nach Neisse zu wenden, und dadurch dem General Laudon Besorgnisse wegen seiner Verpflegungslinie zu erwecken, und ihn zu Märschen und Detachirungen zu veranlassen, bei denen er vielleicht eine günstige Gelegenheit zu einem glänzenden Schlag finden konnte.

Die Östreicher erwarteten und befürchteten vor allen Dingen seinen Marsch nach Sachsen. Allein die Gründe welche ihn im Frühjahr nach Schlesien geführt hatten, mußten ihn im Herbst dort festhalten. Es befand sich in Schlesien ein Heer von 100,000 Feinden, warum sollte er diese außer Acht lassen, um nach Sachsen zu eilen, wohin ihm Laudon's Verstärkungen auf dem Fuße gefolgt sein würden, und wo er die Verhältnisse in jedem Fall weniger günstig angetroffen hätte, als bei Eröffnung des Feldzuges.

In Pommern hatte der Herzog Eugen von Würtemberg mit 12,000 Mann, in einem verschanzten Lager bei Kolberg diesen Ort sichern sollen. Wenn es nicht an Lebensmitteln gefehlt hätte, so würde man diesen Zweck

erreicht und mit den 12,000 Mann etwa das Doppelte
der feindlichen Macht beschäftigt haben. Nichts desto weniger ist diese Maßregel kaum zu billigen. Erhielt Kolberg eine tüchtige Garnison und wurden seine Werke etwas verstärkt, so konnte man doch auf einen Widerstand
von vier Wochen rechnen. Da nun vorauszusehen war,
daß die Russen nicht vor Ende Juli davor erscheinen würden, so hatte man die 12,000 Mann bis dahin disponible
und es fand also hier wieder derselbe Fehler statt, daß
der König zu früh Kräfte gegen die Russen verwandte.
Aber das ist nicht das Wichtigste. Richteten die Russen
ihre Hauptarmee nicht gegen Kolberg, so ließ sich vorhersehen, daß nur ein schwaches Corps zur Deckung der Belagerung aufgestellt werden konnte, welches man mit einem
Corps von 12,000 Mann, wie das würtembergsche war,
leicht überwältigt haben würde; dann bleiben aber diese
Truppen wieder zu anderweitiger Verwendung, statt daß
bei dem genommenen verschanzten Lager man Gefahr lief,
dieses Corps durch eine Capitulation ganz zu verlieren.
Werfen wir noch einen Gesammtblick auf den Feldzug, so
finden wir die preußische Macht ungefähr in demselben
Verhältnisse vertheilt wie es die feindliche war. In
Sachsen Prinz Heinrich mit einigen 30,000 Mann gegen
Daun und die Reichsarmee die wohl 60,000 Mann sein
mochten; in Pommern den Herzog von Würtemberg mit
12,000 Mann gegen 25,000 Russen und den Obersten
Belling mit 4000 Mann gegen 10,000 Schweden. In
Schlesien endlich den König mit etwa 60,000 Mann gegen 130,000 Russen und Östreicher, und auf allen den
drei Hauptpunkten die Preußen in festen Lagern das Weitere ruhig abwarten. Das Opfer, welches der König in
diesem Jahre der Übermacht bringen mußte, war Schweidnitz

und Kolberg, so wie es im vorigen Jahre Glatz und das fouquésche Corps, und im Jahre 1759 Dresden und das finksche Corps gewesen waren.

§. 72.
Der östreichische Feldzug.

Die Russen sollten wieder abgewartet werden, sie sollten mit ihrer Hauptmacht in Schlesien auftreten; dort sollte die östreichische Hauptmacht sich mit ihnen vereinigen; dort sollten die Hauptschläge geschehen und in Sachsen nur eine untergeordnete Thätigkeit stattfinden. Das Alles hatte dieser Feldzug mit dem vorigen gemein. In zwei Dingen wich er davon ab; das erste, daß man sich mit den Russen im eigentlichen Verstande vereinigen und deshalb ihre Verpflegung übernehmen wollte; das zweite, daß Laudon die östreichische Macht in Schlesien anführen, Daun in Sachsen bleiben sollte. Dies Letztere geschah aus persönlichen Rücksichten. Daun hatte es im vorigen Feldzug mit den Russen ganz verdorben, er fühlte daß es gar nicht gehen würde mit ihnen gemeinschaftlich zu handeln; Laudon vertrug sich etwas besser mit ihnen; Daun zog es also vor, in Sachsen zu bleiben. Ferner glaubte Daun, daß sich in diesem Jahr nicht weniger Schwierigkeiten ergeben würden als im vorigen, es war ihm also ganz lieb, wenn der im Ruf immer mehr aufsteigende Laudon es allein mit ihnen versuchte; endlich fühlte Daun, daß er diesem Rufe Laudons ein Opfer bringen und ihm selbst die Hauptwirksamkeit zuwenden müsse, um die Partei zu befriedigen, die auf ihn baute, und zugleich die Kaiserin durch dieses bescheidene Zurücktreten von Neuem zu bestechen. Mißlang auch dieser Feldzug, so war Daun wegen des vorjährigen vollkommen gerechtfertigt; hatte er aber einen guten Erfolg, so würde Laudons Ruf wohl etwas gestiegen sein, allein Daun hätte doch in keinem Fall dadurch ein nachtheiliges Licht auf sich gezogen, vielmehr würden immer die allgemeinen guten Anordnungen, die Erfolge, die er dann seinerseits auch in Sachsen haben konnte, und sein bescheidenes Zurücktreten ihm den Beifall des Hofes gesichert haben. Es war also ganz im Charakter Daun's, und in so fern sehr verständig, daß er die Sachen in Wien auf diese Weise selbst einleitete; denn man muß nicht vergessen, daß er die Seele des wiener Kabinets für die Kriegesangelegenheiten war und blieb.

Durch diese persönlichen Verhältnisse, die hier wie so oft in der Politik und im Kriege entscheidend hervortreten, ist also die zweite Veränderung vollkommen erklärt und motivirt.

Laudon bricht Ende April in Schlesien mit 40,000 Mann ein, nur um zu sehen ob er nicht vielleicht wieder ein fouquésches Corps aufzureiben fände. Die Stellung des General Golz bei Fürstenstein ist nicht von solcher Art. Er bleibt also ruhig im schlesischen Gebirge um die Russen abzuwarten. Sobald der König kommt, zieht er sich nach Braunau zurück. Nun zeigt er bis zur Vereinigung mit den Russen die äußerste Behutsamkeit. Er wagt sich nicht weiter hervor, als bis Wartha, wo er auf den Vorbergen des dortigen Passes eine starke Stellung findet, in welcher er um so mehr vor dem Angriff des Königs sicher ist, als er sich gleich in den Paß zurückziehen kann. Endlich kommen die Russen an; er will ihnen gegen Oppeln hin entgegen gehen, der König gewinnt ihm den Marsch von Groß-Nossen ab; Laudon eilt in seine Stellung zurück. Die Vereinigung wird nun in Nieder-Schlesien beabsichtigt. Laudon hält sich immer dicht an dem Rand des Gebirges, er überläßt den Russen die ganze Gefahr des Überganges und des Marsches bis Liegnitz. Da er um diese Zeit bis auf 70,000 Mann angewachsen ist, so muß man diese Vorsicht allerdings zaghaft nennen; denn es war nur der feste Entschluß Friedrich des Großen, die Russen nicht anzugreifen, welche diese vor der Gefahr sicherte, sich mit des Königs ganzer Macht, also ohne irgend eine Überlegenheit und bei sehr nachtheiligen strategischen Verhältnissen schlagen zu müssen, ohne daß Laudon ihnen zu Hülfe kommen konnte.

Endlich findet die Vereinigung mit den Russen statt; beide Heere nehmen eine Stellung im schlesischen Vorgebirge; der König verschanzt sich bei Bunzelwitz, und Laudon entwirft den allgemeinen Angriff auf des Königs Lager. Die Russen, welche so voll guten Willens und so rasch von der Oder bis Striegau marschirt sind, wollen sich zu einem Angriff nicht verstehen. Ist es Mangel an gutem Willen? — dem widerspricht ihre bisherige Bereitwilligkeit. Sind Nachrichten aus Petersburg angekommen, die dem Feldmarschall Butturlin eine andere Richtung gegeben haben? — in keinem Schriftsteller ist eine Spur davon; außerdem widerspricht das Zurücklassen des czernitscheffischen Corps und der Marsch Butturlin's gegen Kolberg einer solchen Voraussetzung. Es ist also wohl nur die Bedenklichkeit welche Butturlin in der Sache selbst findet; nämlich in der Stärke der Stellung; — daß er sich, wenn er einen ernstlichen Angriff mit seiner ganzen Armee nicht angemessen fand, durch Laudon nicht zu einer halben Maßregel fortreißen ließ, und die Rolle übernahm, welche ihm derselbe in dem bekannten Entwurf zum Angriff am 3. September zugedacht hatte, ist sehr begreiflich, und von dem östreichischen Veteran sehr gut entwickelt.

Der günstige Erfolg wäre für Laudon's Ruhm gewesen,
der ungünstige ganz auf Butturlin geschoben worden.

Laudon's Plan zum Angriff des Königs im bunzelwitzer Lager, strategisch betrachtet, verdient daß wir einen
Augenblick dabei verweilen. Nachdem endlich die so lange
beabsichtigte Vereinigung mit den Russen stattgefunden
hätte, und beide nun über 130,000 gegen 60,000 Mann
stark waren, mußte es dem General Laudon ganz unerläß-
lich scheinen, sofort den Angriff des Königs zu beschließen.
Auf ein verschanztes Lager hatte man wohl nicht gerechnet,
das machte die Sache etwas bedenklicher; indessen konnte
Laudon bei der Übermacht und der Nothwendigkeit, sich
dem Ziel zu nähern, darum doch den Gedanken nicht aufgeben. Butturlin's Widerspruch wurde ein neues Hinderniß, und Laudon, ganz unglücklich über die Gefahr eines
ganz verfehlten Feldzugs, ließ sich verleiten, noch eine Note
herunter zu stimmen und nur einen halben Beistand der
Russen zu begehren. Hierauf ist sein bekannter Angriffsplan gegründet, und dies der Standpunkt, aus dem er
strategisch beurtheilt werden muß. Laudon brächte in diesem Angriffsplan etwa 67 Bataillone in die Schlacht;
von den Russen verlangte er zur wirklichen Theilnahme
18 Bataillone, das macht 85 Bataillone; das übrige der
russischen Armee konnte ihm nach der gemachten Voraussetzung nichts helfen. Nun war aber der Angriff eines
Lagers, welches von natürlichen Hindernissen umgeben, so
stark verschanzt, mit einer unverhältnißmäßig großen Zahl
schwerer Geschütze besetzt, und von 66 Bataillonen vertheidigt ist, mit nicht mehr als 85 Bataillonen eben keine
Sache die einen glänzenden Erfolg versprach. Dies scheint
Laudon gefühlt zu haben, denn der ganze Entwurf sieht
mehr nach einem großartigen Versuch als nach einem

entschiedenen Angriff aus. Er bestimmt ungefähr
14 Bataillone welche in zwei Kolonnen die vorgeschobene
jaueniger Schanze umfassen und angreifen sollen; wenn
sie glücklich sind, sollen sie zur Eroberung der nächsten
Schanzen übergehen; 18 Bataillons sollen, weiter zurückgehalten, der einen Kolonne zur Unterstützung dienen, und
die Hauptarmee mit 31 Bataillonen in zusammengehalte-
ner Stellung, mit Versagung des rechten Flügels, der
andern.

Offenbar wollte er sich nicht zu tief einlassen; darum
ist alles so nahe bei einander; die Haupttruppenmasse so
vorsichtig zurückgehalten; und kein ernstlicher Angriff in
dem eigentlichen Rücken der Stellung beabsichtigt. Nim-
mermehr würde dieser Angriff zu etwas Anderem als einem
unglücklichen, höchst blutigen Versuch geführt haben. Die
Corps von Czernitschef und Brentano würden gar nichts
Ernstliches unternommen haben. Die russische Hauptarmee
war durch das freiburger Wasser ohnehin daran verhindert,
wenn ihre Unthätigkeit nicht schon im Plane gelegen hätte.
Es blieben also nur einige 60 Bataillone übrig, die unter
Laudon auf die oben angegebene Art, gegen den in Rücksicht auf Infanterie, Artillerie und Verschanzung stärksten
Punkt der preußischen Stellung einen Versuch machen
sollten. Das Ganze war nichts mehr und nichts weniger,
als eine halbe Maßregel, und also durchaus kein würdiges
Ziel dieser großen vereinigten Macht.

Was blieb dem General Laudon aber zu thun übrig,
bei der Abneigung der Russen zu einem Angriff entscheidend mitzuwirken? Allerdings sehr wenig; doch scheint es,
daß es ihm möglich gewesen wäre, des Königs Verbindungen it Schweidnitz ganz abzuschneiden. Schweidnitz ist
von dem nächsten Punkt des Lagers, nämlich von Würben,

drei Viertelmeilen entfernt. Sich mit dem Könige um dieses Terrain zu schlagen, schien entschiedene Vortheile zu versprechen. Der König wurde dadurch genöthigt, mit einem Theil seiner Kräfte aus seiner festen Stellung heraus zu gehen, und da kam Laudon seine Überlegenheit zu gut.

Da beide Armeen nach der mühsam gemachten Vereinigung nichts mit einander anzufangen wußten, so war ihre nahe Trennung natürlich; die Russen wollten sich ihrer Verpflegung nähern, und die Östreicher waren zufrieden, die unnützen Gäste aus der Kost los zu werden.

Da der Marquis Montalembert in diesem Jahr nicht bei den Russen war, so findet die Geschichte nicht, wie 1759 und 1760, in seiner Correspondenz den Aufschluß zu dem, was der russische Feldherr that und unterließ, und kein Schriftsteller hat für das Jahr 1761 den Schleier nur im mindesten zu lüften gewußt. Wenn man bedenkt, daß Butturlin ein Corps von 20,000 Mann, unter Czernitschef in Schlesien zurückließ, welches in der Folge sogar in der Grafschaft Glatz Winterquartiere bezog, so ist es natürlich, zu glauben, daß es auch dem russischen Cabinet nicht ganz am guten Willen gefehlt habe, seinen Verbindlichkeiten gegen Östreich nachzukommen; daß es aber für seine Hauptarmee doch eine nützlichere Verwendung gefunden habe; nämlich die Unterstützung der Kolberger Belagerung. Allein wenn man sieht, daß Feldmarschall Butturlin, nachdem er Mitte Oktobers sich Kolberg bis auf einige Märsche genähert hat, dann doch nichts gegen das verschanzte Lager selbst unternimmt, sondern im Anfang November nach Polen abzieht, ehe bei Kolberg noch etwas entschieden ist, so kann man sich dieses nicht anders, als durch die schlechten Verpflegungseinrichtungen und die

Unschuldlichkeiten aller Art der russischen Armee erklären. In jedem Fall sieht man doch, daß den Russen die Eroberung Kolbergs etwas mehr am Herzen lag, als die eines schlesischen Platzes; und daß also ein für ihr Interesse ausgewähltes Kriegstheater ihre stärkere Theilnahme unfehlbar nach sich gezogen hätte.

Laudon, in der Verzweiflung seines Herzens, wagt nachdem der König von Bunzelwitz abmarschirt ist, einen Sturm auf Schweidnitz; und dies ist unstreitig das Beste des ganzen Feldzugs.

In der letzten Hälfte Oktobers sandte Laudon etwa 20,000 Mann zur Verstärkung Daun's nach Sachsen; nun hatte es mit seiner weiteren Thätigkeit ein völliges Ende. Daun wandte diese 20,000 Mann dazu an, sich einen etwas größeren Kreis der Quartiere in Sachsen zu verschaffen.

Das Resultat des ganzen Feldzugs für die Östreicher ist also die Eroberung von Schweidnitz, und diese Eroberung ist als ein Zufall anzusehen, weil sie wenigstens auf die Weise gar nicht im Plan lag. — Und wo sollte ein anderes Resultat herkommen, wenn die ganze östreichische Macht sich immer nur aufs Abwarten legt, und ihr Handeln und Vorschreiten auf eine einzige Spitze stellt, auf die Wirksamkeit einer durch die Russen erhaltenen großen übermacht — eine Wirksamkeit, die durch die Natur der Dinge vielen neuen Hindernissen unterlag.

§. 73.
Die festen Stellungen.

Landshut ist außer Gebrauch gekommen, zu Schmottseifen in Schlesien ist keine Veranlassung mehr; eben so wenig zu Stolpen für die Östreicher, und bei Groß-

Sedlitz für die Preußen, seit dem die erstern Dresden besitzen. Dagegen sind die Stellungen von Bunzelwitz, von Kolberg, und hinter der Triebsche (Schlettau und die Katzenhäuser) in diesem Jahre die drei Säulen, auf welche sich der preußische Kriegsstaat stützt, und an welchen sich die Gewalt des feindlichen Stromes brechen soll.

Alle drei sind unstreitig von der Art, daß sie mit den neuesten Grundsätzen des Krieges nicht im Widerspruch stehen, oder mit andern Worten, daß sie nicht blos auf Lokalverhältnissen und conventionellen Begriffen beruhen, sondern eine gewisse absolute Stärke haben. Alle drei könnten also noch jetzt und mitten in der Energie der neueren Kriege genommen werden, obgleich alle drei einige Meilen an Umfang haben. Bei Kolberg ist dieser Umfang der größte in Beziehung auf die 12,000 Mann, die ihn vertheidigen sollen; allein hier ist die Natur am stärksten, denn der Gegner kann nur auf einzelnen Dämmen und schmalen Erdzungen vordringen. Bei Bunzelwitz ist der Umfang im Verhältniß zur Stärke der Truppen der kleinste, und was von der Natur dem Boden an Stärke versagt ist, hat die Verschanzungskunst hinzugefügt. Beide Stellungen sind von dieser Art, sie machen nach allen Seiten Front und geben den Rückzug auf.

In beiden ist die Verschanzungskunst auf eine Art gebraucht, die noch angewendet werden könnte, nämlich nicht in zusammenhängenden Linien, sondern in einzelnen starken unregelmäßigen Werken.

Die Stellung hinter der Triebsche ist anderer Natur. Sie hat eine Frontausdehnung von zwei Meilen und macht nicht nach allen Seiten Front. Diese Ausdehnung von zwei Meilen in einer Linie ist bei einer Armee von etwa 30,000 Mann, womit sie besetzt war, unstreitig zu groß,

um einem ernstlichen Angriff zu widerstehen, da die rechte
Flanke dort auch noch ihre eigene Vertheidigung brauchte.
Es gehört darum diese Stellung zu denjenigen, in welchen man nicht einen absoluten Widerstand beabsichtigt,
sondern nur gewisse äußerste Verhältnisse abwarten will.
Sie nähert sich sehr der Natur einer sogenannten Postirung. In solcher Beziehung aber ist sie ganz ausgezeichnet. Die steil eingeschnittenen Thäler der Triebsche
und der Mulde umgeben die Front und rechte Flanke im
Allgemeinen so, daß dadurch der Feind im Vorrücken auf
wenige Defileen beschränkt ist; die eigentliche Stellung der
Truppen aber befindet sich auf sehr vortheilhaften Höhen
und ist in der rechten Flanke noch durch einen andern dicht
unter ihrem Feuer hinlaufenden Grund gedeckt. Die linke
Flanke stützt sich an die Elbe. Da in Beziehung auf die
Rückzugsstraße der rechte Flügel vorgeschoben und der linke
zurückgezogen ist, die linke Flanke aber wegen der Elbe
nicht umzogen werden kann, so ist der Rückzug auf das
Beste gedeckt, und man kann verhältnißmäßig sehr lange
in dieser Stellung ausharren. Dabei ist die Front vollkommen zu übersehen. Diese Stellung würde also in den
oben angegebenen Beziehungen auch noch heutiges Tages
sehr gesucht bleiben.

Freilich sind diese Stellungen alle drei nicht vor einem Anfall sicher, wenn ein Bonaparte an der Spitze
einer bonapartischen Armee steht. Da man nun selbst bei
den beiden ersten sich auf den Angriff zwar gefaßt machen,
ihn aber doch nicht grade wünschen wird, so ist gegen einen solchen Feind immer wohl zu überlegen, ob man sich
in eine Lage versetzen soll, wo es auf Sein und Nicht-
Sein ankommt.

§. 74.

Strategisches Manövriren.

Der König suchte die Vereinigung der Östreicher und Russen durch Zwischenstellungen zu verhindern. Dasselbe hatten die Östreicher im vorigen Jahr gegen den König gethan, als er sich mit seinem Bruder Heinrich vereinigen und die Verbindungen mit seinen Festungen wieder gewinnen wollte; aber die Östreicher hatten bei ihrer großen Überlegenheit das Mittel, mit drei oder vier einzelnen Posten dem Könige den Weg auf eine geräume Strecke sperren zu können. Der König, welcher dazu zu schwach war, wollte vereinigt bleiben, und es blieb ihm also nichts übrig, als gute Beobachtung des Feindes und schnelle Märsche.

Diese Bewegungen brachten ein strategisches Manövriren hervor, welches vom 19. Juli, dem Tage wo Laudon aus dem Gebirge nach Frankenstein rückte, bis zum 15. August, also etwa vier Wochen dauerte.

Daß in dieser Zeit die Vereinigung, die Absicht der beiden feindlichen Armeen, und die Verhinderung derselben die Absicht des Königs gewesen, daß zu diesem Behuf die Bewegungen beider Armeen gemacht worden sind, ist natürlich in seiner Totalität ein unbestrittenes historisches Faktum; und wenn man das Resultat daraus nimmt, so besteht dasselbe in einer vierzehntägigen Verzögerung dieser Vereinigung; denn nach den Märschen welche die Russen zur Vereinigung in Ober-Schlesien noch zu thun hatten, hätte dieselbe etwa anfangs August erfolgen können, und durch die eingetretene Verhinderung wurde sie bis zum 15. August verzögert.

Groß war dies Resultat nicht, indessen war es immer der Mühe werth bei Feinden, die, wie die Russen, nur kur-

kurze Zeit auf dem Kriegsschauplatz blieben, und der König konnte sich allerdings schmeicheln, die Vereinigung vielleicht ganz zu verhüten.

Richten wir nun aber unsern Blick auf das Einzelne in dieser Manöverperiode, so müssen wir freilich bekennen, daß die Geschichte nicht im Stande ist, alles verständlich zu machen und zu motiviren, weil ein Theil der Bewegungsgründe verloren gegangen zu sein scheint.

Sprechen wir zuerst vom Könige. Daß er sich, die Vereinigung in Ober-Schlesien vermuthend, über Nimptsch auf Münsterberg und Neisse bewegte, und später bis Neustadt vordrang, um die Östreicher in das Gebirge hinein zu werfen, dabei ein Paar Corps unter Ziethen und Knobloch an der Oder hatte, die sich dem Übergang widersetzen sollten; daß er dann bei Oppersdorf, östlich von Neisse, eine Centralstellung wählt, um das Weitere abzuwarten, ist einfach und natürlich; nur ist freilich nicht einzusehen, warum der König den 22. oder 23. Juli nicht den General Laudon in der Gegend Münsterberg angriff, wo dieser sich mit seiner Hauptarmee befand, und bis zum 28. blieb; denn nach den Behauptungen aller Geschichtsschreiber hatte er nichts so sehr am Herzen als Laudon vor der Vereinigung anzugreifen. Er machte indessen gar keinen Versuch dazu; und wenn man nicht etwa annehmen will, daß er erst die Corps von Ziethen und Knobloch habe an sich ziehn wollen, so muß man wohl dem Könige mehr die Absicht zuschreiben, seinen Zweck durch wohlfeile Bewegungen zu erreichen, als durch kostbare Schlachten. Nachdem der König den 3. August von der Bewegung der Russen gegen Breslau unterrichtet war, marschirte er den 4. auf Neisse und dann auf Strehlen zurück; da blieb er wieder bis zum 10., welches ganz erklärlich ist, da er dadurch die

x   14

Vereinigung verhütete, im Fall sie über Ohlau hätte stattfinden sollen, welches der König nun als den nächsten Über-
gangspunkt betrachten mußte. Laudon war in sein Lager
von Frankenstein zurückgezogen. Den 9. machte er einen
Marsch von sieben Meilen bis Kunzendorf und Striegau.
Der König erfuhr noch in der Nacht seine Ankunft in
der Gegend von Schweidnitz, und marschirte hierauf nach
Kanth. Hier blieb der König, in Ungewißheit über das
was seine Gegner thaten, einen Tag stehen, in der Hoffnung, Laudon angreifen zu können wenn er sich aus dem
Gebirge hervorwagte. Den 11. ging Czernitschef mit der
russischen Avantgarde bei Leubus über die Oder, den 12.
folgte die Armee und nahm ein Lager bei Parchwitz mit dem
Rücken gegen die Katzbach, wo sie den 13. und 14. blieb.
Den 12. ging der König nach Ober-Mois in die Gegend
zwischen Neumark und Jauer, den 13. wandte er sich gegen Jauer, in der Hoffnung Laudon dort zu treffen, und
kehrte den 14., da dies vergeblich war, nach seiner alten
Stellung zurück.

Diese Stellung schien mehr berechnet, eine Vereinigung zu verhindern, wenn die Russen bei Auras über die
Oder gegangen wären, als jetzt, da sie bei Leubus übergegangen waren, und sich seit zwei Tagen bei Parchwitz
gelagert hatten.

Der König stellt es in seinen Werken auch so vor,
daß er bis zum 15. über den Übergang der Russen in
völliger Ungewißheit gewesen sei. Nach Tempelhoff erfuhr
indessen der König den Übergang der Russen am 13. durch
den General Möllendorff mit der höchsten Wahrscheinlichkeit; und in der That war es kaum begreiflich, wie die
Russen sich schon zwei Tage diesseits der Oder befunden
haben konnten, ohne daß der König etwas davon erfahren

hätte; man muß sich also hier folgende Fragen thun, welche die Geschichte unbeantwortet läßt:

1. Warum ließ der König nicht den 10. August, indem er selbst bis Kanth vorrückte, die Oder unterhalb Breslau bis zum Einfluß der Katzbach durch ein Corps besetzen? Wahrscheinlich würde er den Übergang der russischen Armee dadurch verhindert haben; in jedem Fall war dies eine ganz gewöhnliche Maßregel, wenn es auch nur der Nachrichten wegen gewesen wäre, die er dadurch erhielt.

2. Warum ging der König nicht am 14. der russischen Armee nach Parchwitz hin entgegen? Sie wäre vermuthlich über die Oder wieder zurückgegangen.

3. Warum nahm der König, wenn er den Russen nicht auf den Hals gehen wollte, am 14. nicht eine Stellung in der Gegend von Wahlstadt, also weit genug vorwärts, um eine Vereinigung zu verhindern, die von der einen Seite von Parchwitz von der andern von Striegau her erfolgen sollte?

Wenn man auch für die beiden ersten Fragen darin, daß der König sein Augenmerk fast allein auf Laudon gerichtet hatte, noch eine Art von Antwort findet, so bleibt doch die letzte ganz unbeantwortet.

Mit Laudon's Bewegungen sieht es noch viel schlimmer aus. Er nimmt den 19. Juli das Lager von Frankenstein, in der Absicht den Eingang in die Ebene von Schlesien zu gewinnen, ehe der König ihm denselben versperrt; das begreift sich. Von Frankenstein schiebt sich Laudon den 21. nach Münsterberg vor. Wie er des Königs Marsch nach Nimptsch erfährt, beschließt er, sich bei Groß-Nossen (östlich von Münsterberg) aufzustellen, und ist ganz verwundert, daß der König ihm den 22. darin

14 *

zuvorkommt, weil er sich nicht einbilden kann, der König
werde die Straße auf Neisse einschlagen, an der er sich
in seiner Stellung bei Münsterberg schon so nahe befindet.
Aber warum nicht? was war in der Welt natürlicher, als
daß der König suchen würde, Neisse zu gewinnen; warum
sollte sich der König in einem offenen Lande mit einem
Male fürchten, auf Laudon zu stoßen, während bisher umgekehrt dieser immer nur gefürchtet hatte, dem Könige zu
begegnen?

Lassen wir diesen Zweifel und nehmen ferner an, daß
bei Laudon alles darauf berechnet war, den König von
Neisse abzuschneiden, damit die Vereinigung, nachdem die
Russen bei Oppeln übergegangen waren, ungestört auf dem
rechten Ufer der Neisse vor sich gehen konnte, und geben
wir zu, daß General Laudon in Besorgniß, der König
könne sich von Nimptsch aus gegen Frankenstein und
Wartha wenden, nicht früher gewagt hatte, sich bis zur
Stellung von Groß-Nossen hin rechts zu schieben, so begreift sich allerdings, daß nun der General Laudon die
Vereinigung in Ober-Schlesien schwierig finden mußte.

Laudon wagte es seiner Verpflegungsanstalten wegen
nicht, sich weit vom Gebirge zu entfernen; von diesem bis
Oppeln sind zehn Meilen; der König hatte an Neisse einen
sehr bequemen Centralpunkt; für eine Unternehmung, wobei alles mit der höchsten Behutsamkeit geführt, gar nichts
aufs Spiel gesetzt werden sollte, waren dies keine günstigen Verhältnisse. Dies bestimmte Laudon, wie die Ge-
schichtschreiber sagen, den Russen die Vereinigung in
Nieder-Schlesien vorzuschlagen.

Man muß gestehen, daß, wenn dies ganze Raisonnement so gelten soll, wo sich alles um den Marsch vom
22. wie um eine feine Spitze dreht, es sehr wunderlich

gewesen sein würde, einen Plan wie derjenige der Vereinigung in Ober-Schlesien war, welchem manche bedeutende
Vorbereitung zum Grunde liegen mußte, welcher also nicht
eine einzelne untergeordnete Maßregel, sondern einen Abschnitt des Feldzugs von ziemlichem Umfang umfaßte, so
auf die Spitze eines einzelnen Marsches zu stellen; man
man hat Mühe sich das so zu denken. Wäre es erlaubt,
von allen Nachrichten gleichzeitiger Geschichtsschreiber abzu-
weichen, so könnte man geneigt sein, die ganze Vereinigung in Ober-Schlesien für eine Maske zu halten, um
des Königs Kräfte und Aufmerksamkeit dahin zu ziehen,
um für die Vereinigung in der Gegend von Liegnitz mehr
Spielraum zu gewinnen; denn dort machte sie sich allerdings leichter, da von Leubus bis an das Vorgebirge, in
welchem Laudon seine Stellung hatte, nicht mehr als ein
starker Marsch ist. Wenn man aber diese Hypothese auch
nicht gelten lassen kann, so darf man wohl annehmen, daß
Laudon selbst niemals recht mit der Vereinigung in Ober-
Schlesien einverstanden gewesen sein, und dort mancherlei
Schwierigkeiten gefunden haben mag, und daß er deswegen die ersten Hindernisse, die sich zeigten, benutzt haben
mag, um einen Weg einzuschlagen, der ihm leichter schien,
und der es auch in der That war. So leicht können die
Motive des Handelns verloren gehen, und der strategische
Faden kann dann für den Geschichtsschreiber auf immer
zerrissen bleiben.

Nachdem General Laudon dem Könige den Weg nach
Neisse nicht hatte versperren können, blieb er fünf Tage
in der Gegend von Münsterberg, verstärkte seine Corps
in Ober-Schlesien mit einigen Regimentern und ging den
28. nach Frankenstein zurück. Die Verstärkung des Generals Bethlem gilt bei allen Schriftstellern theils für eine

Finte, den König glauben zu machen, man wolle ferner die Vereinigung in Ober-Schlesien suchen, theils für eine Maßregel zur Sicherung der östreichischen Magazine. Der Marsch am 28. nach Frankenstein hatte also für den Anfang seiner Bewegung nach Nieder-Schlesien gelten sollen; das kann aber nicht sein, denn nachdem der König sich den 30. bis Neustadt hin gewendet hat, geht Laudon den 1. August noch einmal über die Neisse, und bis in die Gegend von Weidenau, südlich von Ottmachau. Der König war in sein Lager bei Oppersdorf, östlich von Neisse, zurückgekehrt; und nun blieben beide ein Paar Tage stehen. Den 3. geht Laudon über die Neisse zurück nach Patschkau, den 4. wieder nach Frankenstein.

Von allen Bewegungen Laudon's läßt sich diese am wenigsten erklären. Es scheint, und wird auch von den Geschichtsschreibern behauptet, er habe sie gemacht, um dem General Bethlem zu Hülfe zu kommen. Aber dieser General sollte ja nach eben diesen Geschichtsschreibern des Königs Aufmerksamkeit grade auf sich ziehen, und konnte ja leicht tiefer ins Gebirge ausweichen. Vielleicht erhielt Laudon am 30. Nachrichten, daß die Russen in ihren Bewegungen noch weiter zurück wären, als er am 28. geglaubt hatte, und dachte deswegen sich dem Könige wieder mehr nähern zu müssen, um ihn nicht zu früh aufs linke Neisseufer zurückzubringen. Diese Deutung ist aber auch kaum zulässig; denn nachdem er den 4. zum zweiten Mal die Bewegung links bis Frankenstein gemacht hatte, blieb er bis zum 9., d. h. bis zum letzten Augenblick, in dieser Stellung, und wandte sich dann in einem starken Marsch nach Kunzendorf und Striegau, ein Paar Tage vor dem wirklichen Übergang der russischen Armee über die Oder.

Vom 9. an sind Laudon's Bewegungen wenigstens

nicht einander widersprechend, ob man gleich sagen muß,
daß dieses Festhalten an dem Gebirge eine sehr einseitige
Vorsicht war.

Die gewöhnliche Methode würde erfordert haben,
daß Laudon dem Könige in dieser Zeit nahe blieb, um
den Russen Freiheit des Überganges und der Bewegungen zu verschaffen; statt dessen blieb dieser General zwei
ganze Märsche vom Könige entfernt, der vom 5. bis 10.
bei Strehlen, den 10. und 11. bei Kanth, und den 12.
bis 15. zwischen Jauer und Neumark war.

Offenbar war die Vereinigung dadurch aufs Äußerste
gefährdet, denn wenn der König sich entschieden gegen die
Russen wandte, so war schwerlich daran zu denken. Es
ist sehr schwer, dies alles zu erklären, und wir schließen
also diesen Artikel mit der Betrachtung, daß dieser Zeit-
raum strategischer Manövers für die eigentliche Wirksamkeit der darin enthaltenen Elemente nicht so lehrreich ist,
wie die Theorie es wünschen muß.

Der Feldzug von 1762.

§. 75.

Übersicht der Stärke.

(1762.) Des Königs Armee im Felde scheint nach
Tempelhoff (man muß sagen scheint, weil die Verwor-
renheit, welche sich dieser Geschichtsschreiber zur Regel gemacht hat, keine Sicherheit zuläßt) 136 Bataillone und
261 Schwadronen gewesen zu sein. Sie war im vorigen
Jahr 133 Bataillone und 226 Schwadronen gewesen,
hatte also eine beträchtliche Vermehrung an Kavallerie erhalten. Man kann sie etwa wieder zu 110,000 Mann
annehmen. Von den preußischen Festungsbesatzungen kam

dagegen in diesem Jahr keine mit dem Feinde in Berührung. Zu dieser Macht stieß Ende Juni der General
Czernitschef mit 20,000 Mann; aber im Grunde ist kaum
davon zu sprechen, weil er nach drei Wochen sich bereits
wieder entfernte.

Die östreichische Macht scheint von Tempelhoff auf
163 Bataillone und 308 Schwadronen angegeben zu werden. In jedem Fall ist wohl bei der Kavallerie ein starker
Irrthum vorgefallen, da nach dieser Angabe die in Sachsen 159 Schwadronen und also um 10 Schwadronen stärker sein sollte, als die in Schlesien, welches gegen alle
Wahrscheinlichkeit ist. Auch die Infanterie ist 10 bis
15 Bataillone stärker, als in den frühern Feldzügen, welches sich nicht anders erklären läßt, als daß die im Winter aus ökonomischen Rücksichten vorgenommene Reduc-
tion von 20,000 Mann, wodurch die Bataillone in sich
schwächer geworden waren, durch einige noch aus den Provinzen herbeigezogene Regimenter einigermaßen ausgeglichen
werden sollte. Nimmt man auf die oben bemerkte Reduc-
tion noch einige Rücksicht, so kann man vielleicht die ganze
östreichische Macht die im vorigen Jahre 130,000 Mann
betragen hatte, in diesem zu 120,000 annehmen. Im
freien Felde aber blieben nach Abzug der Besatzungen von
Dresden und Schweidnitz nur etwa 110,000, und wenn
man noch die bei der Reichsarmee Befindlichen abrechnet,
vielleicht nicht viel über 100,000. Rechnet man nun
20,000 Russen zur preußischen Armee, so begreift man,
daß die Östreicher, die gewohnt waren, immer mit der
doppelten Macht dem Könige gegenüber zu stehen, sich
jetzt wo sie mit 100,000 gegen 130,000 auftreten sollten,
sehr schwach fühlen mußten.

Indessen ist dies nur gesagt, um sich in den östreichi-

schen Gesichtspunkt ganz hineinzudenken, denn Summa-
Summarum waren doch die Östreicher mit der Reichsarmee 140,000 Mann, also dem Könige, besonders nach
dem Abmarsch der Russen, um ein Merkliches überlegen.

Die Vertheilung im ersten Theil des Feldzugs war
folgende: Prinz Heinrich mit 45,000 Mann in Sachsen,
der König mit 50,000 in Nieder-Schlesien und der Herzog von Bevern mit 15,000 in Ober-Schlesien.

Bei den Östreichern Serbelloni mit 45,000 Mann
in Sachsen, Daun mit 65,000 in Nieder-Schlesien und
Beck mit 10,000 in Ober-Schlesien.

§. 76.

Strategisches Manöver des Königs gegen Daun.

Der König wollte Daun außer Verbindung mit
Schweidnitz bringen. Er wandte ungefähr dieselben Mittel
an, wie im Jahre 1760 als er nach der Schlacht bei
Liegnitz Daun ins Gebirge hinein schob. Er ging über
Striegau ins Gebirge gegen Reichenau vor. Damals fand
er Laudon hinter Reichenau, Daun hinter Adelsbach und
Lascy eilte von Burckersdorf nach Landshut. Unter diesen Umständen konnte der König hier nichts weiter thun.
Dies Mal war Brentano mit einem viel schwächern Corps
auf den Höhen bei Adelsbach, Daun bei Kunzendorf und
die Gegend von Landshut war unbesetzt. Der König
machte den 5. Juli einen Versuch die Stellung von Adelsbach zu überwältigen (unter demselben General, der 1760
Burckersdorf überwältigt hatte, General Neuwied), der
aber mißlang. Höchst wahrscheinlich war der König an
diesem Tage nicht entschlossen genug, und würde, wenn er
Neuwied gehörig unterstützt hätte, Brentano überwältigt
haben, wie er ihn bald darauf bei Leutmannsdorf über-

wältigte; denn bei Angriffen auf Gebirgsstellungen ist immer der Anfang das Schwerste, und der Anfang war gemacht.

Nach diesem Versuch setzte der König die Umgehung vermittelst des wiedschen Corps fort über Friedland hinauf bis an die starke Stellung von Dittersbach, welche Laudon 1761 inne gehabt hatte. Daun verließ hierauf seine Stellung bei Kunzendorf, und nahm die von Dittmannsdorf. Der König stellte sich ihm gegenüber bei Seitendorf. So war also der linke Flügel Daun's zurückgeschoben worden, während der rechte bei Burckersdorf noch an Schweidnitz festhielt.

Der König wollte Daun auch aus dieser Stellung weg haben, und hätte gern seine Umgehung fortgesetzt. Allein dem General Brentano kam der General Haddick von Glatz her zu Hülfe; das Magazin von Braunau, der Gegenstand des ganzen Manövers, war weggeschafft (wie die Geschichteschreiber uns erzählen, obgleich man Mühe hat den Transport eines bedeutenden Magazins innerhalb vierundzwanzig Stunden zu begreifen). Der König fing an für das wiedsche Corps eine maxensche Katastrophe zu fürchten, wozu in der That die beste Gelegenheit war.

Er beschloß also einen Versuch zu machen, ob ernstliche Streifereien in Böhmen dem Feldmarschall Daun empfindlich werden und ihn aus seiner Stellung entfernen möchten. General Wied mußte mit seinem Corps auf die trautenauer Straße rücken, wo er weniger in Gefahr blieb, und von da aus nach Böhmen streifen lassen.

Vom 9. bis 15. ist nun dies Corps in sechs verschiedenen Posten von Landshut bis Trautenau aufgelöst, und die Streifereien seiner Spitze reichen bis über die Elbe.

Da dies keine weitere Wirkung auf Daun hervorbrachte, und der König, dessen rechten Flügel bei Burckersdorf jetzt sehr geschwächt fand, so beschloß er, wie im Jahr
1760, nun plötzlich zum Stoß auf den rechten Flügel über-
zugehen. General Neuwied mußte durch einen Theil seiner
Truppen fernere Demonstrationen in der Gegend von Friedland gegen den General Haddick machen lassen, und mit
dem größten Theil den 17. Abends aufbrechen und über
Reichenau hinter dem rechten Flügel des Königs weg nach
Bunzelwitz marschiren, wo er den 18. Nachts eintraf.
Den 20. früh vereinigten sich diese Truppen mit zwei Brigaden von der Armee des Königs am schweidnitzer Wasser
in der Gegend von Kreisau. Den 21. erfolgte der Angriff auf den rechten Flügel, oder vielmehr die rechte Flanke
Daun's, d. h. auf der Höhe von Leutmannsdorf durch den
General Neuwied, und auf die Höhen von Burckersdorf
durch die Brigaden Möllendorff und Knobloch. Es ist
nirgends ein Grund angegeben, warum dieser Angriff nicht
schon den 20. erfolgte; denn da General Neuwied den
18. Nachts bei Bunzelwitz eintraf, so hätte er den 19.
früh wohl zwei Meilen davon bei Kreisau sein können,
wo er erst den 20. früh eintraf; von da bis Leutmannsdorf ist aber nur eine Meile. Dieser Verlust eines Tages hätte um so eher von den Schriftstellern motivirt werden sollen, da beim Manövriren ja alles auf Zeitgewinn
berechnet ist; auch wurde dieser verlorne Tag von Daun
benutzt, den 20. das brentanosche Corps, nachdem man
den Abmarsch Neuwied's erfahren hatte, aus der Gegend
von Braunau nach Leutmannsdorf zu ziehen, und den General Phul zu verstärken, der auf dieser Höhe nur 4 Bataillone hatte.

Indessen reichte diese Maßregel nicht hin, denn theils

war das brentanosche Corps nicht stark genug, dies Terrain gehörig zu besetzen, theils scheint es zu spät angekommen zu sein (in der Nacht zum 21.) um sich den 21. in aller Frühe schon so aufgestellt zu haben, wie es die völlige Benutzung aller Vortheile des Bodens erfordert hätte. Der Erfolg war also, daß Neuwied, der 20 Bataillone stark war, Meister der leutmannsdorfer Höhen wurde, und 13 Kanonen eroberte. Hierdurch wurde dem General Möllendorff der Angriff auf die Höhen zwischen Burckersdorf und Ludwigsdorf, wo Okelly seinen rechten Flügel hatte, erleichtert; und auch dieser Punkt ging verloren, während der General Knobloch den linken Flügel Okelly's und der General Ziethen mit der Hauptarmee die daunsche Hauptarmee durch Demonstrationen beschäftigte. Nun war der Zweck erreicht. Feldmarschall Daun, nachdem er Brentano bei Michelsdorf zurückgedrängt und die Höhen von Burckersdorf verloren sah, veränderte in der Nacht seine Stellung und nahm sie zwischen Wüstwaltersdorf und Donnerau, wodurch er ganz außer Verbindung mit Schweidnitz kam.

Es war also nun, wie vorhin der linke, so der rechte Flügel Daun's um einige Meilen zurückgeschoben worden. Dem Könige genügte dies Resultat um so mehr, als ihn die Russen wieder verließen, und er schritt zur Einschließung und Belagerung von Schweidnitz. Die Stellung beider Heere war jetzt, wenigstens was die Fronte betrifft, die umgekehrte derjenigen, die sie nach der Schlacht von Liegnitz inne gehabt hatten.

Aus der Erzählung des Gefechts am 21., so wenig umständlich man sie auch hat, geht doch deutlich hervor, daß es sowohl bei Leutmannsdorf als bei Burckersdorf unbesetzte Schluchten und Wege waren, durch welche man

Mittel fand, die poſtirten Truppen zu umgehen; dies iſt
wichtig, weil es der Typus aller Gebirgsgefechte iſt.

Übrigens waren dieſe Poſtirungen, verglichen mit denen in Sachſen, von einer ſehr großen Dichte; denn dort
ſind, bei der nämlichen Truppenzahl, die Ausdehnungen
wohl doppelt ſo groß, und der Boden bietet unendlich viel
weniger Schwierigkeiten; dagegen war die Zaghaftigkeit
und Willenloſigkeit dort bei den untergeordneten Feldherrn
auch vielleicht doppelt ſo groß.

§. 77.
Des Königs Feldzug.

Wir haben bisher nach unſerer wahren ganz unbefangenen Überzeugung ohne irgend eine vorgefaßte Meinung des Königs Verfahren im Großen immer mit ſeiner
Lage vollkommen zuſammenſtimmend gefunden, ſo daß alles
hinreichend motivirt und ganz natürlich erſchien, wenn wir
uns in Friedrich dem Großen einen zwar ruhmbegierigen,
kühnen, entſchloſſenen und ſtandhaften Feldherrn dachten,
aber auch zugleich einen weiſen Fürſten, deſſen Blick alle
Verhältniſſe großartig umfaßt, der ſich nur das Thunliche
vorſetzt, nie aus dem Gleichgewicht kommt, und bei ſeinen
beſchränkten Mitteln in einer klugen Mäßigung und Gewandtheit die beſten Wege zum Ziel einſchlägt. Der Feldzug von 1762 iſt der einzige, deſſen Anlage im Großen
wir unter dem Maaße finden, an welches der König un-
ſern Blick gewöhnt hat.

Zum erſten Mal in ſeinem Leben ſah ſich Friedrich
der Große in dem Fall, mit einer überlegenen Macht gegen die Öſtreicher auftreten zu können.

Rußland und Schweden treten von der öſtreichiſchen
Verbindung ab; dadurch entſtand eine Art Gleichgewicht

zwischen den Kriegführenden in Sachsen und Schlesien. Die Hoffnung von einer Unterstützung Rußlands stand dem Könige im Hintergrunde. Hätte man nicht glauben sollen, diese wesentliche Verbesserung der preußischen Verhältnisse würde den König in seinen Entwürfen und in seinem Unternehmungsgeist mächtig heben; würde ihn antreiben, mit einigen großen und glänzenden Schlägen hervorzutreten, die um so nothwendiger schienen, als das englische Ministerium ihn verließ und verrieth, und in dieser Beziehung die Wagschaale der politischen Unterhandlungen, für welche doch jeder Krieg geführt wird, sich gegen ihn neigte? Hätte man also nicht glauben sollen, er werde in dem Augenblick, wo die Russen das östreichische Heer verließen, dieses Heer durch eine bedeutende Entlassung vermindert und durch epidemische Krankheiten geschwächt war, mehr noch den nachtheiligen moralischen Eindruck als die wirkliche Schwäche benutzen, um die Östreicher nach Böhmen zu treiben und Schweidnitz so früh als möglich zu belagern? Wenn er im März den Feldzug eröffnet hätte, so war vielleicht eine hohe Wahrscheinlichkeit vorhanden, daß die Östreicher jedem entscheidenden Schlag ausweichen und wenigstens in ihr Lager von Braunau zurückgehen würden. Wir sagen vielleicht war eine solche Wahrscheinlichkeit dazu vorhanden, und bedienen uns der zweiten Potenz der Vermuthung nicht ohne Absicht. Allerdings müssen wir gestehen, daß wir eine Hauptsache, auf welche alles ankommt, nicht kennen; nämlich den Zustand der preußischen Armee im März. Dieser wird wohl sehr verschieden von dem gewesen sein, in welchem sie Ende Juni war, und so kann es wohl allerdings sein, daß des Königs Armee welche nach seinen Werken Ende des Jahres 1761 bis auf 30,000 Mann zusammengeschmolzen war, wenn auch diese Summe etwas zu gering sein sollte, doch im März nicht über 50,000 gewesen sein, und daß es bei derselben an mancherlei Ausrüstungsgegenständen gefehlt haben mag. Ob der König im März wirklich im Stande war, Laudon auf den Leib zu rücken, und in Böhmen hineinzutreiben, läßt sich also jetzt nach so langer Zeit durchaus nicht mehr entscheiden; aber es läßt sich doch wohl behaupten, daß, wenn Friedrich vom Januar ab mit der ihm sonst so eigenthümlichen Thätigkeit verfahren wäre, er wohl eben so gut den Feldzug von 1762 im März eröffnen konnte, als er es beim Feldzug von 1758 gethan hat.

Dem Könige war der Gedanke von einer möglichen Revolution in Petersburg nicht fremd; um so mehr hätte er ja eilen müssen, die günstigen Verhältnisse zu nützen. Aber abgesehen davon so würde des Königs Gleichgültigkeit gegen eine frühere Eröffnung des Feldzugs sich viel eher begreifen lassen, wenn Schweidnitz der einzige schlesische Platz gewesen wäre, der sich in Feindes Händen befand. Wenn man aber bedenkt, daß eine Eröffnung des Feldzugs im März den König in den Stand gesetzt hätte, in diesem Jahr auch noch Glatz oder als Äquivalent davon Dresden zu nehmen, so muß man einen doppelten Werth darauf legen.

Dies ist der erste Punkt, in welchem wir beim Könige jene Ökonomie der Zeit und Kräfte vermissen, die wir an ihm gewohnt sind, vermissen! den hohen Flug der Entwürfe, welchen der kühne Eroberer Schlesiens und der Feldherr von 1757 erwarten ließ, der bis dahin von dem Druck überlegener Kräfte zurückgehalten, jetzt ein Vacuum fand, in dem er sich plötzlich hätte ausdehnen können.

Aber noch auffallender muß uns ein zweiter Moment

sein, in welchem wir das Verhältniß der Streitkräfte deutlich übersehen. Es ist der der Ankunft Czernitschef's.
Sehen wir ganz ab von dem, was wir oben gesagt haben, so kann es einfach und konsequent erscheinen, daß der
König die Ankunft der Russen abwarten wollte, ehe er seinen Feldzug anfing.

Nachdem Czernitschef angekommen war, hatte der König nahe an 90,000 Mann in Schlesien beisammen; Daun
war nach Abzug der schweidnitzer Garnison höchstens 60,000,
und würde, bei dem System der Östreicher jedesmal die
nächsten Zugänge Böhmens durch besondere Detachements
zu decken, kaum 50,000 in die Schlacht gebracht haben.
— Ist es glaublich, daß Friedrich der Große mit dieser
Übermacht nicht zu einer entscheidenden Schlacht schritt,
sondern es vorzog seinen Gegner aus seiner Stellung weg
zu manövriren? Sieht das dem Feldherrn von 1757 ähnlich; und ist es nicht unerhört, daß der König in Ober-
Schlesien 50,000 Mann zu einer Diversion an den Grenzen Ungarns und Mährens unterhielt, die die Östreicher
nur mit 10,000 Mann unwirksam machten?

Die Idee dieser Diversion war als eine Trümmer des
früheren Plans anzusehen, gemeinschaftlich mit den krimm-
schen Tartaren einen Einfall in Ungarn zu thun. Aber
seit dem Tode der Kaiserin Elisabeth hatte der König diesen Plan aufgegeben, der auch in der That seiner Locker-
heit wegen nur für eine ganz verzweifelte Lage gut genug
war. Die Ungarn blos mit eigenen Kräften zu bedrohen,
war die schlechteste Wirthschaft, die der König mit seinen
Kräften führen konnte. Denn wenn schon jedes Bedrohen einer bis dahin nicht berührten Provinz neue Kräfte
hervorruft, die sonst geschlafen hätten, so ist dies in einem

halb

halb tartarisch-organisirten Lande wie Ungarn, noch viel mehr der Fall.

Wenn der König seine Kräfte in Nieder-Schlesien zusammen nahm, so konnte nichts einer Hauptschlacht entgegen stehen, als die vortheilhafte Stellung, welche Daun im Gebirge nehmen konnte. Daß eine solche Stellung die Idee zur Schlacht entfernt, wenn man, arm an Kräften, diese sehr zu Rathe halten muß, ist natürlich; aber daß sie mit einer überlegenen Macht und einem überlegenen Feldherrn den Sieg unmöglich machen sollte, wird selbst Friedrich der Große nicht geglaubt haben, wenn ihm auch nicht so viel Beispiele verunglückter Gebirgsvertheidigungen vorschwebten wie uns.

Freilich konnte im Gebirge ein Sieg des Angreifenden unmöglich werden, wenn er die Schlacht liefern wollte, wie sie damals meistens in der Ebene geliefert wurden, durch den zusammenhängenden Aufmarsch und Angriff des ganzen Heeres. Ein Angriff im Gebirge hat, wenn auch damit eine Hauptschlacht gemeint ist, doch immer etwas von dem Charakter des Manövers. Man umgeht die unangreifliche Front; der Feind welcher, eben so wenig schnell auf uns fallen kann, wie wir auf ihn, kann dieser Umgehung nicht anders vorbeugen, als daß er sich durch Posten dahin ausdehnt; thut er es bei Zeiten in grader Verlängerung seiner Front, so werden diese Posten in dem Verhältniß zu dem Terrain zu schwach, weil sie nicht schnell genug von der Hauptarmee unterstützt werden können; dann müssen sie der Übermacht weichen, trotz aller Stärke des Bodens. Oder sind diese Posten in einem zurückgebogenen Haken aufgestellt, also dem Centro und der Unterstützung näher, so geht ein Theil der Gegend verloren, welche die Rückzugslinien deckte; diese werden entblößt und dadurch äußerst empfindliche Theile. Man kann im Gebirge nicht überall marschiren; vielmehr ist man auf wenige Wege eingeschränkt; man kann den Feind der uns zuvor gekommen ist, nicht, wie in der Ebene, überrennen, wenn er auch wirklich schwächer ist als wir. Diese beiden Umstände machen, daß man im Gebirge, wenn man der Schwächere ist, viel früher für seinen Rückzug besorgt sein muß, als in der Ebene; daß man also nicht bis auf den letzten Augenblick mit dem Gegner ringen kann, wenn man sich nicht in den Abgrund einer Katastrophe stürzen will.

Gerathen also beide Heere nach den ersten Bewegungen in eine verschobene Stellung, so frägt es sich, wer im Stande ist, Vortheile davon zu ziehen; hier entscheidet theils die Überlegenheit, theils das Verhältniß der Verbindungslinie. Daun war der Schwächere; seine einzigen Verbindungslinien, die Straßen von Trautenau und Braunau, lagen nahe bei einander; denn wenn er auch im schlimmsten Fall nach Schweidnitz hätte sich zurückziehen und von da durch die Ebene nach der Grafschaft Glatz marschiren können, so würde er dadurch sein Magazin in Braunau Preis gegeben haben; und daran war schon nicht zu denken. Der König, welcher durch sein besser eingerichtetes Fuhrwesen nicht genöthigt war, seine Magazine so nah zu haben, hatte dasselbe in Breslau, und also nichts deshalb zu besorgen, so wie ihm denn auch der Rückzug nach allen Seiten offen stand.

Es ist also ganz unbezweifelt, daß der König, nachdem Daun bei dem ersten Umgehungsmarsch noch Gelegenheit gefunden haben würde, sich ihm in einer ziemlich starken Flankenstellung zu widersetzen, beim zweiten nur auf schwächere Abtheilungen gestoßen wäre, die er vermöge seiner Überlegenheit überwältigen konnte, und daß eben diese Überlegenheit, so wie das Verhältniß seiner Verbindungslinie, ihn dann in den Stand setzte, von dieser neuen Stellung aus gegen das Centrum der feindlichen Armee vorzurücken, um sie dann in einer Lage anzugreifen, in der sie nur eine Schlacht mit Gefahr einer Katastrophe annehmen, und einen Rückzug ohne Schlacht nur mit großen Verlusten machen konnte.

Höchst wahrscheinlich würde der vorsichtige Daun diese Instanz gar nicht abgewartet, diese Schlacht also mit dem besten Willen des Königs nicht stattgefunden haben; aber ohne bedeutende Trophäen würde ein solcher Angriff immer nicht geblieben sein. Die beiden Gefechte von Burckersdorf 1760 und 1762 sind schon völlig hinreichend, die Zulässigkeit dieses Raisonnements zu beweisen.

Wir wollen uns nicht in einer Erklärung dieser beiden Momente versuchen, in denen wir Friedrich den Großen nicht wieder kennen. Der Schlüssel zu diesem Räthsel liegt wahrscheinlich in dem Gebiet rein subjektiver Motive. Aber die Kritik, wenn sie auch für den ersten der beiden Momente wegen ungewisser Kenntniß der Data ihr Urtheil zurückhält, kann doch nicht anders als in dem zweiten einen entschiedenen militairisch-politischen Fehler erkennen.

Eben so rein subjektiv, obgleich vielleicht erklärlicher, ist der Grund eines andern Fehlers. Guasco bot, gleich nachdem Daun in dem Gefecht von Reichenbach einen vergeblichen Versuch des Entsatzes gemacht hatte, also drei Wochen nach der Einschließung die Übergabe an, wenn er freien Abzug erhielt. Der König schlug diese Bedingung aus. Hätte er ahnden können, daß der Ort sich noch sechs Wochen vertheidigen würde, so würde er gewiß in der

Gefangennehmung von 11,000 Mann keinen Erſatz für dieſen Zeitverluſt gefunden haben.

Der König dachte vermuthlich an Breslau im Jahre 1757. Aber es muß einem Feldherrn doch als Fehler angerechnet werden, wenn er die Natur der Dinge ganz falſch beurtheilt. Von dem Charakter, welchen die Vertheidigung von Schweidnitz nachher gezeigt hat, mußten ſich doch in den Umſtänden, aus welchen ſie hervorging, ſchon einige Spuren offenbaren. Ein tüchtiger Mann wie Guasco, ein ausgezeichnetes Talent wie Gribeauval, 11,000 Mann ausgeſuchter Truppen, eine ſtarke Verbeſſerung der Werke ſeit der Einnahme von 1761, ein gut angelegtes Minenſyſtem, das waren alles doch keine Geheimniſſe und mußten auf das Urtheil ihren gebührenden Einfluß haben. Wenn die Öſtreicher Schweidnitz den 22. Auguſt übergaben, ſo war es ja faſt ſo gut, als hätten die Preußen es nie verloren und der König gewann Zeit, noch etwas gegen Glatz oder in Sachſen zu unternehmen.

Aber nicht genug an dieſem Mangel vorſichtiger Berechnung zeigte der König bald darauf, daß derſelbe aus einem ihm beſonders eignen Fehler herrührte; denn als drei Wochen nach dem erſten Antrag, den 14. September, der Kommandant ſich mit der Beſatzung zu Kriegsgefangenen ergeben wollte, ſchikanirte ihn der König über Nebenſachen ſo ſehr, daß ſeine, den 17., 22. und 26. September wiederholten Anträge alle verworfen wurden, und ſo die Vertheidigung bis zum 9. Oktober dauerte. Der Hauptpunkt, um welchen ſich dieſe Unterhandlung drehte, war die Erlaubniß, durch einen Offizier die Genehmigung des Feldmarſchall Daun einzuholen, welche der König ſtandhaft verweigerte. Wenn ein Platz in ſolcher Bedrängniß iſt, daß ſeine Übergabe von einem Tage zum andern erfolgen muß, wenn eine Belagerungsarmee so bedrohet ist, daß sie in jedem Augenblick fürchten muß, durch den herbeikommenden Entsatz, ihre Linien gesprengt zu sehen, dann ist eine solche Bewilligung eine moralische Unmöglichkeit; beides war hier ganz offenkundig nicht der Fall, und so ist auch in der That nicht einzusehen, welcher große Nachtheil aus dieser Sendung hätte entstehen können. Eine Verbindung zum gemeinschaftlichen Angriff war ein kaum der Rede werther Gegenstand, da 5 oder 6000 Mann, womit der Kommandant einen Ausfall machen konnte, nichts entschieden haben würden. Man kann sich also des Königs Hartnäckigkeit kaum anders erklären, als aus einer leidenschaftlichen Bitterkeit, die sich seiner zuweilen bei Dingen bemeisterte, die zu den untergeordneten gehörten, und seine großen Verhältnisse kaum berührten.

Der König hatte nach der Einnahme von Schweidnitz noch an die von Dresden gedacht; da sich die erstere so lange verzog, so blieb zur letzteren auch nicht mehr Zeit; er begnügte sich daher, indem er einen Theil seiner Armee nach Sachsen schickte, mit den Vortheilen, die sein Bruder indessen dort eingeerntet hatte, d. h. mit dem Besitz von ganz Sachsen, mit Ausschluß Dresdens und des kleinen Winkels zwischen der Weistritz und Elbe, mit einer abermaligen Streiferei in Böhmen, wobei in Saatz ein ziemlich beträchtliches Magazin verbrannt wurde, und endlich einer ausgedehnten tief in Franken hinein, welche über Nürnberg hinausging, und die bald darauf erfolgte Neutralität der Reichsstände zum Zweck hatte.

Wir finden also, so vortheilhaft sich dieser Feldzug auch seinen Resultaten nach im Vergleich mit den drei letzten ausnahm, daß er doch derjenige ist, in welchem der König die meisten Fehler gemacht hat.

§. 78.

Dauns Feldzug.

Es ist wenig darüber zu sagen, und nicht schwer, ihn konsequent zu finden; denn wenn die Östreicher den ganzen Krieg hindurch bei einer Überlegenheit von fast dem Doppelten überall mit solcher Behutsamkeit und Sicherheit zuwege gehen wollten, daß sie darüber zu keinen positiven Schritten kamen, so ist es natürlich, daß sie jedem entscheidenden Schritt auswichen, als ihnen der König auch sogar in der Zahl ein Mal überlegen war.

Wie Daun stärker im Leiden als im Handeln war, so hielt er mit einer nicht gewöhnlichen Standhaftigkeit an Schweidnitz fest und wartete den letzten Augenblick ab, ehe er die Verbindung mit demselben aufgab.

Nachdem die Russen wieder abmarschirt waren, und der König Schweidnitz eingeschlossen hatte, blieb er Daun gegenüber nur etwa 50,000 Mann stark, und da dieser wohl noch 60,000 Mann stark war, so hatte sich das Übergewicht wieder auf seine Seite gewandt. Aber bei der Ängstlichkeit, mit welcher die Östreicher stets die nächsten Eingänge in Böhmen und die Grafschaft Glatz deckten, läßt sich berechnen daß er dem Könige gegenüber kaum 50,000 Mann behalten konnte. Diese konnte er unmöglich für zulänglich halten, den König in einer Hauptschlacht anzugreifen, besonders in einer Gegend von starken Stellungen. Da er indessen für den Entsatz etwas thun mußte, so beschloß er ein Drittheil seiner Armee im Gebirge zu lassen, um seine Verbindungslinie von dieser Seite nicht Preis zu geben, und mit zwei Drittheilen gegen den linken Flügel des Königs in die Ebene von Reichenbach zu marschiren, von diesen aber nur wieder zwei Drittheile, d. h.

6 bis 28,000 Mann unter Führung des behutsamen Lascy auf einen Versuch gegen das Corps des Herzogs von Bevern zu verwenden, und die andern 12,000 Mann als Rückhalt zu gebrauchen, um beim Gelingen den Vortheil weiter zu verfolgen, oder beim Mißglücken Lascy aufzunehmen. Für einen so behutsamen Mann wie Daun konnte in der That keine bessere Einrichtung dieses Versuchs ausgesonnen werden. Wurde der Herzog von Bevern geschlagen, so befand sich die östreichische Armee so nahe an Schweidnitz daß die Aufhebung der Belagerung leicht die Folge davon sein konnte, und auf der andern Seite war keine Gefahr mit dem Unternehmen verbunden.

Aber freilich so äußerst behutsame Schritte führen auch selten zum Ziel. Der Sieg über den Herzog von Bevern wurde um so unwahrscheinlicher, je vorsichtiger, d. h. je langsamer er eingeleitet wurde. Anstatt mit der vollen Gewalt des Übergewichts auf ihn zu fallen und ihn zu erdrücken, ehe der König Zeit hatte, herbeizukommen, sollte Beck durch eine Umgehung, die mehrere Stunden dauerte, die Sache unzweifelhaft machen; und anstatt mit den 13 Bataillonen welche auf die Front gingen entschlossen darauf zu gehen, war Lascy, als Beck endlich im Feuer war, schon wegen des Rückzugs besorgt, für den allerdings auch, so wie der König nach und nach mit seinem Corps ankam, keine Gewährleistung im daunschen Styl mehr vorhanden war.

Überhaupt sind die taktischen Maßregeln in diesem Treffen kaum verständlich. Anstatt den linken Flügel des fast um neunzig Grad herumgeschwenkten Herzogs ausschließlich zum Gegenstand des Angriffs zu machen, wollte man sogar in den eingehenden Winkel hineindringen, den sein rechter Flügel mit dem Könige machte, und auch diesen

Flügel umgehen. Diese Maßregel scheint bei der Nähe des Königs so widersinnig, daß man sie, wie gesagt, kaum begreift.

§. 79.

Des Prinzen Heinrich Feldzug in Sachsen.

Prinz Heinrich hatte 58 Bataillone und 93 Schwadronen; Serbelloni 57 Bataillone und 159 Schwadronen.

Die Macht beider wird sich also ungefähr das Gleichgewicht gehalten haben. Die Reichsarmee, welche etwa halb so stark anzunehmen ist, als jede dieser beiden Armeen, befand sich in der Gegend von Chemnitz, Altenburg und Zeiz also nicht nahe genug, um die Östreicher im ersten Augenblick unterstützen zu können. Unter diesen Umständen wollte der Prinz Heinrich sich nicht durch den längs der Mulde gebildeten feindlichen Cordon länger einschränken lassen, er durchbrach ihn den 12. März indem er mit 18 Bataillonen und 54 Schwadronen in der Gegend von Döbeln angriff. Der Erfolg war der ganz natürliche; der Cordon wurde gesprengt, und die Östreicher verloren 9 Kanonen und nahe an 2000 Mann, wovon ein General und 1500 Mann in Gefangenschaft geriethen. Dieser Cordon der Östreicher war unstreitig von einer lächerlichen Kühnheit, wenn man ihn mit der Behutsamkeit vergleicht, die sie in diesem Kriege fast überall zeigten. Während des Winters und so lange die Preußen mit ihrer nothwendigen Ergänzung beschäftigt waren, mochte ein solcher Cordon gelten; aber im Monat März ihn noch bestehen zu lassen, ist ein wirklicher Mangel an Überlegung; es war die Folge der Unthätigkeit und des Schlendrians, welche den Feldmarschall Serbelloni überhaupt charakterisiren.

Der Prinz Heinrich verfolgte seinen Vortheil, ver-

trieb den General Macquire aus seiner Stellung bei Freiberg und nahm den 16. das Lager bei Pretschendorf der
östreichischen Stellung von Dippoldswalde gegenüber, während er die andere Hälfte seiner Armee nach Wilsdruf
zog. Die Reichsarmee zog sich den 13. bei Chemnitz zusammen, und wich, anstatt den Östreichern zu Hülfe zu
kommen, den 16. nach Zwickau hin aus.

In dieser merkwürdigen Stellung blieben beide Theile
den ganzen Sommer über, nämlich von der Mitte Mai
bis Mitte September. Prinz Heinrich mit dem rechten
Flügel etwa bei Frauenstein an dem Erzgebirge, mit dem
linken bei Constappel an der Elbe gelehnt, in ein Paar
große, und fünf bis sechs kleine Posten aufgelöst, nimmt
mit 35,000 Mann einen Raum von fünf bis sechs Meilen ein, und hat die 20,000 Mann der Reichsarmee fast
im Rücken.

Zwar hängt ihm diese den 21. Mai eine tüchtige
Schläppe an, indem sie ein kleines Corps unter dem General Vandémer, welcher zu ihrer Beobachtung aufgestellt
ist, mit dem Verlust von 7 Kanonen und nahe an
1000 Mann zurück wirft; allein es entsteht weiter
nichts daraus.

Die Östreicher stehen dem Prinzen in einer eben so
ausgedehnten Postirung gegenüber mit dem rechten Flügel
bei Priesnitz an die Elbe gelehnt, dann hinter der wilden
Weistritz, der rothen Weistritz über Dippoldswalde nach
Altenberg im Gebirge und sogar später über das Gebirge
hinüber bis Teplitz. Aber sie hätten doch nicht wie der Prinz
eine Armee im Rücken; und ihre Stellung hatte mehr natürliche Hindernisse vor der Front.

Die Absicht des Prinzen bei dieser gewagten Stellung war blos, mehr Raum einzunehmen; die Östreicher

wollten nur Dresden festhalten, und der Grund dieser Unthätigkeit lag in der Zaghaftigkeit und Inertie, welche sie den ganzen Krieg über ausgezeichnet hat, und welche eben so sehr vom Kabinet als von den Generalen ausging. In Schlesien sollten die entscheidenden Schläge geschehen, daher sollte in Sachsen nichts gewagt werden. Ob diese Unfähigkeit der Gegner die Kühnheit des Prinzen Heinrich hinlänglich rechtfertigt, kann fast nur nach dem Erfolg beurtheilt werden; da dies einer von den Fällen ist, wo die subjektiven und moralischen Gründe so sehr das Übergewicht über die objektiven und materiellen haben, daß man nur sagen kann, der Erfolg muß zeigen, ob der Takt des Feldherrn der richtige war. Vergessen muß man übrigens nicht, daß höchst wahrscheinlich dem Prinzen Heinrich die Hände gebunden waren, weil der König entschiedene Unternehmungen nicht mehr liebte.

In jedem Fall aber ist eine solche Art von Kühnheit, wo man mehr mit dem Schein als mit der Wirklichkeit handelt, eine höchst gefährliche Bahn, die schlechterdings nur in einem wohlgekannten und dazu geeigneten Boden gewählt werden darf.

Dem Prinzen Heinrich war es an dieser Kühnheit noch nicht genug. Den 21. Juni ließ er den General Seidlitz mit etwa 8000 Mann gegen die Reichsarmee aufbrechen; diese wich bis über Hof nach Münchberg hin aus, und Seidlitz nahm eine Stellung bei Zwickau.

Eine Demonstration, die der Feldmarschall Serbelloni den 27. Juni gegen die Postirung des Prinzen Heinrich machte, hatte in dieser Beziehung keinen Erfolg; vielmehr ließ der Prinz zwei Mal, erst Anfangs, dann Mitte Juli, den General Kleist mit einigen tausend Mann über Einsiedel nach Böhmen hinein streifen, wodurch Serbelloni

veranlaßt wurde, seine Posten bei Teplitz zu verstärken.
Um die Mitte Juli rückte, auf Serbelloni's Aufforderung,
die Reichsarmee über Hof vor; allein sie kam nur bis in
die Gegend von Schneeberg, wo sie erfuhr, daß auch der
General Kleist über Marienberg aus Böhmen gegen sie
im Anzuge sei. Sie eilte nun nach Franken und zwar bis
Baireuth, wo sie den 25. Juli ankam.

General Seidlitz ließ sie durch den General Belling
verfolgen, und zog selbst wieder nach Zwickau zurück.

Nun beschloß der Prinz Heinrich ein noch ernstliche-
res Unternehmen nach Böhmen hinein. Er ließ den General Seidlitz, der nur ein kleines Detachement unter dem
Major Schulenburg gegen die Reichsarmee ließ, Anfangs
August über Pasberg und Commotau in Böhmen einbre-
chen, sich mit dem über Einsiedel kommenden General Kleist
vereinigen, die, nur etwa 8000 Mann stark, den Prinzen
von Löwenstein angriffen, der mit 10 Bataillonen und
20 Schwadronen bei Teplitz stand. Der Angriff wurde
abgewiesen, und die preußischen Generale zogen sich nach
Sachsen zurück. Die Reichsarmee war den 11. August
über Hof vorgerückt und hatte Mitte des Monats ihren
Marsch über Eger durch Böhmen, zur Vereinigung mit
der östreichischen Armee, angetreten; sie kam den 6. September bei derselben an.

Hinterher zog der General Belling, welcher nun noch
einen neuen Streifzug bis über Karlsbad hinaus unternahm. Um diese Zeit löste der General Haddick den Feldmarschall Serbelloni im Kommando ab, mit welchem man
wegen der vielen Streifereien in Böhmen, die er nicht
hatte verhindern können, sehr unzufrieden war.

Die strategischen Resultate dieses Theils des Feldzuges in Sachsen sind so widersinnig, daß man nothwendig dabei verweilen muß.

Daß der Prinz Heinrich nicht allein eine so kühne Aufstellung wählte, sondern von derselben aus auch die Reichsarmee zwei Mal bis Franken hineintreiben, und vier verschiedene Streifzüge mit mehr oder weniger starken Corps in Böhmen unternehmen konnte, hatte offenbar seinen Grund in dem Zustand der Reichsarmee, von dem wir uns, wie es scheint, keine gehörige Vorstellung mehr machen können.

Niemals erreichten die gegen sie gebrauchten Corps die Zahl von 10,000 Mann. Nun sollte man glauben, daß die Reichsarmee mit den dabei befindlichen Östreichern, doch über 20,000 Mann betragen haben mußte; das Ausweichen dieser Armee bis Baireuth hin ist also eine Erscheinung, die man schlechterdings unerklärt lassen muß.

Lassen wir diese Größe ganz aus der Rechnung weg, so bleibt uns noch der Prinz Heinrich, der mit etwa 35,000 Mann eine Armee von eben so viel und bis 40,000 in der Stellung zwischen Teplitz und Dresden wie festgenagelt hält, und sie verhindert, die übrigen Eingänge nach Böhmen zu schützen.

Die Ursache dieser Erscheinung kann man nur den Fehlern des Feldmarschalls Serbelloni zuschreiben.

Daß nach unserer jetzigen Vorstellungsweise die beste Deckung eines Landes darin besteht, wenn man den Gegner, welcher dasselbe durch Streifcorps heimsuchen läßt, angreift, sobald er sich durch diese Corps geschwächt hat, und daß eine mehr unmittelbare Deckung, sei es durch eine Postirung, oder durch bewegliche Corps, niemals eine absolute Sicherheit geben, aber oft zu sehr nachtheiligen Gefechten führen kann, davon müssen wir bei dieser Betrachtung zuvörderst ganz absehen, denn der Krieg, wie wir ihn uns vorstellen, ist ein ganz anderer, als der Krieg der damaligen Zeit, d. h. er geht aus einem ganz andern politischen Boden hervor. Die Deckung von beträchtlichen Grenzen durch eine Reihe von Posten kommt in den schlesischen Kriegen bei den Östreichern fast ununterbrochen vor, und wenn der König seine Kräfte, besonders im siebenjährigen Kriege viel zu sehr zusammenhielt, um ein ähnliches System zu haben, so hat er doch in den beiden ersten schlesischen Kriegen dasselbe mehrere Male befolgt, außerdem aber Prinz Heinrich 1758 in Sachsen ein auffallendes Beispiel davon gegeben.

Nun hatte der Feldmarschall Serbelloni den Befehl, nichts zu wagen, sondern sich ganz passiv zu verhalten, und bedenken wir nun, wie furchtsam das östreichische Kabinet dachte und handelte, so werden wir einsehen, daß dieser Befehl von großem Gewicht und nicht zu umgehen war. Laudon der nicht so behutsam und schwerfällig wie Serbelloni war, hat sich doch im Jahr 1761 eben so unthätig machen lassen.

Es wäre also ganz unnütz, wenn wir damit anfangen wollten, zu sagen, der Feldmarschall Serbelloni hätte den Prinzen Heinrich für seine dreisten Entsendungen durch einen tüchtigen Angriff bestrafen sollen u. s. w.; es kommt vielmehr darauf an, zu sagen, wie Serbelloni im Sinn seiner Bestimmung und der damaligen Zeit hätte verfahren können, und da ist es denn einleuchtend, daß er sich den Posten von Freiberg nicht hätte sollen nehmen lassen. Zwar scheint aus der Stellung des östreichischen rechten Flügels jenseits des plauenschen Grundes hervorzugehen, daß dem Feldmarschall Serbelloni zur ausdrücklichen Pflicht gemacht war, Dresden vor jeder sogenannten Insulte zu decken, denn Daun hatte im Jahr 1759 seinen rechten Flügel an Dresden und nicht an Priesnitz angelegt, und diese größere Ausdehnung machte es dem Feldmarschall Serbelloni schwerer, ein bedeutendes Corps bei Freiberg zu haben; außerdem hatte er auch noch einige Truppen jenseits der Elbe, dennoch hätte er bei der damals üblichen Verfahrungsart, in welcher auch sein Gegner mitbefangen war, ganz füglich 20,000 Mann bei Freiberg aufstellen können; und wenn die von Natur starke Stellung durch Schanzen noch verstärkt worden wäre, so würde der Prinz Heinrich vielleicht nicht gewagt haben, mit den 15- bis 16,000 Mann anzugreifen, die er zu seiner Offensive verwendete. Daß der Prinz Heinrich diesen Posten durch eine weitere Umgehung seiner linken Flanke vertreiben wollte, während die Reichsarmee sich zwischen Zwickau und Chemnitz sammelte und die östreichische zwischen Dippoldswalde und Plauen stand, klingt fabelhaft. Dieses strategische Manöver läuft so gegen die Natur der Sache, ist das Holz so quer über den Faden geschnitten, daß es dadurch zu einer merkwürdigen Erscheinung in der Strategie wird. Es ist aber nur gewiß, daß Prinz Heinrich es beabsichtigte, dagegen sehr zweifelhaft, ob der General Macquire seine Stellung bei Freiberg aus Besorgniß vor einer solchen Umgehung verlassen haben würde, wenn er 20,000 Mann stark gewesen wäre. Er verließ sie überhaupt nicht aus Furcht vor einer Umgehung, sondern vor einem Angriff, weil, nachdem die eine Hälfte seiner 10,000 Mann einen tüchtigen Stoß bekommen hatte, er sich nun zu schwach fühlte, und sich keinem zweiten aussetzen wollte.

Nun ist es offenbar, daß Prinz Heinrich, wenn die östreichische Armee den Punkt von Freiberg festhielt, nicht so leicht nach Böhmen streifen konnte, denn statt seinen rechten Flügel an der Grenze dieses Landes anzulehnen, hätte er sich dann zwei Märsche von derselben entfernt befunden, es sei denn, daß er sich über Öderan bis dahin hätte ausdehnen wollen, welches aber seine Aufstellung drei Mal so lang gemacht hätte, als sie schon war.

Auch das Vertreiben der Reichsarmee würde dem Prinzen dann wohl weniger gelungen sein, weil die Östreicher die Verbindung mit ihr diesseits des Gebirges behalten hätten. Es lag also lediglich darin, daß der Feldmarschall Serbelloni sich in eine Stellung hatte zurückdrängen lassen, wo er mit dem Rücken gegen die Elbe die zu schützende Grenze vor seiner Front hatte, statt sie hinter derselben zu haben. Freilich hatte Daun ihm zwei Mal das Beispiel gegeben, nämlich im Winter von 1759 auf 1760, und 1760 auf 1761, allein das war im Winter, wo die gegenseitigen Armeen nur an ihre Quartiere dachten.

Wir wenden uns nun zum zweiten Theil dieses Feldzugs. Nach der Ankunft der Reichsarmee und des neuen Feldherrn war man östreichischer Seits zu einer Kraftanstrengung entschlossen, um aus dieser nachtheiligen Lage zu kommen. Nur die kurze Erscheinung des General Schmettau in der Ober-Lausitz veranlaßte noch einen Aufenthalt bis Ende September.

Eine Schlacht sollte es wieder nicht werden, sondern ein Manöver, dies war denn nicht schwer zu erfinden. Ein Corps von etwa 12 bis 15,000 Mann unter den Generalen Campitelli und Prinz von Löwenstein rückte über Einsiedel und Altenberg gegen Freiberg vor und drückte den General Kleist den 27., 28. und 29. September bis in die Gegend von Lichtenberg zurück, während der General Haddick gegen den Prinzen und General Hülsen mit seiner übrigen Macht anrückte, und sie den 27. und 29. durch zum Theil recht ernsthafte Angriffe auf einzelne Theile ihrer ausgedehnten Stellung beschäftigte, die doch keinen andern Zweck hatten, als die Unterstützung des General Kleist zu verhindern.

Nachdem dieser bereits so nahe an Freiberg gekommen war, als der Prinz selbst, entschloß sich dieser, seine Stellung bei Pretschendorf zu verlassen, und die von Freiberg zu beziehen, während General Hülsen hinter die Triebsche zurückging.

Hier befand sich nun der Prinz mit den 20,000 Mann, die er selbst anführte, in einer zwar starken aber anderthalb Meilen ausgedehnten Stellung, wobei die ganze Linie seiner Postirung von Freiberg bis Meissen wieder fünf Meilen betrug.

In dieser Stellung ließ Haddick den Prinzen vierzehn Tage stehn, dann rückte er von Neuem gegen ihn vor, und zwar so, daß die Reichsarmee über Helbigsdorf und Langenau auf Freiberg gegen die rechte Flanke des Prinzen vorrückte. Den 14. Oktober wurde des Prinzen ganze Front wie früher mit einzelnen Angriffen beschäftigt, und General Kleefeld war bestimmt, den General Belling, welcher als vorgeschobener Posten bei Hartmannsdorf stand, von mehrern Seiten anzugreifen. Dieser Angriff mißlang, weil der Marsch der Kolonnen nicht stimmte; daher wurde das Manöver den 15. wiederholt und dies Mal mit solchem Erfolg, daß der General Belling von dem preußischen rechten Flügel abgedrängt und der General Syburg, welcher zu seiner Unterstützung bei Brandt aufgestellt war, mit einem Verlust von 1600 Mann und 9 Kanonen geschlagen wurde. Nachdem des Prinzen Aufstellung sich ohne besonderen unglücklichen Zufall auf

die

diese Weise so schlecht bewährt hatte, verging ihm die Lust einen Angriff auf den eigentlichen Kern der Stellung abzuwarten; er zog sich in der Nacht anderthalb Meilen weit in eine Stellung bei Reichenbach zurück, mit dem Rücken gegen den cellischen Wald.

Diese Vorgänge beweisen wohl hinreichend, daß die ganze Manier des Prinzen Heinrich nur auf das Imponiren berechnet war, und daß jeder ernsthafte Stoß, selbst ohne entschiedene Maßregeln, ganz von selbst zu bedeutenden Erfolgen führte.

Nachdem Prinz Heinrich den 20. Oktober seine Stellung noch etwas weiter rückwärts genommen hatte, beschloß er, die Reichsarmee in der ihrigen bei Freiberg anzugreifen. Da der Prinz am 16. bei Freiberg nicht hatte widerstehen können und sich nach dem 20. weiter zurückgezogen hatte, seitdem aber in dem Verhältniß der Streitkräfte keine Veränderung stattgefunden hatte, so ist es nicht leicht, den Entschluß des Prinzen zu motiviren.

Der König wollte, nachdem der Feldzug in Schlesien Mitte Oktober geendigt und bereits eine Convention wegen der Winterquartiere geschlossen war, noch etwas in Sachsen zur Erweiterung seines dortigen Länderbesitzes unternehmen.

Der Krieg neigte sich zum Ende, denn Rußland und Schweden waren bereits abgetreten, Frankreich mit England dem Abschluß nahe, und die Reichsstände so wie auch Sachsen des Krieges herzlich müde. Daß Ostreich den Krieg, welchen es bei so vielen Bundesgenossen mit wenig Erfolg geführt hatte, allein fortzusetzen sehr geneigt sein sollte, war höchst unwahrscheinlich. Es kam also dem Kö-

x

16

nige darauf an, da er an die Eroberung Dresdens nicht wohl mehr denken konnte, soviel des flachen Landes als möglich inne zu haben, weil das ein Äquivalent beim Friedensschluß abgeben konnte; auch wollte er durch eine stärkere Diversion durch Franken ins Reich die Neutralität der Reichsstände beschleunigen.

Darum ließ der König 12- bis 15,000 Mann seiner schlesischen Armee unter dem General Neuwied nach Sachsen aufbrechen. Dann sandte, um das Gleichgewicht zu halten, eine Verstärkung unter dem Prinzen Albrecht von Sachsen dahin.

Der Prinz Heinrich sah also voraus, daß es in Sachsen noch zu entscheidenden Maßregeln kommen würde; er durfte erwarten, daß der König nicht zögern würde, selbst einzutreffen, um den Befehl zu übernehmen; nun war ihm aber daran gelegen, die Scharte vom 15. wieder auszuwetzen; er beschloß also, die Zeit zu nutzen, wo die Bewegungen Neuwied's an der Elbe Haddick's Aufmerksamkeit fesselten, um die Reichsarmee in ihrem Lager bei Freiberg anzugreifen. Der Prinz wählte den 29. Oktober zum Angriff; an diesem Tage befand sich das neuwiedsche Corps bei Radeburg jenseits der Elbe; und hätte, da es an diesem Tage Ruhetag hatte, füglich über die Elbe gehen, und also den 30. allenfalls bei dem Prinzen sein können, so daß dieser, wenn er die Schlacht nur zwei Tage verschob, den 31. mit 15,000 Mann mehr hätte angreifen können. Von der andern Seite muß man aber auch sagen, daß der Prinz Albrecht von Sachsen den 29. über die Elbe ging, daß also der Prinz von Stolberg mit jedem Tage ebenfalls verstärkt werden konnte, daß er sich überdem täglich mehr verschanzte, und endlich daß nach

Ankunft der preußischen Verstärkung ein Angriff weniger unvermuthet gewesen wäre.

Warnery erzählt daß sich beim Corps des General Neuwied, der königliche Flügeladjutant, Oberstlieutenant Anhalt befand, und giebt dies als den Grund an, warum der Prinz und Seidlitz sich mit der Schlacht beeilt hätten; damit jenem nicht etwa das Verdienst davon zugeschrieben werde.

So menschlich dergleichen ist, so ist es doch nicht wahrscheinlich, daß der Prinz Heinrich, nachdem er sechs Jahre hindurch kommandirt, und für seinen Bruder eine Art von Puissance geworden war, sich durch einen Vertrauten so untergeordneter Art in dem Grade hätte imponiren lassen, um sich lieber einer Macht von 15,000 Mann an Tage der Schlacht zu berauben, als ihn zum Zeugen seiner Handlung zu haben. In jedem Fall müssen wohl die oben angegebenen objektiven Gründe einem zweitägigen Aufschub so das Gleichgewicht gehalten haben, daß dann ein Nebenumstand, wie der erzählte, entscheiden könnte.

Wie dem auch sei, so bleibt immer gewiß, daß der Entschluß des Prinzen Heinrich aus persönlichen Gründen hervorging, aber freilich muß man auch sagen, daß er mit dem allgemeinen Plan nicht im Widerspruch war.

Die Reichsarmee durch die Östreicher bis 49 Bataillone und 68 Schwadronen verstärkt, hatte ihr Lager bei Freiberg mit dem Rücken gegen die Mulde in einer ziemlich ausgedehnten Stellung genommen. Der Prinz griff sie den 29. Oktober in vier getrennten Kolonnen mit 29 Bataillonen und 60 Schwadronen an, durchbrach die Stellung und warf sie mit einem Verlust von 28 Kanonen und 4000 Gefangenen über die Mulde zurück.

Dieser Sieg hatte den gewünschten Erfolg. Die Reichsarmee zog sich in verschiedenen Stationen, auf Frauenstein, Altenberg nach Pirna zurück. Prinz Heinrich schickte den General Kleist nach Böhmen, wo derselbe in den ersten Tagen Novembers in Saatz ein beträchtliches Magazin zerstörte; dann wurde dieser General vom Könige Mitte November nach Franken geschickt, wo er bis Nürnberg ging, überall Contributionen eintrieb und von wo er im Dezember nach Sachsen zurückkehrte.

Der König besetzte nun mit seiner Armee ganz Sachsen bis an die böhmische und fränkische Grenze.

So schloß sich dieser letzte Feldzug und das Resultat war, daß der König für die Grafschaft Glatz, die in den Händen der Östreicher war, ganz Sachsen mit Ausnahme von Dresden als Äquivalent beim Frieden anzubieten hatte.

Wenn man diesen Feldzug des Prinzen Heinrich, welcher so sehr das Gepräge seiner Zeit trägt, mit den Feldzügen der neuesten Zeit vergleicht, so tritt sein Charakter deutlicher hervor, und man möchte sagen, daß er in zaghafter Manier von der höchsten Verwegenheit war.

§. 80.

Gebirgsstellungen.

Das so verrufene Cordonsystem, welches man gewöhnlich als eine Erfindung der neuern Zeit ansieht, entsteht aus den Aufstellungen im Gebirge immer mehr oder weniger von selbst; daher ist es auch so alt als der Krieg selbst, nur daß es in Zeiten, wo man mit den Heeren einen Gebirgsboden als etwas mit einer ausgebildeten

Kriegskunst Unverträgliches floh, weniger vorkam, als in den neuern Zeiten, wo die weiter geschrittene Ausbildung des Krieges sich mit dem Gebirgsboden wieder vertraut machte.

Keine Gebirgsstellung kann so eng und dicht genommen werden, wie eine Stellung in der Ebene; die Ursachen hiervon können hier nicht entwickelt werden, sie sind aber für jeden, der etwas von der Sache versteht, von selbst ziemlich einleuchtend. Es entstehen daher für Heere, die in der Ebene nicht mehr als einige tausend Schritt einnehmen würden, Fronten von mehrern Stunden Ausdehnung. Ferner kann man sich im Gebirge nicht schnell bewegen; man muß also, was man in der Ebene durch Bewegung sichert, im Gebirge durch Posten sichern. Diese schließen sich rechts und links an die ausgedehnte Stellung an, und so ist gleich eine Art von Cordon, d. h. eine aus lauter einzelnen Posten bestehende Aufstellung von drei bis vier Meilen fertig. Dies ist in der Natur der Sache und wird so oft zum Vorschein kommen, als man mit der Armee ins Gebirge geht.

Von dieser Gebirgsaufstellung ist freilich der eigentliche Cordon noch verschieden, und zwar nicht blos dem Raum nach, welchen er einnimmt, sondern auch dem Zwecke nach. So lange eine Gebirgsstellung, wie ausgedehnt sie auch werde, keinen andern Zweck hat, als die Sicherheit des Heeres, welches sie nimmt, und seiner Verbindungslinien, so lange verdient sie nicht den Namen eines Cordons. Dieser tritt ein, wenn die Deckung gewisser Landstriche durch eine Reihe von Posten, also durch eine passive Vertheidigung erreicht werden soll.

Von beiden finden wir in den schlesischen Kriegen

Beispiele genug. In den ersten schlesischen Kriegen deckte der König Schlesien und die Grafschaft Glatz gewöhnlich durch besondere Corps, woraus nicht selten cordonartige Postirungen entstanden. Im siebenjährigen Kriege versäumten die Östreicher fast nie, die Eingänge Böhmens, der Grafschaft Glatz und Mährens eben so zu decken. Am ausgezeichnetsten als Cordonkrieg erscheinen die Stellungen des Prinzen Heinrich in Sachsen in den Jahren 1758, 1761 und 1762 so wie der ihm gegenüberstehenden Generale. Hier war immer der Besitz gewisser Bezirke und die Sicherung dieses Besitzes durch aufgestellte Posten der Zweck, und die Ausdehnung für seine selten über 32,000 Mann starke Armee betrug fünf, sieben, zehn ja funfzehn Meilen. Nur hatten diese Cordons das Eigenthümliche, daß sie in einem Lande genommen wurden, welches zwar mit tiefen und steilen Thälern durchschnitten, aber übrigens nichts weniger als ein Gebirgsland, sondern flach, zugänglich und offen, d. h. wenig bewaldet war. Wenn von der einen Seite die Stellungen dadurch an Stärke verloren, so gewannen die Heere an Beweglichkeit und Umsicht, wodurch die passive Natur des Cordons ein wenig verändert wurde.

Beispiele ausgedehnter Gebirgsstellungen, die aber nicht den Zweck des Cordons hatten, sind die, welche die gegenseitigen Heere in dem schlesischen, d. h. in dem schweidnitzer Gebirge im Laufe des siebenjährigen Krieges genommen haben.

Sie kommen vor in den Feldzügen von 1760 nach der liegnitzer Schlacht von Seiten Daun's und des Königs, in dem Feldzug von 1761 von Seiten Laudon's vor der Vereinigung mit den Russen, und nach ihrer Entfernung; und 1762 vor und während der schweidnitzer Belagerung, wieder von Seiten Daun's und des Königs.

Sie hatten gewöhnlich eine Ausdehnung von zwei, drei auch vier Meilen, und man kann die Stärke der Armeen, welche sie einnahmen, bei dem Könige etwa zwischen 40, und 50,000 und bei Daun zwischen 50, und 60,000 Mann annehmen. Sie lassen sich hauptsächlich auf folgende neun zurückführen.

1. Die Stellung von Kunzendorf, mit dem rechten Flügel an dem schweidnitzer Wasser bei seinem Austritt aus dem Gebirge (Burckersdorf), mit dem linken bei Hohenfriedberg. Sie macht Front gegen die Ebene Schlesiens und wurde jedes Mal von den Östreichern genommen, wenn der König sie aus der Ebene vertrieb.

2. Die Stellung von Reichenau und Adelsbach. Sie war eine Stellung in der linken Flanke der vorigen und wurde genommen, wenn der König über Kauder diese Flanke umging, 1760 und 1762. Sie war theils auf den Höhen von Reichenau, theils auf den Höhen von Adelsbach, parallel mit dem Wasserzuge. Die linke Flanke dieser Stellung lehnte sich bei Hohenhelmsdorf und Neu-Reichenau an den Scheidungsrücken zwischen Bober und den nächsten Zuflüssen der Oder.

3. Die Stellung von Burckersdorf und Leutmannsdorf. Sie war eine Stellung für die rechte Flanke der vorigen, lehnte ihren rechten Flügel an das Eulengebirge. Die zweite und dritte dieser Stellungen sind nur als Zugaben der ersten zu betrachten; wenn diese verloren war, so nahm Daun eine der zwei andern.

4. Die Stellung von Seitendorf nach dem Verlust der rechten Flanke im Jahr 1760, als der König die

burckersdorfer Höhen genommen hatte. Sie lehnte sich mit dem rechten Flügel oberhalb Waldenburg gegen Tannhausen zu, wieder an den Scheidungsrücken zwischen Ober, Bober und Steinau, lief dem Wasserzuge meist parallel, durch Seitendorf gegen Fürstenstein.

5. Die Stellung von Dittmannsdorf nach dem Verlust der linken Flanke. Sie lehnte sich mit ihrem linken Flügel an denselben Scheidungsrücken und in derselben Gegend, wo die vorige den rechten Flügel angelehnt hatte. Sie lief derselben parallel und von ihr nur durch das dittmannsdorfer Wasser getrennt, auf Burckersdorf zu. Daun nahm sie 1762, nachdem der König die Flankenstellung von Reichenau und Adelsbach weiter umgangen hatte.

An diese Stellung schloß sich aber die Flankenstellung von Burckersdorf und Leutmannsdorf (Nr. 3.) wieder an, welche Daun mit besetzte.

6. Die Stellung von Wüstewaltersdorf, welche Daun 1762 nahm, nachdem er in der vorigen die rechte Flanke verloren hatte und schon im Rücken bedroht war. Sie hatte denselben Anlehnungspunkt des linken Flügels, wie die vorige, den rechten Flügel aber an die Eule gelehnt.

Dies ist die letzte Stellung der Östreicher im schweidnitzer Gebirge, weil sie schon dicht an die Grafschaft Glatz fällt. Die Stellung, welche Daun nach dem reichenbacher Treffen in der Grafschaft Glatz bei Schlegel nahm, ist so weit vom Könige entfernt, daß wir sie nur als eine vorläufige betrachten können. Der König hat gegen diese Stellungen Daun's hauptsächlich die drei folgenden genommen.

7. Gegen die Stellung von Seitendorf (Nr. 4.) die

von Bögendorf; d. h. mit dem rechten Flügel an Bögendorf über den blauen Ranzen quer durch Dittmannsdorf, mit dem linken Flügel an dem Kohlberg, d. h. an
dem Scheidungsrücken, an welchen alle diese Stellungen
angelehnt waren. In dieser Stellung hielt der König
Daun nach der Schlacht von Liegnitz fest.

8. Gegen die Stellung von Dittmannsdorf (Nr. 5.)
die von Seitendorf, im Jahr 1762. Das Centrum des
Königs etwa 25,000 Mann stark, hatte hier ein Stück
der daunschen Stellung Nr. 4., nämlich vom Altwasser
bis Seifersdorf inne, während der linke Flügel unter Ziethen, zwar auch in der Gegend von Freiburg stand, wo
Daun's linker Flügel gestanden hatte, aber doch anders
gestellt, nämlich zwischen Kunzendorf und Fürstenstein wie
en échelon. Des Königs rechter Flügel unter dem Grafen von Neuwied war nach Trautenau detachirt.

9. Endlich zur Deckung der Belagerung von Schweidnitz nahm der König eine von allen andern sehr abwei-
chende Aufstellung, wie der Zweck es erforderte. Sie war
merklich ausgedehnter als die vorige (ihre ganze Länge betrug sechs Meilen) und mit dem rechten Flügel bei Seitendorf, mit dem linken bei Mittel-Peilau genommen,
quer über den Wasserzug, mithin auch der feindlichen
Stellung von Wüstewaltersdorf nicht parallel, sondern so
daß der rechte Flügel nur zwei, der linke vier Meilen von
der zu beschützenden Belagerung entfernt war. Die Ursach
ist, weil jener Flügel sich im Gebirge dieser in der Ebene
befand. Die Stellung lief von Seitendorf über Bärsdorf, Neugericht, Heinrichau, Stein-Seifersdorf, Stein-
Kunzendorf, Peterswalde, Reichenbach, Nieder-Peilau bis
Mittel-Peilau. Das Auffallendste davon ist, daß die

Mitte auf dem halben Abhang des Eulengebirges gestellt war, und den hohen Kamm desselben dicht vor sich hatte.

Durch die bedeutende Ausdehnung welche alle diese Stellungen hatten, war die Besetzung der einzelnen Posten, woraus sie gebildet waren, meistens nur mit einer Linie Infanterie möglich, hinter welcher hier und da etwas Kavallerie als zweites Treffen stand. Nur auf den Hauptposten befanden sich auch wohl zwei Treffen Infanterie. So oft die Art der genommenen Aufstellung es zuließ, blieb die Hauptmasse der Kavallerie in der Ebene.

Man sieht aus der Aufzählung dieser verschiedenen, sogenannten starken Stellungen im schweidnitzer Gebirge, daß dieselben nicht so hervorstechend und von der Natur gewissermaßen geboten sind, wie die falschen Theorien es gern vorstellen, so daß die Heere sich ihrer immer wieder bedienen, sobald ihr Interesse sie in die Nähe derselben bringt, sondern daß von den Elementen, welche der Boden darbot, fast jedes Mal ein etwas verschiedener Gebrauch gemacht wurde. Ferner sieht man, daß die großen geologischen Lineamente der Gebirgsbildung bei der Wahl der Aufstellung nicht sonderlich vorherrschen und deswegen auch nicht, wie man wohl geglaubt hat, zu einer Art von Gesetz dabei dienen. Bald laufen die Fronten den Wasserzügen parallel, bald senkrecht auf dieselben, bald durchschneiden sie solche in schräger Richtung. Nirgends werden die hohen Wasserscheidungen und Theilungen gesucht, und oft sogar die Stellung an ihrem Fuße genommen.

Daß der Scheidungsrücken zwischen dem Bober, der Steinau und Oder als Anlehnungspunkt des einen Flügels immer wieder gebraucht wurde, hatte auch mehr in der zufälligen Bildung der Gegend seinen Grund, und darf nicht zu theoretisch genau genommen werden. Denn meistens hatten kleinere oder größere Corps noch ihr Spiel jenseits desselben.

Daß aber im Ganzen die Richtung des Wasserzuges so wie der ganzen Gebirgsmasse einen allgemeinen Einfluß auf die Richtungen der Stellungen gehabt hat, ist nicht zu verkennen, und soll von uns nicht geleugnet werden. Nur ist ein solcher allgemeiner Einfluß, welcher tausend Modifikationen unterworfen ist, nicht gemacht, um theoretische Gesetze für die Gebirgsvertheidigung zu liefern.

Merkwürdig ist noch an diesen Stellungen, daß, durch die Richtung des Gebirgs- und Wasserzugs veranlaßt, die meisten derselben so waren, daß beiden Theilen ihre Verbindungslinien mehr oder weniger seitwärts lagen.

§. 81.
Diversionen.

So wie man den Feldzug von 1757 den Feldzug der Schlachten, den von 1758 den Feldzug der Belagerungen, die von 1759 und 1760 der Märsche und Manöver, den von 1761 der verschanzten Stellungen nennen könnte, so könnte man den von 1762 als den Feldzug der Diversionen bezeichnen. In keinem andern kommen sie so häufig vor. Von Ober-Schlesien nach Mähren, aus dem Fürstenthum Schweidnitz nach Böhmen, zu zwei verschiedenen Perioden aus dem Erzgebirge nach Böhmen und endlich nach Franken.

Sie bestanden sämmtlich in Streifereien, durch einige tausend Mann unternommen, bei welchen freilich die Absicht war, dem Feinde durch Zerstörung von Magazinen zu schaden, und dem Könige durch Eintreibung von Kriegssteuern zu nützen, wobei indessen doch die Hauptsache immer die Diversion selbst blieb, nämlich feindliche Kräfte dadurch von dem Hauptkriegstheater abzuziehn. Die Einfälle in Mähren sollten Daun schwächen, die in Böhmen ihn aus seiner Stellung bei Schweidnitz vertreiben, die vom Erzgebirge nach Böhmen, Serbelloni und Haddick zum Rückzug von Dresden bewegen. Alle diese Zwecke aber wurden verfehlt, und so wird es sich mit Diversionen, die in bloßen Streifereien bestehen, wohl meistens verhalten. Indessen muß man sagen, daß dergleichen gewöhnlich dem Angreifenden nichts kosten, weil er sie nur unternimmt, wenn er sicher ist, nicht durch eine ernsthafte Unternehmung des Gegners dafür bestraft zu werden. Ein Übelstand liegt indessen in der Verwilderung der Truppen, welche dazu gebraucht werden, und in dem gesteigerten Haß, welchen die immer damit verbundenen Grausamkeiten und Schlechtigkeiten erregen. In unsern Tagen, wo die Kriege auf das Volk basirt sind, wo dessen Stimmung also einen unmittelbaren Einfluß darauf hat, und wo Landwehr und Landsturm vorbereitete Wege sind, um immer neue Kräfte hervorzurufen, würden solche Streifereien ganz unzweckmäßig sein.

Nur solche Diversionen, wie die von 1758 und 1760 auf Berlin können ihre Wirkung auf die übrigen Kriegsbegebenheiten nicht verfehlen, und werden daher immer als ein sehr wirksamer Hebel betrachtet werden können.

§. 82.

Die Schlacht von Freiberg.

1. Sie ist von Seiten des Angriffs merkwürdig dadurch, daß sie ganz im Styl der neueren Schlachten ist.

Die preußische Armee war in Divisionen (hier Angriffs-
kolonnen genannt) die aus allen Waffen bestanden, aufgelöst; d. h. diese Divisionen bildeten nicht einen zusammenhängenden Aufmarsch, sondern getrennte Angriffe. Die
Absicht war, das auf eine bequemere und vollständigere
Weise zu erreichen, was Friedrich der Große mit seiner
schiefen Schlachtordnung gesucht hat; nämlich den einen
feindlichen Flügel (hier den rechten) verhältnißmäßig mit
wenig Truppen zu beschäftigen, den andern dafür mit
stärkerer Macht anzufallen und zu umgehn. Die mit
Wald bedeckte Front der feindlichen Stellung begünstigte
die Wirkung dieser Disposition ungemein.

2. Nicht weniger merkwürdig ist diese Schlacht durch
die verwickelte, man kann wohl sagen verworrene, Disposition des Prinzen Heinrich, wodurch die Truppen der
verschiedenen Kolonnen in Rücksicht auf den höhern Befehlshaber, welchem sie zu gehorchen hatten, so in einander
geschlungen waren, daß wenigstens jetzt der Leser durchaus
nicht mehr weiß, unter welchem Befehl diese oder jene
Abtheilung eigentlich stand. Überhaupt ist die Verwendung
der Truppen nichts weniger als musterhaft, denn obgleich
der Prinz Heinrich um ein Drittheil schwächer war, als
sein Gegner, so ist doch der General Forcade mit 7 Bataillonen und 400 Pferden fast ganz müßig und das
übrige so zerstückelt, daß die durchdringende Kolonne unter Seidlitz und Kleist nur aus 8 Bataillonen und
25 Schwadronen bestand. Wenn es dem Prinzen Heinrich dennoch gelang, den Gegner zu überwältigen, so kann
man das nur theils den Fehlern der Aufstellung desselben,
theils der weniger entschlossenen Führung seiner Truppen
zuschreiben.

3. Von Seiten der Wertheidigung ist die Schlacht durch zwei große Fehler der Stellung merkwürdig, nämlich daß sie auf eine halbe Meile hinter sich den tiefen Einschnitt der Mulde hatte, und dicht vor sich überall Wald. Nichts desto weniger ist diese Stellung von den Östreichern fast jedes Mal so bezogen worden, wenn sie sich bei Freiberg aufstellten.

Der Feldzug

des

Herzogs Carl Wilhelm Ferdinand von Braunschweig

1787.

———

Der Feldzug des Herzogs von Braunschweig gegen die Holländer 1787.

Erster Abschnitt. Einleitung.

§. 1.

Politisches Verhältniß.

Der Erbstatthalter der Niederlande Wilhelm V. war drei Jahr alt, als 1751 sein Herr Vater starb. Die Niederländer waren gewohnt, bei fehlender Erbfolge oder langer Minderjährigkeit die Erbstatthalterwürde abzuschütteln und zur republikanischen Form zurückzukehren. So etwas regte sich auch zu dieser Zeit und es entstand eine sogenannte patriotische, d. h. republikanische Partei, die jede Gelegenheit ergriff, die Macht des Erbstatthalters zu beugen oder wo möglich gar zu brechen. Der junge Prinz stand bis 1759 unter der Vormundschaft seiner Mutter, einer englischen Prinzessin, und hierauf unter der gemeinschaftlichen des Herzogs Ludwig von Braunschweig als Feldmarschall der Republik und der Generalstaaten. Unter diesen Umständen konnte es nicht an Gelegenheit fehlen, den Zwiespalt zu nähren und die Parteien immer mehr von einander zu entfernen. Nach Außen hin fand eine dieser Parteien, nämlich die Patrioten, ihren Anhalt an Frankreich, die andere an England. Es war in der Natur

der Dinge, daß die Staaten zur ersten und der Herzog
Ludwig zur letzten gehörte. Diese Parteiung dauerte bis
zum amerikanischen Kriege, in welchem die vereinigten
Staaten bekanntlich sich an Frankreich gegen England en-
schlossen; es war dies als ein Sieg der republikanischen
Partei gegen die oranische zu betrachten, welche heimlich
dem Interesse der Engländer zugethan blieb. Unter diesen
Umständen konnte es nicht fehlen, daß dieser Krieg selbst
die innere Spaltung vermehrte, weil die republikanische
Partei den seit 1766 majorennen Erbstatthalter und den
Herzog von Braunschweig als Feldmarschall und Rathgeber des Prinzen wohl nicht ganz mit Unrecht beschul-
digte, daß die in diesem Kriege erlittenen Unglücksfälle, der
Vernachlässigung der Seemacht zugeschrieben werden müßten, welche die Administration absichtlich hätte eintreten lassen, um dafür die mehr gegen Frankreich bestimmte Landmacht zu begünstigen. Die Uneinigkeit wuchs also mit dem
Kriege, konnte sich aber beim Frieden natürlich nicht legen,
weil der Krieg nicht die wahre Veranlassung war, sondern
erreichte, nachdem der Herzog von Braunschweig sich schon
1782 aus dem Dienste der Republik entfernt hatte, 1785
den Punkt eines öffentlichen Bruches, indem die Staaten
dem Prinzen bei Gelegenheit eines im Haag vorgekomme-
nen Auflaufs, den Befehl über die Militairmacht dieses
Platzes nahmen, der ihm konstitutionsmäßig zukam; worauf der Prinz sich mit seiner Familie nach Nimwegen entfernte. Die Generalstaaten, welche nun ganz im Sinne
der republikanischen Partei handelten, eilten ihren Zwist
mit dem Kaiser Joseph wegen Freiheit der Schelde zu
enden, und mit Frankreich ein Defensivbündniß zu schließen, auf dessen Wirkungen sie bei ihren ferneren Schritten bauten.

Der Erbstatthalter hatte auswärtige Hülfe nur von zwei Kabinetten zu erwarten, vom englischen und preußischen. Allein England hatte eben einen unglücklichen Krieg geendigt; die Entschließungen seines Kabinettes wären vom Parlament abhängig und es war wohl von daher in keinem Fall ein beträchtlicher Beistand zu Lande zu erwarten, wenn auch der zur See allenfalls zu erhalten war. Von Preußen konnte der Erbstatthalter, da Friedrich der Große der Onkel seiner Frau war, wohl eine Verwendung erwarten, aber eine thätige Hülfe schwerlich, weil die politischen Verhältnisse zwischen ihm und der niederländischen Republik schon seit geraumer Zeit nicht sehr innig gewesen waren und Friedrich der Große, der seine Augen immer mehr nach dem Osten gerichtet hatte, am Rande des Grabes unmöglich noch die Absicht haben konnte im Westen sich in Händel zu verwickeln, die seinen Staat wenig angingen. Unter diesen Umständen geschah für den Erbstatthalter ein Paar Jahr hindurch nichts, als eine schwache, wirkungslose Verwendung Friedrich des Großen; und jener Prinz blieb daher in diesen zwei Jahren in jener zweifelhaften Lage, die mit so vielfältig verschlungenen, widersprechenden Verhältnissen, so voll Anomalien, wohl nur in einem Staate möglich ist, der aus den wunderbarsten Elementen von Föderation, Republik, Monarchie, von delegirter Macht, Dominialbesitz und erblichenen Prärogativen zusammengesetzt war.

Der Prinz und sein Hof befand sich zu Nimwegen; ein Theil des Heeres war seinem Schicksal gefolgt und hatte ein Lager in der Provinz Utrecht bezogen. Von den Provinzialstaaten waren Geldern, Seeland und Gröningen, wenn nicht gradezu für den Prinzen, doch wenigstens im Widerspruch mit Holland und Ober-Yssel, welche die

eigentliche Gegenpartei bildeten, während Utrecht und Friesland getheilt waren und doppelte Staatenversammlungen
hielten, davon aber die Republik den Sitz in den Generalstaaten im Haag genommen hatte.

Man kann wohl sagen, daß es in allen Provinzen
zwei entschiedene Parteien gab; Patrioten und Oranier;
in Holland und Ober-Yssel überwogen die erstern in dem
Maaße, daß sie ganz das Heft der Regierung in Händen
hatten; in Geldern, Seeland und Friesland war dies nicht
der Fall, aber man kann darum nicht behaupten, daß sie
die weniger zahlreichen gewesen wären. Der Bürgerstand
in den Städten war meist patriotisch gesinnt, der Adel
mehr oranisch, der Landmann war getheilt; in Ober-Yssel
und selbst in Friesland waren die Bauern fanatische Patrioten, in Seeland gab es viele eifrige Oranier.

Die Generalstaaten im Haag waren ursprünglich die
Gegner des Erbstatthalters; aber die Leidenschaftlichkeit der
Staaten von Holland, vorzüglich der Stadt Amsterdam
hatten freilich den eigentlichen Schwerpunkt der Gegenpartei noch etwas anders gestellt, und im Jahre 1787 als
die Sache zur Entscheidung kam, konnte man die im
Haag versammelten Generalstaaten schon als halbe Ver-
mittler, und nur die Staaten von Holland als den eigentlichen Hauptfeind betrachten.

Noch unentschiedener und verwickelter wie die politische
Stellung der Provinzen zum Erbstatthalter und gegenein-
ander, waren die Richtungen der eigentlichen Wirksamkei-
ten, die Administrations-, Geschäfts- und Rechtsverhält-
nisse der einzelnen Staaten, Städte, Stände u. s. w. Der
Erbstatthalter hatte 1785 sich, wie gesagt, nach Nimwegen zurückgezogen, die Landmacht rückte in ein Lager bei

Zeist *) zwischen Nimwegen und Utrecht, die Generalstaaten und die Staaten von Holland nahmen einen Theil der ehemaligen Armee in Sold, vermehrten die fremden Corps, errichteten Freicompagnien u. s. w.; aber von einer wahrhaft feindlichen Stellung war nicht die Rede, vielmehr übte der Erbstatthalter noch einzelne Akte seines Amtes aus, und erst im September 1786, also ein Jahr nach dem Bruch, wurde er von den Provinzialstaaten von Holland seiner dortigen Specialstatthalterschaft entsetzt. Selbst in dem Augenblick, wo die preußischen Truppen im folgenden Jahre über die Grenze gingen, ließen sich die erbstatthalterischen Truppen, welche Kuilenburg und Wyk by Duurstede besetzt hatten, so wenig auf Feindseligkeiten ein, daß sie dicht vor sich bei Hagestein, Everdingen, Leerdamm, die Holländer an den Überschwemmungsmitteln arbeiten ließen, und es mußten erst 30 preußische Husaren kommen, um Angesichts eines niederländischen Bataillons diese patriotischen Truppen und Arbeiter zu vertreiben. Von der andern Seite war der Erbstatthalter selbst im Jahre 1787 als der Krieg ausbrach, nicht ermächtigt, den Durchzug der preußischen Truppen durch die ihm befreundeten Provinzen von Geldern und den östlichen Theil von Utrecht anzuordnen, sondern es mußte mit den Staaten dieser Provinzen besonders und zwar heimlich, unterhandelt werden. Auch hatten die dem Erbstatthalter geneigten Provinzen ihre eigenen Truppen, ohne daß diese zu dem Corps desselben stießen. Noch auffallender ist es, wenn wir im Lauf des Feldzugs erfahren, daß der kommandirende General Graf Salm die Truppen nicht anders von einem Ort zum andern schicken kann, als vermittelst besonderer

---

*) Unweit Utrecht.   D. Herausg.

von den Staaten ausgefertigter Marschpatente. Kurz nie
ist ein Krieg aus Verhältnissen hervorgegangen, die so in
sich widersprechend, so unbestimmt und verworren, so wenig eine entschiedene Stellung zweier feindlichen Parteien und
Interessen waren. Dabei fehlte es aber nicht an dem eigentlichen Prinzip des Krieges, an Haß und Feindschaft;
es haben sich vielleicht nie zwei politische Parteien zu hö-
herer Leidenschaft gegen einander gesteigert, als die Oranier und Patrioten; aber diese Leidenschaft durchzuckte nur
einzelne Theile und konnte nie dazu kommen, dem Ganzen
einen gleichmäßigen Ton der Kraft zu geben.

So blieben die Sachen zwei Jahre hindurch in einer
Art von Spannung und Erwartung. Die Republikaner
rüsteten sich und steigerten ihre Widerstandsfähigkeit besonders durch eine Art von Volksbewaffnung in Bürgerkom-
pagnien, welche Genossenschaften, Schützenkompagnien u. s. w.
hießen, und in welche sich meistens das Gesindel der nie-
drigsten Volksklasse hatte einstellen lassen.

Der Rheingraf von Salm, welcher früher schon in
holländischen Diensten gestanden hatte, trat in den Dienst
der republikanischen Partei und errichtete ein Corps von
10. bis 12,000 Mann. Einige Regimenter der frühern
Armee blieben gleichfalls bei der republikanischen Partei
und es kam auf diese Weise eine Macht von einigen
20,000 Mann heraus. Bei Frankreich wurde für den
Fall eines Angriffs von Außen um Hülfe nachgesucht, die
auch mit einzelnen Offiziers, mit Artilleristen, vielleicht auch
mit Geld schon vorläufig gewährt, mit dem eigentlichen,
im Traktat von 1785 zugesagten Hülfscorps aber nur versprochen wurde, ohne daß man Anstalten dazu machen sah.

Die oranische Partei dagegen that zu ihrer Bewaffnung gar nichts. Die Truppen welche dem Prinzen gefolgt

waren, betrugen, obgleich allein an Fußvolk 11 Bataillone stark, nicht mehr als 3500 Mann. Sie standen bei Zeist im Lager. Der Erbstatthalter schlug sein Hauptquartier in Amersfoord auf und die Demarkationslinie beider Parteien lief ungefähr von Bommel an der Waal über Wyk by Duurstede am Rhein nach Zeist und Amersfoord an dem Zuidersee. That die oranische Partei gar nichts, um sich stärker zu waffnen, oder die zweifelhaften Provinzen zu gewinnen, die treugebliebenen enger um sich zu vereinigen, so betrieb sie desto eifriger das Nachsuchen der äußern Hülfe, wozu sich seit dem Herbst 1786 in Preußen bessere Verhältnisse gestaltet hatten.

Der Tod Friedrich des Großen brachte in Friedrich Wilhelm dem II. den Schwager des Erbstatthalters auf den Thron, einen jüngern, lebhaftern, ritterlicher fühlenden, weniger besonnenen Fürsten. Seitdem zeigte sich für den Erbstatthalter mehr Aussicht zu einer Unterstützung. Der Blick auf die andern Hauptmächte ließ eine solche Hülfe auch weniger gewagt erscheinen. Katharina II. schiffte sich im Winter von 1786 auf 1787 zu ihrer Reise nach dem Süden ein, woraus man damals auf eine Absicht gegen die Türken schloß; in jedem Falle leitete dies die Aufmerksamkeit dieser Fürstin von dem, was Preußen in Beziehung auf Holland thun könnte, merklich ab. Kaiser Joseph glaubte man in diesen türkischen Plan mit verwickelt, mehr als er es war, außerdem hatte er mit den hochmögenden Generalstaaten bis dahin im lebhaften Streit wegen der Schifffahrt auf der Schelde gelegen; tausend neue Einrichtungen in seinen Staaten beschäftigten ihn außerdem.

In Frankreich waren die Geldverlegenheiten sehr groß, die Ideen fingen an eine ganz neue Richtung zu nehmen.

die Leidenschaften regten sich, die Aufmerksamkeit des Hofes und der Minister wurde mit jedem Tage mehr von dem eigenen Zustande in Anspruch genommen; es war der Augenblick welcher, den ersten Schritt in die Revolution hinein, das Zusammenberufen der Notablen hervorbrachte. Ludwig XVI. mochte unter diesen Umständen vielleicht schon bereuen die Rebellen der Nordamerikaner unterstützt zu haben, und es ist nicht unwahrscheinlich, daß ihn die niederländischen Volksunruhen, während er sich ihrer der äußern Politik nach zum Schein annehmen mußte, heimlich anwiderten. Unter diesen Umständen konnte Preußen allerdings eher darauf eingehen, durch ein beträchtliches Corps die Republik zu bedrohen und seiner Vermittelung Eingang zu verschaffen. Daß eine solche Demonstration hinreichen würde, hatte allerdings viel Wahrscheinlichkeit; denn hatte man auch das Beispiel von 1672, wo 100,000 Franzosen nicht im Stande gewesen waren Herr der Überschwemmungen zu werden, so mußte man doch auf den Einfluß rechnen, welchen die außerhalb der Überschwemmungslinie gelegenen offenen Provinzen: Friesland, Ober-Yssel, Geldern und Utrecht in den Generalstaaten haben würden, wenn sie sich mit einer Invasion bedroht sahen. — Nichts desto weniger übereilte man sich in Berlin mit dem Entschluß nicht, sondern der Winter und das Frühjahr vergingen in Unterhandlungen, wobei der eigentliche letzte Entschluß des berliner Kabinets zweifelhaft blieb; es bedurfte eines neuen Anstoßes diesen zur Reife zu bringen.

Im Juni 1787 unternahm es die Erbstatthalterin sich von Nimwegen nach ihrem Hause im Busch beim Haag zu begeben, als ob nur von einem gewöhnlichen Landaufenthalt die Rede sei. Bei der gespannten feindlichen Stellung beider Parteien würde dies in allen andern

Verhältnissen eine ganz unbegreifliche Idee gewesen sein; aber eben, daß man sie fassen konnte, beweist die wunderbare Verschlingung der dortigen Verhältnisse, und erklärt sich außerdem noch dadurch, daß in jenem Zeitpunkt, die im Haag befindlichen Generalstaaten schon zu einer vermittelnden Annäherung der beiden äußersten Parteien geneigt waren. Die Reise hatte offenbar einen politischen Zweck, die Erbstatthalterin wollte jene Stimmung der Generalstaaten benutzen um durch persönliche Einwirkung auf einzelne Mitglieder den Bund der Gegner noch mehr zu sprengen und eine Ausgleichung zu versuchen. Die heftigen Patrioten hatten also ein starkes Interesse diese Reise zu verhindern und sie würde, wenn sie um Pässe nachgesucht hätte, diese niemals erhalten haben. Sie entschloß sich also die Reise auf gut Glück mit einer erkünstelten Unbefangenheit zu unternehmen. Die Folge war, daß sie in Schoonhoven, wo sie den 28. Juni auf die Linie der patriotischen Truppen traf, von diesen angehalten und zurückgewiesen, dabei einen Augenblick als Gefangene betrachtet, und wie sich das von einer feindselig gesinnten Bürgermiliz erwarten läßt, nicht immer mit der gehörigen Achtung behandelt wurde. Sie kehrte nach Nimwegen zurück und ein Courier eilte nach Berlin, die der Schwester des Königs widerfahrne Beleidigung zu melden. Dieser entschloß sich auf der Stelle seine bisherigen Drohungen ins Werk zu richten, und schon nach acht Tagen, den 6. Juli, erhielten die zum Angriff bestimmten Truppen Befehl zum Aufbruch.

Von nun an behandelte das preußische Kabinet seine Rüstungen gegen Holland nur als Mittel, sich über die einer Prinzessin seines Hauses zugefügte persönliche Beleidigung Genugthuung zu verschaffen, und da diese Beleidigung von den Kriegsvölkern der Provinz Holland verübt war, so suchte es diese Provinz zum alleinigen Gegenstand seiner Feindseligkeit zu machen, in der Hoffnung sie dadurch um so mehr von den andern zu isoliren, auch das Unternehmen bei den andern Kabinetten um so mehr in dem Lichte einer ganz unverfänglichen Familienangelegenheit zu machen. Dies ging so weit, daß der Herzog von Braunschweig, als er so weit vorgerückt war, den Haag mit seinen Truppen zu bedrohen, auf die Vorstellung Ihrer Hochmögenden, daß dadurch die Freiheit ihrer Berathungen gestört werden könnte, diesen Truppen befahl, auf ein Paar Meilen vom Haag Halt zu machen, weil die Absicht des Königs nur sei, sich gegen die Staaten von Holland Genugthuung zu verschaffen, nicht aber in die inneren Händel der Republik zu mischen. — Es war wohl klar, daß, wenn man mit bewaffneter Macht dahin gelangte, die widerspenstigsten der Provinzen, die den Kern und Schwerpunkt der Gegenpartei ausmachten, zu einer Genugthuung zu bringen, deren Hauptpunkte die Zurückberufung der erbstatthalterischen Familie nach dem Haag und die Absetzung der bisherigen Magistratspersonen war, daß sich dann das Übrige leicht finden würde.

Machte diese Ansicht und Erklärung auch nicht die volle Wirkung, daß sich die übrigen Provinzen von der von Holland ganz getrennt hätten, so trug sie doch wohl bei, den Widerspruch der innern Interessen jeder Partei noch zu vermehren und die Kräfte des Widerstandes noch mehr zu neutralisiren.

Ohne einen Gesammtblick auf die politischen Verhältnisse, wie wir ihn hier zu geben versucht haben, wäre der Feldzug von 1787 an sich, besonders aber in Beziehung auf die Grundsätze strategischer Kritik ganz unverständlich.

überhaupt ist ein Krieg nur die Fortsetzung der Fäden des politischen Verkehrs zwischen den Völkern und Staaten, und kein Krieg ist ganz verständlich, wo man die politischen Verhältnisse nicht mit ins Auge faßt. Aber mehr als anderswo ist dies der Fall, wenn, wie hier, die politischen Verhältnisse sich von einem reinen Gegensatz Feindschaft so weit entfernen und der Krieg selbst mehr als gewöhnlich von Banden des Friedens durchzogen ist.

§. 2.

Vertheidigungszustand der Holländer.

Die Holländer, wie wir sie künftig der Kürze wegen nennen wollen, hatten eine Macht von einigen 20,000 Mann, davon vielleicht die Hälfte Söldnercorps waren, die andere Hälfte Formationen, die aus dem Lande selbst hervorgegangen.

Ihr Kriegstheater, d. h. das Land was sie inne hatten und zur Vertheidigung einrichten konnten, bestand aus den Provinzen Holland, Seeland und Utrecht westlich der Vechte. Da das Land durch die Natur seiner geographischen Verhältnisse zur Vertheidigung in einem so hohen Grade geeignet war, und sich dies in dem berühmten Feldzuge von 1672 so bewährt hatte, so konnte von keinem andern Widerstande als dem der Vertheidigung die Rede sein.

Die besondere Richtung der preußischen Feindseligkeit gegen Holland ließ für Seeland nichts fürchten. Die Vertheidigungslinie der Holländer erstreckte sich also vom Leck bis an den Zuidersee (welches in grader Linie etwa acht Meilen beträgt), nämlich von Gorkum bis Naarden.

Das von dieser Linie westlich gelegene Land ist derjenige Strich, welcher durch seine Überschwemmungen in der Kriegsgeschichte öfter eine Rolle gespielt hat; davon

der Fall des Jahres 1672, wo diese Überschwemmungen
der Macht Ludwigs XIV. Stillstand geboten und die Re-
publik waltete, der berühmteste ist. Der Charakter dieses
Landstrichs ist der einer von Seen, Flüssen, Kanälen,
Gräben, Deichen und zerstreuten Wohnungen so durch-
schnittenen Niederung, wie es vielleicht keine andere in der
Welt giebt. Die zum Theil unter dem Niveau des Meeres gesenkte Bodenfläche dieser Niederung macht, daß das
Land und die meisten in ihm liegenden Wege nur durch
Dämme und Schleusen trocken erhalten werden können,
und daß man folglich auch das Mittel hat, durch das
Durchstechen der Dämme, Aufziehen oder Schließen der
Schleusen einen großen Theil dieser Bodenfläche unter
Wasser zu setzen. Dieses Wasser steigt zwar an den meisten Orten nicht so hoch, daß es nicht zu durchwaten sein
würde; allein weil das Land von unzähligen Gräben durchschnitten ist, die man unter dem Wasserspiegel nicht mehr
wahrnimmt, so wird das Durchwaten der Überschwemmung im Allgemeinen dadurch so gut wie unmöglich.
Selbst die Wege, welche so wenig mit Wasser bedeckt
sind, daß man sie noch erkennen und benutzen kann, werden doch in dem Maaße aufgeweicht, daß ihre Brauch-
barkeit dadurch meist verloren geht. —

Daß ein solches Land mit einer Kriegsmacht unendlich schwer zu durchziehen ist, und daß es dem Vertheidiger fast an jeder Stelle die stärksten Punkte zu einem
passiven Widerstand darbietet, versteht sich von selbst.
In der Regel kann der Angreifende zu seinem Vordringen nur die Hauptdämme an den großen Flüssen und
Meeren benutzen, weil diese höher sind und ihre Straßen
trocken bleiben. Die Hauptvertheidigungspunkte werden
also an diesen Dämmen sein. Allein wie es mit den mei-

ffen Hindernissen des Bodens in Beziehung auf die Zu-
gänglichkeit ist, so ist es auch mit diesen. Mit einer beträchtlichen Truppenmasse, mit Artillerie und auf beträchtlichen Längen kann man auf den Hauptstraßen nicht fort;
aber für kleinere Haufen bloßen Fußvolks auf kurzen
Strecken und mit großen Anstrengungen bleibt meistens
auch ein anderes Durchkommen möglich, und ein solches
Durchkommen ist also den Hauptposten, wenn sie nicht
aus lauter geschlossenen Forts bestehen, gefährlich. Die
Folge ist, daß die Vertheidigung selbst in diesem mit Hindernissen übersäeten Boden doch noch die größern Einschnitte, welche breite Flüsse oder Kanäle bilden, zur eigentlichen Linie ihres Widerstandes aufsucht. Aber freilich
folgt auch auf der andern Seite, daß, wenn ein Theil
einer solchen Linie verloren ist, sich bei der Menge starker
Punkte das verlorne Stück leicht wieder durch ein anderes ersetzen läßt, was, wenn auch nicht eben so stark als
das erste, doch hinreichend ist, ein Sprengen der ganzen
Linie zu verhüten, und neuen Aufenthalt hervorzubringen,
so daß der Angreifende hier nicht, wie bei andern ausgedehnten Stellungen des Vertheidigers, darauf rechnen kann,
mit dem örtlichen Erfolge auch noch einen allgemeinen
durch Abschneiden einzelner Theile u. s. w. zu verbinden.

Man begreift leicht, daß es unmöglich ist, von einem
solchen Lande eine vollständige systematische Übersicht, von
der einen Seite der Zugangsmittel, von der andern der
möglichen Vertheidigungslinien zu geben, denn beide würden sich abstufen und in immer kleinere Gegenstände verlieren. Ließe sich beides auch wirklich aufzählen, so würde
keine Übersicht dabei möglich bleiben. Außerdem giebt es
dazu keine geographischen Hülfsmittel, da in einem solchen
Lande die meisten Karten, man möchte sagen ihre Gewalt

verlieren, weil es unmöglich wird, über die Menge der Gegenstände die hauptsächlichsten recht geltend zu machen *).

Es bleibt uns also nichts übrig als die hervortretende Wichtigkeit der Punkte und Linien aus der Stelle zu entnehmen, die sie in den beiden Feldzügen von 1672 und 1787 gespielt haben und daraus von hinten herein eine Übersicht zusammen zu stellen, wobei wir aber ausdrücklich noch einmal darauf zurückkommen müssen, daß in einem solchen Lande gewiß eine Menge anderer Punkte und Linien unter andern Umständen in Wichtigkeit hervortreten können, daß man also für künftige Fälle das früher Vergekommene nicht wie eine durchgreifende Norm, sondern nur wie eine Andeutung der Hauptverhältnisse betrachten kann. Vor der von uns genannten Linie von Gorkum über Wianen und Utrecht nach Naarden, also östlich derselben befindet sich schon zwischen Rhenen am Rhein und Amersfoord an der Eem eine niedrige Gegend, welche vermittelst der bei Rhenen liegenden Grebbschleuse unter Wasser gesetzt werden kann. Allein diese Überschwemmung ist niemals benutzt worden, und da die Gegend von Amersfoord hoch und ziemlich offen ist, westlich der genannten Linie auch von Hilversum gegen Rhenen hier ein Höhenzug läuft, so würde in keinem Falle dieses Stück Über-

---

*) Die beste uns bekannte Karte von Holland und Utrecht ist die Wiebekingsche in acht Blättern. Die Wiebekingschen Karten haben aber grade die Eigenthümlichkeit, durch eine schlechte Wahl von Zeichen und Schrift und einer besondern Unbehülflichkeit in der Benutzung des Raumes höchst undeutlich zu sein †).

Was sich in Pfau's Geschichte des Feldzuges von 1787 findet, ist theils sehr skizzenhaft, theils blos auf die Wichtigkeit, welche die Punkte in diesem individuellen Falle hatten, gegründet.

†) Die beste öffentlich erschienene Karte ist die in neun Blättern von Krayenhof.   D. Herausg.

schwemmung von großer Stärke und Wichtigkeit für das
Ganze, sondern wenn sie gebraucht würde, nur als eine
die Schwierigkeiten vermehrende Maßregel zu betrachten
sein. Die oben genannte Hauptlinie von Gorkum über
Utrecht auf Naarden, an der die sehr durchschnittene und
zu überschwemmungen geeignete Gegend anfängt, und welche
wir daher als die erste Vertheidigungslinie betrachten wollen, zerfällt in drei Abschnitte, nämlich von Naarden bis
Utrecht, von Utrecht bis zum Leck und zwischen Leck
und Waal.

Von Naarden bis Utrecht bildet die Vechte die eigentliche Vertheidigungsline. Dieser Fluß, der kaum hundert Schritt breit ist würde an sich wenig bedeuten, aber
das Land auf seinem rechten Ufer ist auf die Breite von
einer bis anderthalb Meilen so mit kleinen Seen, Kanälen und Gräben durchschnitten, daß es zu den schwierig-
sten der ganzen Gegend gehört. Man kann sich also hier
dem Fluß nur auf einzelnen Dämmen nähern. Die einzelnen Punkte, welche hier befestigt vorkommen und also
die Hauptbedeutung haben, sind Naarden, welches eine
Meile östlich von der Vechte liegt, aber mit Muyden am
Ausfluß derselben in den Zuidersee, durch einen breiten
Kanal in Verbindung ist; dann Muyden selbst, Wesep,
Uitermeerschanze, Hinterdamm, Vreeland, Nieuwerschleuse
(Nieuwersluis), Breukelen, Maersen, Utrecht, sämmtlich
Punkte an der Vechte, davon Muyden eine kleine Festung
mit einer Citadelle; Wesep eine verschanzte Stadt, Uiter-
meerschanze, Hinterdamm und Nieuwerschleuse geschlossene
Forts, die andern aber offene Orte wären, bei welchen
Feldverschanzungen die Zugänge deckten.

Im zweiten Abschnitt bildete die sogenannte Waart
(Vaartenrhyn), d. h. der von Utrecht nach dem Leck bei

Vianen gehende Kanal die Wertheidigungslinie. Obgleich
der sogenannte krumme Rhein, d. h. der nördlichste Arm
des Rheins, der einzige fast, welcher seinen Namen fort-
führt, von Wyk by Duurstede nach Utrecht vor diesem
Kanal herläuft und das von beiden und dem Leck gebil-
dete Dreieck ziemlich durchschnitten ist, so ist doch diese
Gegend merklich zugänglicher als der erste Abschnitt. Die
verschanzten Zugangspunkte waren hier Utrecht, Jutphaas,
Vreeswyk, davon der erstere die große Straße von Amersfoord nach Rotterdam, der letztere den Damm auf dem
rechten Ufer des Leck schließt. Utrecht ist keine Festung
und dabei ein ziemlich großer Ort; allein es hat noch
Überreste seiner alten Befestigung, liegt in einer von unendlichen Gräben durchschnittenen zum Theil der Überschwemmung fähigen Gegend, und war in seinen Hauptzugängen durch Feldverschanzungen gedeckt. Es ergiebt sich
hieraus, daß der Ort einer Vertheidigung sehr gut fähig
ist, daß diese aber nicht mit ganz geringer Macht bewerkstelligt werden kann, sondern wahrscheinlich 3 bis 4000
Mann erfordert. — Jutphaas und Vreeswyk waren durch
Feldschanzen gedeckt.

Der dritte Abschnitt zwischen Leck und Waal. Die
eigentliche Vertheidigungslinie bildet hier ein Kanal der in
grader Richtung von Gorkum nach Vianen geht. Die
Übergänge sind hier Vianen, Meerkerk, arkelsche Schleuse
und Gorkum. Vianen ist ein haltbarer Ort, Gorkum eine
Festung, und die andern beiden Punkte waren verschanzt.
Allein die Gegend zwischen Leck und Waal wird durch die
Linge getheilt, und der größere Theil zwischen Linge und
Leck bis Buuren hin, ist wieder in einem hohen Grade
von Kanälen, Gräben und dergleichen durchschnitten. Der
Theil zwischen Linge und Waal ist offener. Die Haupt-

zu-

zugänge sind hier auf den Dämmen an dem Leck, der Linge und Waal, es geht aber außerdem zwischen Linge und Waal eine große Straße von Thiel auf Meteren, und von da auf Gorkum oder auf Asperen, wo sie die Linge passirt und dann nach Meerkerk führt.

Die Hauptzugänge gegen die oben beschriebene erste Vertheidigungslinie waren also auf den Dämmen an der Waal, der Linge, dem Leck und dann auf den großen Straßen über Amersfoord nach Utrecht, und über Amersfoord nach Naarden und Munden.

Der schwächste Punkt dieser ganzen Linie ist unstreitig Utrecht. Ein Ort der 5- bis 6000 Häuser und 32,000 Einwohner hat und nicht regelmäßig befestigt ist, kann natürlich nur von einer beträchtlichen Streitkraft, d. h. von 5- bis 6000 Mann vertheidigt werden. Dies war aber für die Machtverhältnisse welche 1672 und 1787 stattgefunden haben zu viel, und darum hat in beiden Jahren Utrecht und mit ihr die erste Linie der Überschwemmungen aufgegeben werden müssen.

Im Jahre 1672 wollte Wilhelm III. als er den Rhein und die Yssel verlassen mußte, Utrecht mit einer Garnison versehen; allein die Einwohner forderten, daß er es mit seinem ganzen Corps durch eine Stellung decken, oder ganz unvertheidigt lassen sollte. Es geschah daher das letztere. Im Jahre 1787 kam es, wie wir weiter unten sagen werden, wieder nicht zur Vertheidigung dieses Platzes.

Die zweite Linie nun, welche, nachdem Utrecht aufgegeben, gehalten wurde, ist von Gorkum hinter dem Kanal bis Meerkerk, von da auf Ameyden längs dem Leck bis Nieuwpoort und Schoonhoven, von da hinter einem durch Überschwemmung verstärkten Kanal bis an die Yssel, über welche die goeverwelser Schleuse bei Gouda den Übergang

x   18

bildet bis Bodegraven am Rhein, von da ohne einen bestimmten Terraineinschnitt aber durch eine höchst schwierige Gegend nach Amstelveen am harlemmer Meer, dann längs der Amstel über Oudekerk bis an den Ringsloot, einem Kanal, der das sogenannte diemer Meer einschließt. Dies letztere ist eine sehr angebaute, gewissermaßen schon die Vorstadt von Amsterdam bildende Gegend zwischen der Amstel und dem Y-Strom. Von diesem Ringsloot, an welchem die Duivendrechterbrüg den Hauptübergang macht, geht die Kanalverbindung und Vertheidigungslinie über Diemerbrüg, in der Richtung auf Wesep fort nach der Diem wo Winkebrüg den Übergang bildet, dann längs einem Kanal, die Gaasp genannt, auf Wesep, wo sie sich an die frühere Linie anschließt. Da diese Linie eine so stark eingebogene Gestalt hat, so beträgt ihre Ausdehnung, obgleich die Endpunkte Gorkum und Naarden bleiben, doch vier Meilen mehr als die vorige, nämlich zwölf Meilen.

Diese zweite Linie ist es, welche im Jahre 1672 den Franzosen widerstanden hat, und in der die Niederländer sich in den fünf Hauptposten von Gorkum, Schoonhoven mit Nieuwpoort, Gouda, Bodegraven und Munden mit Wesep aufgestellt hatten.

Die Befestigungsmittel welche die Holländer im Jahre 1787 an dieser zweiten Linie von Gorkum bis Nieuwersluis angewendet hatten, bestanden darin, daß sie Schoonhoven und Nieuwpoort als haltbare mit Wassergräben versehene Städte besetzt, bei der groeveveller Schleuse, Bodegraven, Amstelveen und Oudekerk, Duivendrechterbrüg, Diemerbrüg und Winkebrüg aber offene Werke von starkem Profil auf den Dünen errichtet und stark mit Geschütz besetzt hatten.

Als eine dritte Linie kann man die nördliche Hälfte

dieser zweiten betrachten, nämlich von Amstelveen bis Muyden und Naarden. Da sie an das harlemmer Meer sich anschließt und dieses an seinem nördlichen Ende mit dem Y-Strom bei Halfveg einen sehr starken Paß bildet, so ist Amsterdam mit seiner nächsten ganzen Umgebung und dadurch Nordholland gedeckt. Weil diese letztere Linie den stärksten Theil der früheren behält und dabei nur vier Meilen Ausdehnung hat, also ein Drittheil der vorigen, so ist sie natürlich als sehr viel stärker zu betrachten; dadurch wird sie eine ganz andere Maßregel und darum ist es, daß wir sie hier als eine dritte Linie, gleichsam als eine Citadelle aufführen. In dieser haben, wie wir sehen werden, die Holländer 1787 ihren einzigen ernstlichen Widerstand gethan. Selbst der Verlust von Naarden, Muyden, Wesep sprengt diese Linie nicht, da von Winkebrüg die Diem bis an den Zuidersee einen sehr starken neuen Abschnitt bildet mit dem einzigen Zugange des diemer Dammes am Meer, wodurch die Linie noch um mehr als eine Meile verkürzt wird und nur drittehalbe lang bleibt.

In dieser letzten Stellung wird Südholland allerdings preisgegeben; allein wenn man bedenkt, daß die Hälfte des Landes, nämlich Nordholland und die Hauptstadt Amsterdam dadurch gesichert und unüberwindlich werden; daß auch der aufgegebene Landstrich eine unendlich durchschnittene und schwer zugängliche Bodenfläche darbietet, in welcher die beiden größten Orte Dortrecht und Rotterdam noch eine natürlich so starke Lage haben, daß bei einer guten Gesinnung der Einwohner ihre Eroberung keine kleine Aufgabe bleiben würde, so sieht man wohl, daß die Besatzung dieses eingeräumten Landstrichs für den Angreifenden nicht ganz leicht ist. Ohne aber von der Hauptmacht beschützt zu werden und innerhalb der Hauptvertheidigungslinie zu liegen, kann dieser Landstrich dem Gegner, der es blos durch Nebencorps in Besitz nehmen wollte, doch sehr leicht und lange streitig gemacht werden. Verbindet man also diese Schwierigkeit, sich zum Herrn von Südholland zu machen, mit der Unmöglichkeit, den Kern der holländischen Macht vor Amsterdam zu überwältigen, so ist das allerdings ein politisches Resultat des Widerstandes, wie es in den seltensten Fällen ein schwacher Staat gegen einen mächtigen hoffen darf; ein Resultat, welches in den meisten Fällen ihn nicht allein vor dem Untergang, sondern auch vor einem zu nachtheiligen Frieden schützen wird.

Werfen wir jetzt einen allgemeinen Blick auf die Vertheidigungsanstalten der Holländer.

Sie hatten, wie wir schon gesagt haben, dem Rheingrafen Salm-Grumbach die Bildung eines Fremdencorps aufgetragen, dessen Zahl man im Jahre 1787 auf 11,000 Mann schätzte; die übrigen Truppen bestanden aus einigen Regimentern der Generalstaaten, die dem Erbstatthalter nicht gefolgt waren und aus freiwilligen Schützencompagnien und Genossenschaften, die eine Art patriotischer, zum Theil sehr fanatischer, aber darum doch nicht durchweg tüchtiger und brauchbarer Miliz bildeten. Die ganze Macht soll sich auf 25,000 Mann belaufen haben.

Der genannte Rheingraf Salm war der oberste Truppenbefehlshaber. Diese Wahl war unstreitig schlecht, denn er scheint ein Mann gewesen zu sein, dem es an einem gegründeten Ruf fehlte und der zu den Schwindlern gerechnet werden mußte. Indessen hatte er blos den Oberbefehl über die Truppen, war aber einer sogenannten Defenscommission untergeordnet, welche aus vier bis fünf der eifrigsten amsterdammer Patrioten bestand, die in Woerden ihren Sitz hatte und die allgemeinen Anordnungen traf.

Die Unterbefehlshaber waren, wie die Folge zeigte, sehr ungleicher Art; theils Holländer, theils Offiziere aus fremdem, besonders französischem Dienst, zum Theil sehr tüchtige, entschlossene Männer, zum Theil auch wieder, wie z. B. der Commandant von Gorkum, unerfahrne Thoren.

Es mochte freilich schwer sein, nachdem die Republik in so langer Zeit keinen Landkrieg gehabt hatte, und auch die übrigen europäischen Heere nur zu der Türkei und in Amerika Gelegenheit gehabt hatten, sich Kriegserfahrung zu holen, bei der Besetzung der wichtigsten Offizierstellen überall einen gemachten Ruf zur Bürgschaft zu finden; indessen würde doch auch ohne diese eine sorgfältigere Wahl vor allzu starken Mißgriffen gesichert und so die lächerliche und unwürdige Wendung des ersten Widerstandes verhütet haben.

Die eigentlichen Festungen welche sich in der Vertheidigungslinie befanden, Naarden, Muyden und Gorkum waren nothdürftig, d. h. jede mit ein Paar Bataillonen Besatzung und etwas besser mit Geschütz versehen. Die haltbaren Städte Schoonhoven, Nieuwpoort und Vianen scheinen nicht gehörig besetzt und eingerichtet gewesen zu sein, Weesp aber besser. Für Utrecht waren am meisten Anstalten getroffen und es befand sich daselbst eine große Menge Geschütz, aber es ist wohl zu glauben, daß dennoch die Vertheidigung dieses Platzes zu viel Streitkräfte erfordert hätte, um unternommen zu werden. Da man im letzten Augenblick den Entschluß änderte, so zeigt dies, wie man hier eine halbe Maßregel genommen hatte. In den geschlossenen Forts an der Vechte, Uitermeerschanze und Hinterdamm waren die Besatzungen wohl zu schwach, da sie in dem ersten nur aus 70, in dem andern aus

100 Mann bestanden; das Fort Nieuwersluis war verhältnißmäßig sehr stark besetzt, nämlich mit 800 Mann, aber
hier fehlte es an Lebensmitteln, denn der Commandant
brauchte dies schon am zweiten Tag der Einschließung zum
Vorwand der Übergabe. Die auf den Dämmen bei den
Brücken angelegten offenen Verschanzungen waren meistens
von sehr starkem Profil und guter Einrichtung; sie waren
sehr stark mit Geschütz besetzt, so daß ein solcher Damm
oft durch 6 bis 8 Geschütze bestrichen wurde. Die
Besatzungen waren hinreichend; aber freilich die Befehlshaber und die Beschaffenheit der Truppen war sehr ungleicher Art. Aber ein Hauptumstand war, daß die Überschwemmung nicht überall schon gehörig vorbereitet und eingetreten war. Eine so kostbare Maßregel hatte man bis
zum letzten Augenblick verschoben und es wurde, als Mitte
September's die preußischen Truppen anrückten, noch an
vielen Stellen an dem Durchstechen der Dämme und dem
Einrichten der Schanzen gearbeitet und diese Arbeit durch
die vorrückende Spitze der preußischen Truppen gestört,
was namentlich von dem zwischen Leck und Waal liegenden
Theil der Überschwemmungslinie gilt.

Amsterdam selbst war einer Vertheidigung schon darum
nicht fähig, weil eine so reiche Handelsstadt ein Bombardement mehr als alles gefürchtet haben würde.

Hiernach scheint es, so viel sich das in Entfernung
von Zeit und Ort beurtheilen läßt, daß die Vertheidigungsanstalten an einigen Punkten wohl eingerichtet, an andern
aber vernachläßigt waren, und für die geraume Zeit, welche
die republikanische Partei darauf verwenden konnte, nicht
ein so vortheilhaftes Resultat darboten, als erwartet werden konnte.

Wenn aber auch alles nach menschlicher Einsicht so gut als möglich gemacht worden wäre, so gab es doch drei große Ursachen der Schwächung, drei große Hindernisse eines guten Erfolgs.

1. **Das erste war der Mangel an Einheit im Befehl.** Im Jahre 1672 hatte sich auf das allerbestimmteste gezeigt, daß der Widerstand, welcher von einem obersten Befehlshaber geleitet wird, mit denselben Mitteln ganz andere Erfolge giebt. So wie Wilhelm III. durch die im August 1672 im Haag erfolgte Revolution, deren Opfer die Gebrüder de Witt wurden, an die Spitze des Staates kam, und namentlich unumschränkter Herr der Bewaffnung wurde, nahm die Vertheidigung einen ganz anderen Charakter an. Vorher waren die stärksten Plätze ohne Widerstand gefallen und die disponible Macht nicht über 13,000 Mann gewesen, nun hielten die kleinsten Nester, und Wilhelm III. konnte mit 20,000 Mann über die Flüsse in Brabant einrücken, um eine offensive Gegenwirkung zu versuchen.

Eine Defenskommission und ein abhängiger Befehlshaber der zu allen Civiladministrationszweigen eine ganz untergeordnete Stellung hatte, konnte unmöglich überall das Rechte vorkehren, überall in Einheit und mit Energie handeln.

2. **Die politische Spaltung.** Auch in der Provinz Holland gab es noch eine oranische Partei, die der patriotischen ganz entgegengesetzt war, und eine gemäßigte, die den Fanatismus der letztern nicht theilte; selbst in den großen Städten, Dortrecht, Utrecht, Rotterdam, ja sogar in Amsterdam war es so. Ein solcher innerer Riß thut sich aber immer kund, wenn es zu den Anstren-

gungen kommt, die der Widerstand in bedrängter Lage fordert. *).

3. Das moralische Übergewicht des Gegners. Wenn man bedenkt, daß die preußische Armee im Jahre 1787 noch nichts erlebt hätte, was an der innern Überlegenheit zweifeln ließ, die sie im siebenjährigen Kriege so offenbar bewiesen, daß der Herzog Carl von Braunschweig noch einer der Helden jenes Krieges war, von dessen Feldherrntalenten man die allergrößte Meinung hatte, daß die niederländischen Truppen seit dem östreichischen Erbfolgekriege in keinem Landkriege aufgetreten waren, so wird man sich wohl überzeugen, daß die öffentliche Meinung nicht blos bei Fremden, Unbetheiligten, sondern bei den Holländern selbst, dem preußischen Corps als Kriegsmacht eine entschiedene moralische Überlegenheit zuschreiben mußte. Eine solche öffentliche Meinung aber bleibt niemals ohne Einfluß, sie schwächt Muth und Vertrauen so lange bis glückliche Waffenerfolge anfangen, ihr das Gleichgewicht zu halten. Wenn aber statt dieser Unglücksfälle und Niederlagen eintreten, so gewinnt sie bald eine überwältigende Kraft.

Es ist natürlich die Wirkung jeder dieser drei nachtheiligen Verhältnisse nicht in einzelnen Begebenheiten nachzuweisen, sondern man muß sich den unzeitigen Fall der festen Plätze, die nachläßige Bewachung und schlechte Vertheidigung vieler Schanzen, die Desertion der Truppen, das Verschwinden des Grafen Salm, die halben Maß

---

*) Frankreich ist in seiner Revolutionszeit nie in eine solche Lage gekommen. So überwiegend auch dort die Anhänger der Revolution waren, so würde sich die innere Spaltung doch unzweifelhaft gezeigt haben, wenn man Frankreich im Jahre 1792 statt mit 70,000 Mann mit 200,000 angegriffen hätte und dreist auf Paris los marschirt wäre.

regeln bei der Vertheidigung von Utrecht, die Versäum=
nisse, welche in vielen Stücken stattgefunden haben, das
frühzeitige Einlenken der Generalstaaten, die davon herrüh=
rende Trennung mehrerer Regimenter von den Patrioten
u. f. w. als gemeinschaftliche Folgen derselben denken.

Wenn man nun bei diesen Betrachtungen findet, daß
die Widerstandsmittel der Holländer in ihrem Gesammt=
resultat nicht sehr furchtbar erscheinen, so muß man doch
nicht vergessen, daß der Herzog von Braunschweig bei der
Eröffnung des Feldzugs grade diese Ansicht nicht davon
haben konnte.

Die von uns angeführten drei nachtheiligen Verhält=
nisse mußte er freilich kennen; aber man war damals noch
nicht gewohnt, das zweite und dritte dieser Verhältnisse
sehr in Betrachtung zu ziehen und auf ihren unzweifelhaf=
ten Einfluß zu rechnen; das erste aber war ihm wohl
nicht in seinem ganzen Umfange bekannt. Über die An=
stalten des Gegners konnte er sich nur auf die Nachrich=
ten verlassen, die er darüber hatte und diese Nachrichten
sind in solchen Fällen fast immer übertrieben, so daß die
Lage des Gegners meist viel gediegener, geordneter und
tüchtiger erscheint als sie ist. Und so verhielt es sich auch
nach dem Zeugniß des Hauptgeschichtschreibers *) in die=
sem Falle wirklich.

§. 3.
Entscheidung des preußischen Kabinets durch die Gewalt der Waffen.

1. Betrachtung über die Natur dieses Ent=
schlusses. Fragt man sich nun was der preußische Hof,
wenn er einmal entschlossen war, sich mit den Waffen in

---

*) Pfau.

der Hand Genugthuung zu verschaffen, seinem Feinde gegenüber und bei den vorhandenen politischen Verhältnissen thun konnte, so kommt es auf folgende drei Gegenstände an:

1. was man sich als das Ziel des kriegerischen Aktes vorsetzen konnte;
2. welche Macht dazu erforderlich war;
3. wie der Feldherr diese Macht gebrauchen sollte.

Wenn einige 20,000 Mann in einem Terrain, wie es die Überschwemmungsgegenden darbieten, bei einigen Vorrichtungen überwunden werden sollen, so gehört dazu wenigstens eine beträchtliche Übermacht. Ja, da man nicht sicher ist, ob man mit der größten Übermacht im Stande sein werde, diese Vertheidigungslinien zu überwältigen, wenn man sie in der mäßigen Front angreift, die sie uns darbieten, so muß man seinen Haupterfolg darin suchen, daß man so viel Land als möglich mit Truppen überschwemmt und die Feinde entweder nöthigt, ihre Vertheidigungsanstalten viel mehr auszudehnen, und folglich sehr zu schwächen, oder das übrige Land Preis zu geben und unser Fortschreiten in demselben, wenn auch verhältnißmäßig mit sehr geringer Geschwindigkeit zu gestatten. Wäre man dann auch wirklich nicht im Stande die Citadelle des feindlichen Widerstandes zu überwinden, so würde man doch sehr wahrscheinlich, durch den Besitz so beträchtlicher Gegenden und den Druck, welchen eine beträchtliche Truppenmasse durch ihr bloßes Dasein darauf ausübt, ein hinreichendes Mittel haben, den Gegner zur Erfüllung unseres Willens zu zwingen.

Da man französischer Seits keine ernstlichen Anstalten zu einer Unterstützung der Holländer machte, welches man in Berlin wissen konnte, so hatte man sich von daher

auch nur allenfalls auf eine ganz schwache Diversion vor-
zusehen. Eine Macht wie Frankreich konnte allenfalls ein
Corps von 8- oder 10,000 Mann unverhofft schnell zu-
sammenziehen und damit eine Diversion nach dem Cleveschen unternehmen. Um dazu den Franzosen die Lust zu
benehmen, war nichts nöthig, als daß man ihnen zeigte,
daß man darauf vorbereitet sei, d. h. daß man ein ähnliches Corps in jenen Gegenden zurückließ, dem man das
Ansehn von einem doppelt so starken zu geben suchte.

Hiermit ist die erste Frage beantwortet. Um die zweite
zu beantworten sagen wir, daß, weil der Feind einige
20,000 Mann stark ist, das Doppelte der Macht, also
inclusive dessen was zur Deckung des Cleveschen zurück-
bleiben soll, etwa 50,000 Mann, uns in den Stand setzen
werden, die Hälfte dieser Macht zu verwenden, um damit
zwischen Waal und Leck vorzudringen und die dortige Vertheidigungslinie theils noch zu überflügeln, indem man durch
den bommler Waard bis an den Bies-Bosch vordringt und
nach Dortrecht über zu kommen sucht, theils zu forciren,
weil nun den wenigen tausend Holländern, die dieses Stück
der Linie hatten, an 20,000 Preußen gegenüber stehen.

Der Gebrauch dieser Truppen und die Beantwortung
der dritten Frage würde also in großen Umrissen folgender
sein: 5000 Mann bleiben im Cleveschen; ein Corps von
24,000 rückt in die Bethau ein und sucht auf jede Weise,
längs dem linken Ufer des Leck und auf beiden Ufern der
Waal, kurz, wie es immer geschehen könnte, vorzudringen,
den niedern Leck zu überschreiten, Dortrecht, Gorkum und
Rotterdam zu nehmen und von da auf den Haag, Leiden
und Harlem zu gehen.

Von den übrigen 21,000 Mann gingen 14,000 auf
Utrecht und die Vaart, und 7000 mit einem kleinen

Belagerungstrain versehen auf Naarden, um die Festung förmlich zu belagern und die feindlichen Streitkräfte auf dieser Seite hin zu beschäftigen.

Selbst wenn die Holländer von ihren Vertheidigungs-mitteln den besten Gebrauch machten, so würde doch eine solche Macht schwerlich dadurch überall aufgehalten worden sein; es wäre im Lauf des Herbstes eine solche Oberfläche des Landes in ihren Besitz gekommen und der schwere Druck einer so großen Macht überall den Unterhalt zu gewähren, hätte die Interessen der Land- und Stadtbewohner so an-geregt, daß nicht zu zweifeln ist, man würde den Wider-stand aufgegeben und sich auf billige Punkte mit dem preußischen Kabinet geeinigt haben.

So ist unsere Ansicht von der Sache; mit diesen Mitteln glauben wir, konnte das preußische Kabinet die bewaffnete Zwischenkunft unternehmen, ohne sich der Ge-fahr auszusetzen, von den Holländern selbst abgewiesen zu werden und sich folglich ein höchst unangenehmes Démenti gegeben zu haben, oder durch eine Demonstration von Sei-ten Frankreichs paralysirt zu werden.

Das preußische Kabinet hat die Sache nicht so an-gesehn, es hat geglaubt durch halb so viel Streitkräfte, nämlich etwa 25,000 Mann seinen Zweck erreichen zu kön-nen, und hat auch diesen Zweck wirklich erreicht. Die Ansicht des Kabinets, die Pläne und Maßregeln des Feldherrn, der Erfolg, welchen sie hatten, die Art wie sie ihn hatten und was sich aus dem allen für die Richtig-keit der Ansichten und des Verfahrens Lehrreiches ergiebt, wird sich am besten in der Übersicht dieses kurzen Feldzugs zeigen, zu der wir nun übergehen.

Zweiter Abschnitt.

Verlauf des Feldzuges.

§. 4.

Vorbereitung in der preußischen Armee vom 6. Juli bis 12. September.

Am 6. Juli gab der König den Befehl zur Mobilmachung der für den Angriff auf Holland bestimmten Truppen, welche aus

23 Bataillonen,
25 Schwadronen,
40 schweren Sechspfündern,
42 Regimentsgeschützen und
2 Jägercompagnien,

in Summa aus 25,000 Mann, bestanden. Ende August's waren diese Truppen, die zum Theil aus dem Magdeburgischen und der Mark kamen bei Wesel versammelt, mit Ausnahme von 5 Schwadronen golzischen Husaren die aus Pommern etwas später eintrafen und nach Ober-Yssel bestimmt wurden.

Der Herzog von Braunschweig, welchem der Befehl über dieses Corps übertragen worden war, war schon den 5. August in Wesel eingetroffen.

Damals war die Erbstatthalterin in Nimwegen, der Erbstatthalter in Amersfoord, und sein Corps, zwischen 3- und 4000 Mann stark, stand im Lager bei Zeist. Die beiden Hauptfestungen dieser Seite, Nimwegen und Arnheim, als gelderſche Plätze, waren befreundet; von der Provinz Utrecht war der östliche Theil, wo die erbstatthal-

terischen Truppen standen, und mithin Amersfoord und
Wyk by Duurstede als befreundet zu betrachten, jenseit
dieser beiden letzten Plätze ging, wie wir schon gesagt haben, das feindliche Gebiet an. Durch mehrere Besuche
bei der Erbstatthalterin hatte der Herzog Gelegenheit eine
Menge namhafter Männer aus den Niederlanden, die
oranisch gesinnt waren, zu sprechen und sich über den Zustand der Dinge genau zu unterrichten. Einige Offiziere
des Generalstabes wurden abgesandt, um in Begleitung
holländischer Offiziere die Wege so weit zu untersuchen als
man gehen konnte, ohne auf feindliche Truppen zu stoßen.
Im Haag befand sich bei den Generalstaaten noch der
preußische Gesandte und die diplomatischen Verhandlungen
hatten noch nicht aufgehört. Dies gab Veranlassung mehrere Couriere dorthin zu schicken, wozu denn immer einer
der Adjutanten des Herzogs gewählt wurde, wodurch die
Anstalten, welche die Holländer auf den Hauptdämmen an
beiden Seiten des Lecks getroffen hatten, auch einigermaßen bekannt wurden. Überhaupt konnte es dem preußischen
Feldherrn in einem solchen Verhältnisse wohl nicht an den
besten Nachrichten fehlen. Welche Ansicht der Herzog dadurch von der Lage des Feindes faßte und was sich dagegen thun lasse, wird sich am besten aus dem Operationsplan ersehen lassen, den er dem Könige von Wesel aus,
den 9. August einsandte und den wir deshalb mit den
Worten des Geschichtsschreibers hier anführen *).

„In diesem Schreiben stellte der Herzog dem Könige
„vor, wie alle eingegangenen Nachrichten versicherten, daß
„die Gegenpartei gegen den Herrn Statthalter sehr zahl-

---

*) Geschichte des preußischen Feldzugs in der Provinz Holland im
Jahre 1787 von Th. M. von Pfau, S. 30.

„reich sei, auch sich noch täglich vermehre; nicht nur von
„allen festen Plätzen der Provinz Holland, sondern auch
„von allen Schleusen, die sich vom Leck bis an den Zuider-
„see befinden, Meister sei. Wenn demnach diese sogenann-
„ten Patrioten ihre Übermacht gebrauchen wollten, so wür-
„den sie nach Belieben bis zur vordersten Defensionslinie
„ihres Staates (damit ist die Linie von Rheenen nach
„Amersfoord gemeint) vordringen können; indeß der Prinz
„von Oranien um dies Vorhaben zu verhindern, in sei-
„nem Lager bei Zeist nicht mehr als 3500 Mann habe,
„welche keinen hinlänglichen Widerstand zu thun vermöch-
„ten; folglich würden jene sich ohne Schwierigkeit des
„Greep, oder der Verschanzung an der Schleuse unweit
„Rheenen bemächtigen können, und vermittelst der Sper-
„rung dieser Schleuse, den ganzen Strich Landes zwischen
„Amersfoord und Rheenen unter Wasser zu setzen und al-
„les Vordringen auf dieser Seite ganz zu verhindern im
„Stande sein; wenigstens müsse man dies voraussetzen, denn
„es sei zu viel gewagt, den ganzen Erfolg einer Operation
„auf die Fehler zu gründen, die der Feind begehen möchte,
„oder auf eine unzeitige Schonung und Rücksicht zu rech-
„nen, welche er in Absicht der Landeseinwohner vielleicht
„gebrauchen dürfte. So viel sei gewiß, daß die preußi-
„schen Truppen die Bewerkstelligung der erwähnten Über-
„schwemmungen in den verschiedenen hintereinander liegen-
„den Landstrichen nicht verhindern könnten, weil sie beinahe
„dreier Tagemärsche bedürften um den Feind zu erreichen,
„oder an dessen vorderste Schleuse zu kommen; der Feind
„aber nach der Versicherung aller, der Sachen und Orte
„kundigen Männer, nur zwölf Stunden brauche, um die
„Gegend völlig unter Wasser zu setzen.‟

„Hierbei komme noch in Betrachtung, daß die Stärke

„der feindlichen Truppen alles zusammengenommen, sich
„gar wohl auf 20,000 Mann belaufen könne, welche
„Macht vollkommen hinreiche, auf den nur allein zu paf-
„sirenden Dämmen, die sich etwa zu unserm Gebrauche
„noch finden möchten, den stärksten Widerstand zu thun.
„Der Feind lasse dem Vernehmen nach 450 Artillerie-
„pferde (oder wie andere angeben, eine noch größere An-
„zahl) ankaufen, auch würde er zuverläßig von einer gro-
„ßen fremden Macht *) unterstützt, welche ihn mit allem
„Nöthigen, besonders mit guten Offizieren, tüchtigen In-
„genieuren und geschickten Artilleristen zu versehen, sich
„sehr angelegen sein lasse, so daß durch diese Bemühun-
„gen die Truppen in Zeit von etlichen Wochen auf einen
„ganz andern Fuß gebracht sein würden, wenn sie auch
„gegenwärtig vielleicht nur wenig furchtbar sein sollten.“

„Alles dies mache den Herzog geneigt, Sr. Maje-
„stät folgenden Operationsplan vorzulegen: daß man näm-
„lich Bedacht nehmen müsse, die Aufmerksamkeit des Fein-
„des zu zertheilen und zu dem Ende den Angriff an ver-
„schiedenen Orten zu gleicher Zeit zu unternehmen. Um
„dies zu erreichen, müsse ein beträchtliches Corps preuß-
„scher Kavallerie mit einiger Infanterie und Artillerie ver-
„suchen auf der Seite von Hilversum ins Gooyland ein-
„zudringen; welches Gebiet ungefähr zehn bis zwölf Stun-
„den von Amsterdam entfernt liegt, und der Provinz Hol-
„land zugehört. Auch wäre dieses die einzige Gegend,
„wo Kavallerie einigermaßen zu gebrauchen stehe, und wo
„sie am leichtesten mit Fourage zu unterhalten sein würde.
„Während dieser Bewegung unserer Truppen auf der rech-
„ten Seite gegen Holland müßten nun zwei andere Kolon-

---

*) Frankreich.

„tonnen aus Infanterie mit etwas leichter Kavallerie und
„einiger Artillerie formirt, versuchen, durch genau eintref-
„fende Märsche die Überschwemmungen und Vertheidi-
„gungslinien des Feindes zu umgehen und nach Maßgabe
„der Möglichkeit zu versuchen, wie sie über den niedern
„Leck ins Herz der Provinz Holland eindringen und sich
„der Stadt Rotterdam bemächtigen könnten, von wo ab
„es die Umstände an die Hand geben würden, ob man
„gegen den Haag, oder gegen Amsterdam mit einem Corps
„würde vorrücken können."

„Um dieses nun zu bewerkstelligen, würden die Trup-
„pen im Ganzen folgendermaßen zu vertheilen sein. Das
„zu dem Feldzuge bestimmte Corps der königlichen Trup-
„pen bestehe überhaupt, wenn es versammelt sein würde,
„aus 25 Bataillonen *), 25 Schwadronen und der dazu
„gehörigen schweren und leichten Artillerie. Bei Unter-
„nehmung einer Operation könnten zur Sicherheit im
„Rücken 2 Bataillone in Wesel, 1 Bataillon in Arn-
„heim und 1 in Nimwegen stehen bleiben, so daß folg-
„lich noch 21 Bataillone zum weitern Vormarsch zu ge-
„brauchen wären. Von diesen müßten 7 Bataillone nebst
„2 Schwadronen Husaren, 2 Batterien und 2 Compagnien
„Fußjäger aus dem Cleveschen nach Nimwegen rücken,
„um daselbst theils auf der fliegenden Brücke, theils in
„Fähren oder Schiffen die Waal zu passiren. Die 14 Ba-
„taillone, 23 Schwadronen nebst 2 Batterien und 100 kom-
„mandirten Fußjägern müßten den selbigen Tag bei Wester-
„voort auf der daselbst befindlichen Brücke über die Yssel
„gehen. Ein Theil dieser Truppen hätte sich nach Arnheim
„zu wenden und bei dieser Stadt über die daselbst liegende

---

*) Hier sind 2 Bataillone mitgerechnet, die in Wesel bleiben sollten.

„Schiffbrücke den Leck zu passiren *). Von Arnheim aus
„würde sich dieses Corps in 2 Kolonnen zu theilen ha-
„ben, so daß 15 Schwadronen und 5 Bataillone mit ei-
„ner Batterie schwerer Kanonen und mit 20 Jägern über
„Lunteren und Amersfoord nach Hilversum ins Gooyland
„marschirten, um den vorerwähnten Endzweck zu erreichen
„und den Feind auf der Seite von Arnheim nach Amers-
„foord hin aufmerksam zu machen.“

„Da die Feldbäckerei zu Wageningen am gelegent-
„lichsten zu errichten wäre, um Zufuhr vermittelst der
„Wassertransporte zu erleichtern, so würden zu deren Be-
„deckung 5 Schwadronen die Provinz Ober-Yssel und
„vornehmlich die Gegend von Deventer beobachten, 1 Ba-
„taillon aber in Wageningen verbleiben.

„Die andern 11 Bataillone und 5 Schwadronen nebst
„80 Jägern und 1 Batterie würden längs dem Leck auf den
„zwei hohen Dämmen über Wageningen nach Rheenen und
„Wyk by Duurstede marschiren, um solcher Gestalt auf
„beiden Seiten des Leckflusses in die Gegend von Kui-
„lenburg zu kommen und von da auf Vianen vorzu-
„rücken, welchen letzteren Ort diese Bataillone wegzuneh-
„men suchen müßten, weil man dadurch Meister von der
„Vaart würde, auch sodann das linke Ufer des Leck's ver-
„schiedene vortheilhafte Stellen darbieten solle, um von
„dort aus die Verschanzungen auf dem Leckdamm von der
„Vaart mit Artillerie im Rücken zu beschießen und deren
„Wegnahme möglich zu machen. Durch den Besitz dieser
„zwei Posten (bei Vianen und an der Vaart) würden

---

*) Sollte heißen den Rhein, denn erst von Wyk by Duurstede, wo
der krumme Rhein diese Wassermasse verläßt, nimmt sie den Namen des
Leck an.

„wir Meister von der Schiffahrt auf dem Leck werden
„und könnten die bewaffnete Fregatte verjagen, welche ge-
„genwärtig auf dem Leckstrom Anker geworfen habe, um
„alle Schiffahrt daselbst zu verhindern, die uns gleichwohl
„zum weitern Transport unentbehrlich sei."

„Unterdeß daß dies geschehe, würde jene erste Ko-
„lonne welche bei Nimwegen die Waal passirt hätte, über
„Dodevaart und Thiel auf Asperen marschiren und von
„da aus durch einige detachirte Bataillone Gorkum weg-
„zunehmen suchen, welche Festung gegenwärtig nur mäßig
„besetzt sei und einen unerfahrnen Kommandanten habe.
„Während der Zeit würde man auch eine Brücke bei Leer-
„dam schlagen, um auf Ameyden vorzurücken, um der da-
„sigen Schleuse sich zu bemächtigen. Da die Ankunft
„dieser Kolonne den nämlichen Tag zwischen Ameyden und
„Thienhoven einträfe, an welchem die zweite über Kuilen-
„burg kommende Kolonne den Angriff auf Vianen machen
„solle, so würde die erstere alles Mögliche unternehmen
„um im erforderlichen Fall den Angriff jener Kolonne auf
„Vianen auf der Seite von Lecksmond (Lexmond) zu un-
„terstützen."

„Nach diesem glücklich geendigten Angriff könnten
„sich beide Kolonnen wieder vereinigen, die nunmehr aus
„17 Bataillonen, 5 Schwadronen, 3 Batterien und 2 Jä-
„gercompagnien beständen, und festen Fuß am Leckstrom
„in dieser Gegend gefaßt hätten, und von Kuilenburg an
„bis gegen den Ausfluß des Leck nach der krimper Vaart
„vordringen."

„Da dieser Strich Landes der Provinz Holland ge-
„höre, so würde man im Stande sein, wegen der verwei-
„gerten Satisfaction sich nach Kriegsgebrauch eine Genug-
„thuung zu verschaffen. Auch würden die Umstände, die

19 *

„Jahreszeit und die Anordnungen des Feindes alsdann
„richtiger die ferner vorzunehmenden Operationen bestim-
„men lassen, und z. B. an die Hand geben: ob man sich
„der Festung Nieuwpoort und Schoonhoven bemeistern,
„ob man unterhalb oder oberhalb Schoonhoven über den
„Leck gehen und in das Innere der Provinz Holland
„eindringen, ob man Rotterdam einnehmen und mit ei-
„nem Vortrab von einigen Bataillonen und Husaren bis
„nach dem Haag hin sich ausdehnen könne."

„Um aber den Übergang über den Leck zu erleichtern,
„werde es nöthig sein, im Cleveschen einige große Rhein-
„schiffe mit Kanonen zu bewaffnen, auch zum Behuf der
„zu schlagenden Schiffbrücken eine Anzahl Schiffe sich an-
„zuschaffen, oder wenn selbige nicht zu bekommen sein soll-
„ten, sie nöthigen Falls gleich am Rhein bauen zu lassen."

Die Truppenvertheilung ist in diesem überhaupt nicht
sehr klar wiedergegebenen Operationsplan des Herzogs besonders verwirrt und nicht ohne Widersprüche; aus dem
Hergang des Feldzugs geht aber Folgendes hervor:

Das Corps bestand aus 23 Bataillonen, 25 Schwadronen, 4 Batterien und 2 Jägercompagnien.

1 Bataillon blieb in Arnheim, 1 in Nimwegen;
5 Schwadronen Husaren von Golz kamen etwas später
an und erhielten die Bestimmung nach der Provinz Ober-
Yssel zu marschiren, um diesen Verbündeten der Provinz
Holland in Schrecken zu setzen und der Unternehmung den
Rücken zu decken.

Von den übrigen Truppen bildete der Herzog drei
Divisionen:

Die erste oder rechte Flügeldivision unter dem General-
lieutenant von Lottum bestand aus 2 Bataillonen, 15 Schwa-
tronen, 1 Batterie und 20 Jägern.

Die zweite oder das Centrum unter dem General-lieutenant von Gaudi aus 12 Bataillonen, 3 Schwadronen, 1 Batterie und 100 Jägern.

Es blieb nämlich kein Bataillon in Wageningen, sondern 200 Kommandirte aus allen Bataillonen.

Die dritte Division oder der linke Flügel unter dem Befehl des Generallieutenants von Knobelsdorf bestand aus 7 Bataillonen, 2 Schwadronen, 2 Batterien und 2 Compagnien Jägern.

Die Bestimmung dieser drei Divisionen ist aus dem Operationsplan bekannt, es muß aber bemerkt werden, daß die zweite sich bei Arnheim in zwei Kolonnen trennte, indem 9 Bataillone und 3 Schwadronen Husaren und die Artillerie unter dem General von Gaudi selbst auf das linke Rheinufer übergingen, 3 Bataillone und 1 Husaren-kommando unter dem General Waldeck auf dem rechten Ufer blieben. Es ist um so auffallender, daß diese beiden Kolonnen in dem Operationsplan nicht bestimmter getrennt und jede selbstständiger behandelt worden, da sie durch einen breiten Strom getrennt waren, über den nur bei Arnheim eine Brücke führte.

Endlich ist noch in Beziehung auf den übrigen Operationsplan zu bemerken, daß man die Provinz Utrecht als eine halbbefreundete ansah, und deswegen die Stadt Utrecht nicht zum Gegenstand eines Angriffs machen wollte.

§. 5.

Erste Hälfte des Feldzugs vom 13. bis 22. September.

Wir wollen den Verlauf des Feldzuges jetzt in chronologischer Folge der Begebenheiten erzählen.

Am 13. September gehen die preußischen Truppen über die Grenze.

Die erste und zweite Division überschreiten bei Wester-voort auf Fähren die Yssel und gehen nach Arnheim, wo 9 Bataillone und 3 Schwadronen den Rhein auf der Brücke überschreiten, um auf dem linken Ufer vorzudrän-gen. Die dritte Division geht bei Nimwegen auf der flie-genden Brücke über die Waal und nimmt ihr Lager auf dem rechten Ufer. Der Herzog befindet sich bei dieser Division.

Den 14. September. Die erste und zweite Di-vision bleiben stehen. Die dritte geht bis Dodewaart.

Von der zweiten wird auf dem linken Ufer des Rheins ein Husarendetachement von 90 Pferden bis Kuilenburg vorgeschickt, wo sich ein Bataillon erbstatthalterischer Trup-pen befindet; dieses Detachement schiebt seine Spitze bis Everdingen, Hagestein, Leerdam vor und stört die dort eben unternommenen Arbeiten der Holländer um die Deiche zu durchstechen u. s. w.

Den 15. September geht die erste Division bis Barneveld, die zweite bis Wageningen und Kuilenburg, die dritte bis Thiel. Die Spitze der letztern stößt bei Asperen auf ein feindliches Detachement, welches ohne Mühe vertrieben wird. Die Spitze der auf dem linken Leckufer marschirenden Kolonne der zweiten Division drängt bis Vianen vor und findet den Feind eben im Abzug aus diesem Orte begriffen. Eine auf dem Leck vor Anker lie-gende Fregatte versucht es mit Mühe den Strom hinun-ter zu entkommen.

Den 16. September. Die erste Division nach Amersfoord.

Die zweite Ryswik, Everdingen und Wyk by Duurstede.

Die dritte Asperen.

Ein Detachement der letztern von 2 Bataillonen rückt mit einigen Haubitzen vor Gorkum und bombardirt den Ort.

Jetzt zeigt es sich schon, daß die Überschwemmungen nicht den gewünschten Erfolg haben. Die trockene Jahreszeit im Allgemeinen, und der Neumond und Ostwind im besondern, sind derselben ungünstig, und das Wasser will daher nicht überall so steigen, wie man sich versprochen hatte.

Der Graf Salm, welcher sich mit der Hauptmacht in Utrecht befand, hatte schon Ende August's der Defenscommission Vorstellungen über die Schwierigkeit gemacht, diesen Ort zu halten, aus welchen zugleich hervorgeht, daß der größte Theil der utrechter Einwohner sehr patriotisch gesinnt gewesen sein muß, da er allerhand maskirte Maßregeln vorschlägt, um diesen den Abzug zu verbergen. Da diese Vorschläge aber unbeachtet geblieben waren, so zeigte er sich zur Vertheidigung bereitwillig, verschaffte sich aber unter einem Vorwande unausgefüllte Marschpatente und disponirte am 16. September vermittelst dieser seine Truppen nach Wesep, Muiden und dem Amstellande, indem er Utrecht ganz aufgab, sich selbst aber heimlich aus dem Staube machte und so von der Bühne ganz verschwand; worauf der Erbstatthalter noch am selbigen Tage mit seinen Truppen in Utrecht einrückte. Die unmittelbare Folge davon war, daß die Holländer die Punkte an der Vaart verließen, welche von den Truppen des Erbstatthalters besetzt wurden.

Es war also auf diese Weise die von uns angegebene erste Vertheidigungslinie schon gesprengt. Die Punkte von Asperen und Leerdam waren gleichfalls schon von den Holländern verlassen und es kam nur darauf an, ob Meerkerk und die arkelsche Schleuse gehalten werden würden.

Von Vianen aus bemächtigte sich die Spitze des Generals Gaudi der auf dem linken Leck auf eine Sandbanke gerathenen Fregatte von 10 Kanonen.

Den 17. September:

erste Division Hilversum;

zweite   -   Kuilenburg und Wyk by Duurstede;

dritte   -   Meerkerk.

Die Festung Gorkum war nach einigen Bombenwürfen am 17. von ihrer Besatzung verlassen, wärend der Kommandant auf dem Glacis beschäftigt war eine Kapitulation abzuschließen *).

Ebenso war der Posten von Meerkerk geräumt; nur die arkelsche Schleuse war, vermuthlich aus Versehen, mit 100 Mann besetzt geblieben, die der Major von Hirschfeld mit 6 Husaren, in dem Augenblick, als sie ihren Posten verlassen wollten, zu Gefangenen machte.

Die dritte Division schob ihre Spitze an diesem Tage bis Schoonhoven und Nieuwpoort vor und fand beide Orte vom Feinde verlassen. Hiermit war also der linke Flügel der Überschwemmungslinie verlassen, an den sich die zweite von uns angegebene anschloß; es konnte also auch diese zweite nicht mehr gehalten werden.

---

*) An Geschütz wurde gefunden:

1. metallenes auf dem Walle   33
            im Zeughaus   28
                                    61

2. eisernes auf dem Walle   40
            im Zeughaus   71
                                    111

3. ungefähr 7000 Musketen.

D. Herausg.

Von der ersten Division rückte die Avantgarde unter dem General Kalkreuth vor Naarden.

Der Lieutenant von Wirsbitzki bemächtigte sich mit 40 Pferden der Uitermeerschanze, nahm darin 50 Mann gefangen und eroberte 15 Geschütze.

Den 18. September:
erste Division Hilversum;
zweite und dritte Division Ameyden, Nieuwpoort und Schoonhoven.

In dieser Stellung verblieben die Truppen drei Tage.

Am 18. nahm von der ersten Division der Major Zürson mit 40 Pferden und 30 Mann Infanterie das Fort Hinterdam gleichfalls durch Überrumpelung, und nahm darin 40 Mann mit 12 Geschützen.

Von der zweiten Division nahm der Lieutenant Pfeilitzer mit 16 Jägern und 6 Husaren die groeverveller Schleuse, wieder durch Überrumpelung, machte 50 Mann Gefangene und eroberte 12 Geschütze. Der Lieutenant Holzendorf mit 30 Husaren und 10 Jägern zwang die wieringer Schanze zwischen der groeverveller Schleuse und Woerden sich mit 35 Mann und 14 Geschützen zu ergeben.

Von der in Gorkum gebliebenen Besatzung ward an diesem Tage Dortrecht durch ein ganz schwaches Detachement besetzt, welches die Bürger freiwillig einließen. Die Waffenvorräthe dieses Platzes waren ungeheuer: sie bestanden in 152 metallenen, 568 eisernen Geschützen, 69,000 Musketen und 10,000 Parapetgewehren ꝛc.

Überall streiften preußische Kavalleriedetachements umher und entwaffneten die Einwohner, welches diese auch geschehen ließen, ohne sich zu widersetzen.

Aus diesem Allen ging deutlich hervor, wie wenig

genügend die von den Holländern getroffenen Anstalten waren, wie schlecht die Wahl der Befehlshaber in den einzelnen Schanzen, wie erbärmlich der Geist der Truppen und
wie wenig gediegen der ganze Nationalsinn. Das Verschwinden des Grafen Salm von seinem Posten schien das
Signal gegeben zu haben zu einer allgemeinen Muthlosigkeit, welcher denn die Wendung der politischen Richtung
immer auf dem Fuß zu folgen pflegt. In diesen wenigen
Tagen hatte sich die oranische Partei wahrscheinlich ver-
doppelt und den Andern schienen die Waffen aus den Händen zu fallen. Aber allerdings mußten diese Erscheinungen in dem Zustande des Ganzen schon gegründet sein,
und die tapferste Gegenwehr in Utrecht würde doch vermuthlich nicht auf allen andern Punkten einen tüchtigen
Widerstand hervorzubringen vermocht haben.

Die Generalstaaten sahen nun klar, wie schlecht es
mit der holländischen Sache stehe und beeilten sich den
Erbstatthalter zur Rückkehr nach dem Haag einzuladen,
wo derselbe auch den 20. eintraf. Dieser Schritt der Generalstaaten mußte den Widerstand nothwendig von Neuem
untergraben; schon ließ sich voraussehen, was sich auch bald
zutrug, daß die in dem Dienst derselben befindlichen Regimenter die Sache der Holländer verlassen würden.

Man hätte unter diesen Umständen glauben sollen,
diese würden sich von nun an zum Ziel legen; sie thaten
auch wirklich einige diplomatische Schritte, aber die Partei-
häupter hatten doch Leidenschaftlichkeit und Gewalt genug,
um noch an keine vollkommene Unterwerfung zu denken,
und je mehr sich der Krieg den Thoren von Amsterdam
näherte, um so mehr gewann der Widerstand eine gewisse
Gediegenheit.

Den 19. September. Die Stellung des Hauptcorps war die vorige. Der General Eben rückt mit der Avantgarde der zweiten und dritten Division nach Gouda vor.

Von der ersten Division nimmt ein Detachement noch den Posten von Vreeland an der Vechte zwischen den Forts Hinterdam und Nieuwersluis.

Den 20. September. General Eben schickt ein kleines Kavalleriedetachement nach Rotterdam, welches in diese Stadt gutwillig eingelassen wird; er schickt seine Avantgarde bis Alphen.

Der Herzog läßt bei Schoonhoven eine Brücke schlagen.

Den 21. September. Von der ersten Division zwingt der General Kalkreuth mit einigen Compagnien Infanterie das Fort Nieuwersluis, nachdem er einige Tage seine Verbindung mit Amsterdam gestört hat *), sich angeblich aus Mangel an Lebensmitteln zu ergeben. Die 800 Mann starke Besatzung wird kriegsgefangen. Man findet in diesem Fort 78 Stück Geschütze.

Ein Detachement dieses Generals dringt bis Abkoude vor.

Der Herzog verstärkt den General Kalkreuth mit einem Bataillon.

General Eben besetzt Woerden; alle übrigen Städte bis auf Amsterdam unterwerfen sich der Autorität des Erbstatthalters.

Die Stadt Leyden schickte Deputirte an den Herzog, um zu bitten, daß die preußischen Truppen sich der Stadt

---

*) Der General von Kalkreuth besetzte am 20. September, da er so wenig Infanterie hatte, mit einigen Kürassieren das looner Sloot. Die Kavallerie mußte hier überhaupt oft den Dienst der Infanterie versehen.   D. Herausg.

nicht zu sehr nähern möchten, weil dies die Freiheit der Berathschlagung stören würde. Der Herzog befahl dem General Eben seine Spitze nicht weiter als auf zwei Stunden von Leyden vordringen zu lassen.

Den 22. September. Die erste Division hatte in dieser Zeit von ihrem Lager von Hilversum aus die Festungen Naarden, Munden und Wesep auf der rechten Seite der Vechte durch Patrouillen beunruhigt und beobachtet, während der General Kalkreuth nach der Einnahme von Nieuwersluis und Abkoude sich Wesep auf der linken Seite der Vechte näherte.

Diese drei Festungen waren ziemlich hinreichend mit Truppen besetzt, und hatten Naarden an dem General Ryssel, Munden an dem Obersten Matha und Wesep an dem Obersten van der Pool tüchtige Männer zu Kommandanten.

Der erste versuchte sogar an diesem Tage einen Lebensmitteltransport, welcher ins preußische Lager bestimmt war, wegzunehmen, welches aber mißlang; der letzte machte einen Ausfall mit 50 Mann gegen einen preußischen Posten, der aber so schlecht gelang, daß kein Mann davon zurückkam.

§. 6.

Zweite Hälfte des Feldzugs vom 23. September bis zum 10. Oktober.

Die Holländer hatten bei dem wirklichen Einbruch der Preußen den französischen Hof mit Bitten um ernstliche Hülfe bestürmt, die dieser zu leisten aber nicht Willens war. Indessen wollte derselbe doch wenigstens so thun und ließ deshalb das Gerücht davon durch Zeitungsartikel ausstreuen. Dies brachte beim Herzog von Braunschweig ernstliche Besorgnisse hervor, und er hielt es nicht für unweise, 6 Bataillone unter dem General Gaudi einige Märsche zurück nach der Gegend von Buuren thun zu lassen. Er glaubte unter den vorhandenen Umständen, wo sich die Vertheidigungslinie des Feindes immer mehr zusammenzog ohnehin bei der Natur der Gegend von einer Übermacht keinen sonderlichen Gebrauch machen zu können. Auf den Dämmen schienen größere Truppenmassen wie ein Paar Bataillone mehr eine Last, und wenn die starken Posten genommen werden sollten, so mußte es mehr durch List und geschickte Combinationen als durch Übermacht geschehen. Von der andern Seite schien es dem Herzog wichtig, das Clevesche vor etwanigen französischen Streifereien zu decken, namentlich die in Rees, Wesel und Emmerich liegenden Magazine zu sichern.

Nachdem der Herzog also auf diese Weise sich um 6 Bataillone geschwächt, außerdem aber 2 in Gorkum, 1 in Nieuwpoort, 1 in Schoonhoven gelassen und 1 zum General Kalkreuth geschickt hatte, blieben die zweite und dritte Division zusammen noch 8 Bataillone, 3 Schwadronen, 2 Jägercompagnien und 4 Batterien stark. An diesem Tage faßten die Generalstaaten den Beschluß, die Erbstatthalterin zur Rückkehr nach dem Haag einzuladen, wo dieselbe auch den 24. eintraf.

Den 23. September. General Kalkreuth macht in der Nacht einen vergeblichen Versuch auf Wesep, wobei er 40 Mann verliert. Man sieht aus der Erzählung, daß dies unter den vorhandenen Umständen und bei der gewohnten Leichtigkeit des Erfolgs wie eine wahre Niederlage angesehen wurde.

General Eben rückt mit der Avantgarde des linken

Flügels in Alphen ein. Der Herzog folgte mit den übrigen Truppen bis Gouda.

Es war also der Stand der Truppen an diesem Tage:
der rechte Flügel oder die erste Division Hilversum und
    Abkoude;
der linke Flügel, oder die zweite und dritte Division
    Alphen und Gouda;
General Gaudi Buuren.

Den 24. September. Der Herzog schickt noch 1 Bataillon zur Verstärkung des Generals Kalkreuth ab.

Der linke Flügel rückt nach Alphen, die Avantgarde nach Leymuiden.

Drei holländische in Oudekerk stehende Bataillone, welche in dem Dienste der Generalstaaten waren, wollen jetzt, da diese sich mit dem Erbstatthalter ausgesöhnt haben, die holländische Partei verlassen; sie werden von Amsterdam abgelöst und erhalten Marschpatente nach den Generalitätslanden.

Der Herzog, welcher bei dem weitern Vorrücken gegen Amsterdam doch auf Schwierigkeiten zu stoßen fürchtete, die einen völligen Stillstand des weitern Angriffs hervorbringen konnten, und dann, besonders wenn Frankreich sich einmischte, voraussah, es könnte trotz aller bisherigen glücklichen Fortschritte dazu kommen, daß Preußen in eine politische Verlegenheit geriethe und sich eine starke Blöße geben müßte, suchte durch heimliche Unterhandlungen mit den wichtigsten Personen der feindlichen Partei ohne Kampf zum Ziel zu kommen. Diese Wege führten aber nicht ans Ziel. Zwar hielten die Holländer jetzt wirklich um einen Waffenstillstand an und fingen an im Haag und beim Herzog Unterhandlungen anzuknüpfen, aber eine unbedingte Unterwerfung wollten sie sich nicht gefallen lassen.

Die Einsetzung der alten Magistrate, die Entwaffnung der Freicorps und die Beitretung zu den im Haag gefaßten Beschlüssen, wobei sich namentlich die Zurückberufung der Erbstatthalterin befand, fand immer noch Anstoß bei dem Kern der patriotischen Partei, und die Generalstaaten selbst hatten zu viel Respekt vor dem Gewicht von Amsterdam, um entscheidend einzugreifen. Die Sache war wohl, daß sie selbst es nicht ungern sahen, wenn durch den hartnäckigen Widerstand Amsterdam's das Verlorne einigermaßen eingebracht, und dem oranisch-preußischen Druck einigermaßen ein Gegengewicht angelegt werden könnte. Der Herzog mußte also, wollte er der Würde seines Hofes nicht zu viel vergeben, auf ein weiteres Vorrücken gegen Amsterdam, d. h. auf einen Angriff der letzten Vertheidigungslinie denken, durch deren Sprengung er hoffen durfte der widerspenstigen Stadt nahe genug zu kommen, um sie mit einem Bombardement bedrohen zu können.

Den 25. September. Der Herzog rekognoscirte in dieser Absicht den Posten von Amstelveen, und hatte mit dem General Kalkreuth eine Unterredung in Abkoude, weil dieser den linken Flügel der feindlichen Linie besser kannte, und worin sie vorläufig den Plan des Angriffs besprachen, der den 1. Oktober zur Ausführung kam.

Den 26. September. Eine Deputation aus Amsterdam macht neue Versuche zum Vergleich, die aber vom Herzog nicht angenommen werden.

Der Kommandant der Festung Wesep, aufgefordert durch den Erbstatthalter, übergiebt den Platz den Preußen und tritt in die Dienste des Erbstatthalters zurück.

Naarden wurde ebenso aufgefordert; der General Ryssel legte hierauf seine Stelle nieder; der Oberst Matha wurde von der Defenskommission zum Kommandanten ernannt und schlug die Aufforderung aus. Weil aber die Garnison unruhig wurde, so reiste er nach Amsterdam, um sich Verhaltungsbefehle zu holen; unterdeß übergab der auf ihn folgende Offizier den Platz und trat mit der Garnison in die Dienste des Erbstatthalters zurück. Der Oberst Matha erfuhr dies in Munden und blieb nun in diesem Platz als Kommandant zurück.

Durch den Fall dieser Plätze wurde der Angriff auf die feindliche letzte Linie nicht wesentlich erleichtert, denn diese lief, wie wir gesehen haben, unabhängig davon hinter dem Ringsloot und der Diem auf Munden, und selbst wenn dieser Platz fiel, konnte sie sich bei Diemerdam an den Zuydersee anschließen. Indessen war Munden immer ein wichtiger Platz, theils wegen seiner Überschwemmungsschleuse, theils wegen des süßen Wassers, was von da aus nach Amsterdam geht.

In vier Tagen bis zum 30. September geschah nichts Militairisches, als daß der Herzog noch 1 Bataillon zum General Kalkreuth schickte, so daß der rechte Flügel nun aus 5 Bataillonen bestand, wovon aber die Besatzungen von Naarden und Wesep bestritten werden mußten. Der Herzog selbst ließ seine Truppen sich zum 30. dem Punkte von Leymunden mehr nähern und zog wieder einige Bataillone aus Schoonhoven und Nieuwpoort heran, so daß er 8 Bataillone stark blieb.

Die Unterhandlungen dauerten fort. Da sie aber nicht zu dem gewünschten Ziel führten und der Herzog inzwischen die Möglichkeit entdeckt hatte, der feindlichen Vertheidigungslinie beizukommen, so beschloß er den 30. September den Holländern den Waffenstillstand aufzukündigen und unmittelbar darauf, nämlich in der Nacht zum 1. Oktober, zum Angriff zu schreiten.

Wir

Wir haben schon oben den Lauf dieser letzten Vertheidigungslinie der Holländer angegeben, und wollen hier
nur näher bemerken, daß fünf Hauptdämme, welche noch
trocken waren, gegen dieselbe führten und von Hauptposten
vertheidigt wurden.

Der erste ist die große Straße über Amstelveen nach
Amsterdam. Hier war der Hauptposten Amstelveen zwischen niedrigen Poldern, dem sogenannten Leg-Meer gelegen, und etwa eine halbe Stunde vom harlemmer Meer
entfernt.

Der zweite auf beiden Seiten der Amstel über
Oudekerk, welches der Hauptposten war.

Der dritte von Abkoude auf duivendrechter Brücke.
Hier war diese Brücke über das Ringsloot eine kleine
Stunde von Amsterdam der Hauptposten.

Der vierte von Wesep über Winkebrüg, welches
der Hauptposten war.

Der fünfte längs dem Zuidersee über Diemerdamm,
welches der Hauptposten war.

Alle diese Punkte und die neben ihnen liegenden Zwi-
schenposten liegen hinter Kanälen von zwanzig bis dreißig
Schritt Breite und außerdem im überschwemmten Lande.
Die Überschwemmung hatte in den letzten Wochen durch
Veränderung des Windes und wegen eingetretenen Regens
merklich zugenommen, so daß bei dieser dritten Linie dadurch wirklich ein fast unübersteigliches Hinderniß des Zugangs gebildet wurde. Die einzelnen Posten waren mit
offenen Werken stark verschanzt, mit Besatzung und Geschütz hinreichend versehen, und was die Hauptsache war,
von tüchtigen, meist französischen Offizieren befehligt.

Auf dem Zuidersee und Y-Strom lagen bewaffnete
Fahrzeuge, um bei der Vertheidigung des Seedammes

x   20

mitzuwirken, auch das Umgehen durch eine Einschiffung zu verhüten. Der Herzog würde sich zum Angriff dieser Linie schwerlich entschlossen haben, denn wenn er einen Versuch dazu gemacht hätte, so würde dieser wie die Erfahrung beweist, fruchtlos gewesen sein, wenn er nicht das Mittel entdeckt gehabt hätte, sie auf dem harlemmer Meere zu umgehen.

Die Holländer hatten unbegreiflicher Weise keine Schiffe auf diesem Meere stationirt, wie es heißt, weil sie die Fahrt auf demselben für zu gefährlich hielten, um von der Seite etwas zu besorgen. Zwar sollten seine innerhalb Amstelveen und Halfweg gelegenen Ufer durch einige Kavallerie des salmschen Corps beobachtet werden. Diese Beobachtung aber scheint entweder aus Nachläßigkeit, oder aus Schwäche der dazu bestimmten Truppen sehr unvollkommen gewesen zu sein.

Der Herzog ließ durch ein Paar Generalstabsoffiziere in der Nacht vom 29. zum 30. September untersuchen, auf welchen Punkten der Küste man am besten landen könnte, um von da aus auf den Damm zu gelangen, auf welchem die große Straße von Amstelveen nach Amsterdam führt, und dadurch den Posten von Amstelveen im Rücken zu nehmen, theils nach der Schleuse von Halfweg, welche an der Straße nach Harlem die Verbindung zwischen dem harlemmer Meer und dem Y-Strom ausmacht und dadurch diesen Punkt gleichfalls im Rücken zu nehmen. Aus dieser Rekognoscirung ergab sich, daß das erstere in dem sogenannten neuen Meer geschehen könnte, d. h. in dem Meerbusen des harlemmer Meeres, der sich bis auf wenige hundert Schritte an die amstelveener Straße hinanzieht, und von wo aus man auf dieser allenfalls durch die Überschwemmung gelangen konnte, weil die kleinen

Abzugsgräben, welche für kurze Strecken das Hauptzu-
gangshinderniß machten, alle von der Straße nach dem
Meere laufen, so daß man zwischen zweien fortgehen konnte
ohne einen zu überschreiten. Der Landungspunkt zur Umgehung der halfweger Schleuse fand sich in der Gegend
des Dorfes Slooten an der nördlichen Küste des harlemmer Meeres, wo die Gegend trocken war, und man ohnehin auf dem Damm durch das Dorf Oosdorp nach Halfweg kommen konnte.

Aber es fand sich auch noch ein dritter Weg, von
welchem der Herzog Kenntniß erhielt, und den er durch
einen dritten Offizier rekognosciren ließ. Amstelveen liegt
nämlich eine gute halbe Stunde vom Meere entfernt. Der
Zwischenraum war nun zwar durch die Überschwemmung
gesperrt; auch liegt zwischen Amstelveen und dem neuen
Meer in schräger Richtung noch ein kleiner See, welcher
das Karnemelksgat heißt; allein es geht in diesem Raume
noch ein Nebenweg auf einem Damm, der oostender
Damm genannt, der nicht hoch überschwemmt war und
der zwischen dem Karnemelksgat und dem harlemmer Meer
durch eine halbe Stunde jenseit Amstelveen in die große
Straße führt. Diesen Weg ließ der Herzog gleichfalls
untersuchen und es fand sich, daß er trotz der Überschwemmung noch brauchbar war. Zwar hatten die Holländer
diesen Damm nicht ganz unbeachtet gelassen und auf den
letzten drei hundert Schritten desselben, ehe er sich in die
Straße ausmündet, mehrere Durchstiche angebracht, auch
bei der Ausmündung selbst eine Kanon hinter einer Brust-
wehr und durch einen Graben geschützt aufgestellt. Allein
theils kannte der Herzog diese Vertheidigungsanstalten nicht,
da die Rekognoscirung nicht so weit getrieben werden konnte,

20 *

theils ließ sich wohl erwarten, daß so schwache Mittel das Eindringen nicht absolut unmöglich machen würden.

Der 1. Oktober. Des Herzogs Angriff bekam nun folgende Gestalt.

Nachdem er den 27. September noch 1 Bataillon zum General Kalkreuth geschickt hatte, blieben ihm 7 Bataillone, 2 Jägercompagnien, 3 Schwadronen und die Artillerie. Diese Truppen versammelten sich den 30. Abends bei Kudelstaart, eine Meile von Amstelveen. Es wurden davon bestimmt:

1½ Bataillon bei Slooten zu landen, dort 2 Compagnien stehen zu lassen und mit 4 den Posten von Halfweg im Rücken zu nehmen;

1 Bataillon im neuen Meere, nahe an der amsterdammer Straße zu landen, in diese einzudringen, davon 2 Compagnien gegen Amsterdam auf dem Damm zu postiren, und mit 2 Compagnien dem Posten von Amstelveen in den Rücken zu kommen;

½ Bataillon auf dem oostender Dyk vorzudringen, gleichfalls um dem Posten von Amstelveen in den Rücken zu kommen;

1½ Bataillon und 2 Geschütze den Posten von Amstelveen von vorne anzugreifen;

2½ Bataillon und 8 Geschütze auf der Straße zwischen der noordammer Brücke und Kudelstaart als Posten zu bleiben.

Der General Kalkreuth erhielt Befehl mit seinen 3 Bataillonen die Posten von Oudekerk, Duivendrechterbrüg, Diemerbrüg und Vinkebrüg zu beunruhigen, um die Kräfte des Feindes hier zu beschäftigen.

Den 1. Oktober in der Nacht um zwei Uhr geschah die Einschiffung der beiden zum Umgehen bestimmten Kosonnen zu Aalsmeer, und von da aus ging auch die dritte zum Umgehen bestimmte Kolonne vor. Der Erfolg war vollkommen. Die Landung geschah unvermerkt, der Posten von Halfweg wurde von der ersten Kolonne überfallen und genommen.

Die andern beiden Kolonnen drangen auf das bei dem Angriff in der Front um fünf Uhr gegebene Signal vor; kamen mit wenigen Schwierigkeiten in die große Straße dem amstelveener Posten in den Rücken.

Dieser hatte sich gegen den Frontangriff mit vollkommenem Erfolg vertheidigt; obgleich der Herzog selbst an der Spitze war, blieb es doch unmöglich durch alle Durchstiche und Gräben unter dem nahen Feuer von 5 Geschützen vorzudringen; der Angriff im Rücken aber entschied, weil die Werke offen waren, auf der Stelle.

Die falschen Angriffe des rechten Flügels unter dem General Kalkreuth hatten, obgleich der Versuch gemacht wurde sie hie und da in wirkliche zu verwandeln, keinen Erfolg, und zeigten auch hier, daß man beim bloßen Frontangriff seinen Zweck nicht erreicht haben würde.

Die Trophäen dieses Tages bestanden in 316 Gefangenen und 18 eroberten Geschützen. Der Verlust der Preußen bestand auf dem linken Flügel in einigen 50, auf dem rechten in 125 Mann.

Die unmittelbare Folge dieses Sieges war, daß die Holländer größtentheils auf die Vertheidigung der Vorstädte Amsterdam's beschränkt wurden. Auf der Ostseite zwischen der Amstel und dem Y-Strom hielten sie zwar noch die Umgrenzung des sogenannten Diemermeeres in den alten Posten besetzt, aber der Posten von Oudekerk mußte nach dem Verluste von Amstelveen verlassen werden, und die Preußen drangen bis an den Overtoom vor,

das Ende einer als Vorstadt zu betrachtenden Straße,
Wenn nun auch Amsterdam selbst noch eine Befestigung
hatte, es auch noch Mittel gab, diese unmittelbare Umgebung so unter Wasser zu setzen, daß eine Annäherung unmöglich wurde, wie solches 1650 gegen Wilhelm II. geschehen war, so war doch schwer zu glauben, daß die heftigsten unter der Gegenpartei im Stande sein würden, dieses sehr kostbare Mittel durchzusetzen, und in keinem Falle
würde es Amsterdam gegen ein Bombardement geschützt
haben, wozu der Herzog auch schon einige Anstalten traf,
indem er etwas schweres Wurfgeschütz aus Naarden kommen ließ.

In Rücksicht dieser Umstände trugen die Feinde schon
am 2. auf einen neuen Waffenstillstand an, wobei sie er-
klärten, den bisherigen Beschlüssen der Generalstaaten in
Allem beitreten zu wollen. Der Herzog, dessen Zweck dadurch vollkommen erreicht wurde und der eine Eroberung
Amsterdam's sowohl in politischer als militairischer Rücksicht
keinesweges ambitionirte, bewilligte ihn. Allein die Sache
kam doch nicht so schnell zum Schluß. Die Absetzung
sämmtlicher Magistrate und die Entwaffnung der Bürger-
compagnien, die sich in Amsterdam auf 6000 Mann beliefen, wurde von den heftigsten Patrioten immer noch verweigert, und die Unterhandlungen zogen sich auf diese Weise
noch acht Tage hin.

In dieser Zeit fingen die noch im Dienst der Holländer stehenden salmschen Regimenter an, ihr künftiges
Schicksal in Überlegung zu nehmen. Wenn es ihnen gelang jetzt noch durch den Erbstatthalter vermittelst der nöthigen Marschpatente abgerufen zu werden, so traten sie
dadurch eo ipso in die Dienste der Generalstaaten, statt
daß ihnen dieser Dienst gewiß verweigert worden wäre,

wenn sie bis zum Abschluß des Vergleichs bei den Holländern blieben. Die Befehlshaber thaten deshalb bei dem General Kalkreuth einige Schritte und ließen ihn wissen, daß sie nicht nur auf erhaltene Marschpatente nach vorher gemachter Anzeige an die Defenscommission abziehen würden, sondern daß sie auch dieser nicht Zeit lassen würden, die Posten, welche sie am diemer Meere inne hatten, zu besetzen, so daß die Preußen dadurch Herren derselben werden könnten. Obgleich der General Kalkreuth und der Herzog dieses Anerbieten eifrig aufnahmen und im Haag bevorworteten, so fand dasselbe doch bei dem Erbstatthalter viel Bedenklichkeiten, der seiner Sache nun vermuthlich schon zu gewiß war, um nicht allenfalls einer Verbindlichkeit gegen diese Truppen auszuweichen. Die Unterhandlungen dauerten deshalb mehrere Tage, man hatte von Glück zu sagen, daß sie der Defenscommission nicht bekannt wurden, und mußte am Ende doch preußischer Seits mit einer Art Machtspruch dazwischen getreten werden, indem man die Patente selbst ausfertigte, worauf 2 Regimenter und 1 Jägerbataillon am 9. Oktober ihre Posten verließen und diese den Preußen übergaben. Am folgenden Tage wurde auch Muyden vom Obersten Matha auf ähnliche Weise übergeben.

Im Haag hatten die Bevollmächtigten bereits am 6. Oktober folgende vier Punkte angenommen:

1. zu der geforderten Satisfaction ohne einigen Rückhalt beizustimmen;

2. allen seit dem 18. September zum Besten des Erbstatthalters und der alten Constitution gefaßten Beschlüssen beizutreten;

3. in Amsterdam den alten Magistrat wieder einzusetzen;

4. die Freicorps zu entwaffnen.

Allein die Ratification, besonders der beiden letzten Punkte, fand in Amsterdam immer noch Widersacher. Der Herzog kündigte daher den 8. den Waffenstillstand wieder auf und zog bei Amsterdam etwas mehr Truppen zusammen. Dies bewirkte einen schnellen Entschluß bei den Rädelsführern. Die vier Punkte wurden angenommen, dem Herzog das leidener Thor eingeräumt, und in einem besondern Vertrag mit demselben festgesetzt, daß außerdem keine preußischen Truppen, sondern 2000 Mann von den Truppen des Erbstatthalters in die Stadt gelegt werden sollten.

Hierauf wurden das leidener Thor mit 150 Mann, die Vorstadt und der Overtoom mit $1\frac{1}{2}$ Bataillon besetzt. Der Herzog nahm sein Hauptquartier im Overtoom, und die übrigen 10 Bataillone wurden dicht um die Stadt her in Quartiere verlegt.

Dritter Abschnitt.

Betrachtungen über den Feldzug.

§. 7.

Sehen wir den Operationsplan des Herzogs genau an, so geht deutlich hervor, daß der Herzog sich im Grunde kein anderes bestimmtes Ziel vorsteckte, als schnell vorzurücken, um der Gewalt der Überschwemmungen so viel Land als möglich zu entreißen. Das sogenannte Gooyland (d. h. einige Quadratmeilen um Naarden, welche noch zur Provinz Holland gehörten), war seinem rechten Flügel vollkommen zugänglich, außerdem rechnete er darauf in dem Lande zwischen Rhein und Waal vielleicht etwas weiter vorzudringen. Auf diese Weise meinte er, hätte man ein Stück des feindlichen Landes im Besitz „und würde schon im Stande sein, „wegen verweigerter Satisfaction sich nach Kriegsgebrauch „Genugthuung zu verschaffen."

Nur dies Ziel glaubte er bestimmt erreichen zu können, ob man noch eine oder die andere der haltbaren Städte einnehmen und eine Spitze bis gegen den Haag vortreiben könnte, war schon ungewiß; und zwar nicht ungewiß wie alles im Kriege ungewiß ist, sondern von den feindlichen Überschwemmungs- und Vertheidigungsanstalten abhängig, die, wie das Jahr 1672 gelehrt hatte, es gradezu unmöglich machen konnten.

Mit Recht muß man sich fragen, ist ein solches Ziel des kriegerischen Aktes dem politischen Zweck des Krieges einigermaßen entsprechend? War es wahrscheinlich, daß ein so unbedeutendes Äquivalent wie die Landstriche, in deren Besitz man kommen konnte, den beabsichtigten Frieden her-

beiführen würde? Diese Wahrscheinlichkeit war in jedem
Fall sehr gering, und konnte eine so geringe Wahrscheinlichkeit des Erfolgs dem Fall das Gleichgewicht halten,
der ihr gegenüberstand, daß die Holländer nicht nachgeben
würden, und daß Frankreich durch bloße Demonstration
Preußen zwang, mit grenzenloser Beschämung die Sach:
ganz aufzugeben? Wenn wir auf diese Fragen sehen und
dann bedenken, daß der ganze Erfolg des Feldzugs aus
Fehlern und aus einem Betragen von Seiten des Feindes
hervorging, die man nicht vorhersehen konnte, oder was
wichtiger ist, die man, nach den Äußerungen des Herzogs
zu urtheilen, nicht vorhergesehen hatte, so können
wir das ganze Unternehmen nicht anders als wirklich leicht-
sinnig finden. Hatten denn nicht die Holländer 1672 gezeigt, daß sie im Stande wären, einer äußerst kriegerischen
und zahlreichen Armee auf einer gewissen Linie Stillstand
zu gebieten? und hat das bloße Gerücht französischer Rüstungen den Herzog nicht auf der Stelle bewogen, 6 Bataillone, d. h. ein Viertheil seiner Streitkräfte, zurückzu-
schicken, mit der deutlich ausgesprochenen Absicht, im Falle
der wirklichen Diversion eiligst mit dem Ganzen zu folgen?

Ja, wenn man wirklich mit aller Gewißheit auf die
moralische Überlegenheit des preußischen Heeres hätte rechnen können, so mußte die lächerliche Schwäche der einzelnen Abtheilungen, so wie daß 2 Bataillone, die Gorkum
beschließen, 6 Compagnien, die vor Naarden erscheinen,
2 Compagnien, die Nieuwersluis blokiren, von den einzelnen Patrouillen, welche die Festungen aufforderten, nicht zu
reden, den Gegnern die Augen öffnen und Muth einflößen,
wenn das überhaupt noch möglich gewesen wäre. Wir
würden also ganz unbegreiflich finden, wie ein so vorsichtiger und behutsamer Herr, wie der Herzog Carl von

Braunschweig war, sich in diese Angelegenheit verwickeln
konnte, wenn wir nicht voraussetzen könnten, daß man in
Berlin von den Rüstungen und dem Geist der Niederländer eine sehr kleine Idee gefaßt und mit Sicherheit darauf gerechnet hatte, daß ihnen bei dem Erscheinen von
25,000 Mann Preußen die Waffen aus den Händen fallen würden. Wenn wir aus dem Operationsplan des Herzogs sehen, daß er bei seiner Ankunft am Rhein anders
darüber dachte, so ist das nur eine ganz gewöhnliche Erscheinung im Kriege. Die ersten Nachrichten, welche man
unmittelbar vor der Ausführung eines Planes empfängt,
stellen die Sache immer schwieriger dar, als man sie sich
früher von einem entferntern, aber höhern und darum meistens richtigern Standpunkt gedacht hatte, und als man
sie zuletzt wieder in der Ausführung selbst findet. Es ist
sehr die Frage, ob der Herzog Ende August's nicht gern
zurückgegangen wäre, wenn er gekonnt hätte.

Der Erfolg hat die Geringschätzung des Feindes, von
welcher zuletzt das ganze Unternehmen ausging, gerechtfertigt, aber er rechtfertigt das Unternehmen dennoch nicht.
Auf die wahrscheinlichen Fehler seines Gegners zu rechnen
und seine Entwürfe zu bauen, ist im Kriege nicht allein
erlaubt, sondern in den meisten Fällen nothwendig, aber
doch nur wenn von einem Unternehmen gewöhnlicher Art
die Rede ist, wo das Kriegsglück die Beschämung eines
Nichterfolges deckt; ein Unternehmen aber, wo man, wenn
der Gegner das Seinige that, gar nicht zu einem Versuch
der Waffen kommen konnte, wo man vorher schon vor
der Gewalt der Umstände, nämlich vor den Überschwemmungen und den französischen Demonstrationen das Panier
senken mußte; ein solches Unternehmen führte gewisser-

maßen zu einem Geistesbankerot, zu einer moralischen Niederlage, die durch nichts gemildert oder verschleiert wurde.

Fünf Jahre später ist demselben Feldherrn ein ähnlicher Fall vorgekommen, der ihn auch um seinen Ruf gebracht hat. Auf die Vorstellung der französischen Ausge-
wanderten, daß alles dem Feldherrn der Verbündeten zu-
fallen würde, wagte man es 1792 mit einer ganz unzu-
länglichen Macht von 70,000 Mann in Frankreich einzudringen. Man mußte sich mit großem Verlust zurückziehen,
ohne auch nur ein Gefecht annehmen zu können. Es
war ein politischer Versuch, der mißglückte; die Demüthi-
gung Preußens dabei war bekanntlich sehr groß; aber wie
viel größer würde sie 1787, gegen ein so kleines Volk
wie die Holländer, gewesen sein, auf welches man vornehm
herab sah, und dem man peremtorische Gesetze vorschrieb.
In wie fern eine doppelt so starke Macht geeignet gewesen
wäre, diesen Gefahren einer Beschämung vorzubeugen, und
mit dem ganzen Unternehmen in jedem Falle ein genügen-
des Ziel zu verbinden, was man mit Sicherheit erreichen
konnte, haben wir oben schon gezeigt. Es gehörte dazu
aber in Beziehung auf die übrigen niederländischen Provinzen grade ein umgekehrtes System. Anstatt diese, wie
nicht betheiligt zu betrachten und die Holländer zu isoliren,
mußte man erklären, alle diejenigen wie Feinde zu behandeln, die nicht die Partei des Erbstatthalters und der alten Verfassung unumwunden ergreifen würden. Diese zum
Theil ganz feindlich, zum Theil sehr zweideutig gesinnten
Provinzen, wie Ober-Yssel, Friesland und Utrecht waren
nicht schwer mit gewaffneter Macht zu überziehen, von der
andern Seite mußten sie bei den Generalstaaten im Haag
auf die allgemeinen Beschlüsse nothwendig mit dem ganzen
Gewicht ihres verletzten oder bedrohten Interesses ein-,

und so auf die Provinz Holland zurückwirken, und diese entweder in die allgemeinen Beschlüsse fortziehen, welches das Wahrscheinliche war, oder wirklich isoliren.

Dann hatte man, wenn man in Holland selbst wirklich nicht eindringen konnte, an dem Besitz der übrigen Provinzen ein Äquivalent für die Unterhandlung. Die Stärke der Macht würde eine bloße Demonstration der französischen Regierung unwirksam gemacht, und den Druck, mit welchem sie auf dem Lande lastete, zu einem mächtigen politischen Hebel gemacht haben.

Daß man durch eine so viel stärkere Macht und durch eine derbere Sprache gegen die übrigen Provinzen mehr Eifersucht bei andern Mächten erweckt haben würde, ist ganz grundlos. Die Einmischung mit gewaffneter Hand war der Gegenstand der Eifersucht, nicht die Besorgniß, daß Preußen Eroberungen machen wollte; es war aber vorauszusehen, daß man einer solchen Eifersucht eher nachgeben würde, wenn Preußen sich schwach, als wenn es sich entschlossen zeigte. Mit einem Worte, was Preußen that, war eine vollkommen halbe Maßregel, und wenn es nicht dafür bestraft worden ist, verdankt es dies nur einem unverdienten Glück.

Was den Gebrauch betrifft, welchen der Herzog von den ihm zu Gebote stehenden Truppen machte, so haben wir darüber folgende Bemerkungen zu machen.

1. Wenn man von dem Gedanken absieht, daß man die Provinz Utrecht nicht als Feind betrachtete, und darum die Stadt Utrecht nicht angreifen wollte, so wäre wohl das Natürlichste und Einfachste gewesen, mit der Hauptmacht, d. h. mit 15,000 Mann auf Utrecht loszugehen, um diesen Platz anzugreifen auf diejenige Art, wie es die Umstände zulassen würden. Von den übrigen 10,000,

5000 gegen Naarden und Wesep, 5000 zwischen Waal und Leck vorgehen zu lassen, theils um die feindlichen Kräfte auf diesen Punkten, also in der ganzen Ausdehnung ihrer Vertheidigungslinie festzuhalten, theils um zu versuchen, was man bei der großen Zahl einzelner Posten, zu welcher eine solche Vertheidigung immer zwingt, gegen den einen oder andern ausrichten könnte. Ein Platz wie Utrecht, der, wie die Umstände hinterher gezeigt haben, und wie man damals wohl wissen konnte, eine sehr starke Garnison erforderte, mußte eben deswegen auch schon den Gebrauch eines starken Angriffscorps zulassen, statt daß auf den Dämmen am Leck, auf welchen ungefähr 10,000 Mann, also die Hauptmacht, vordrangen, man eigentlich nicht wissen könnte, ob man im Stande sein würde, so viel Truppen anwenden zu können.

2. Das Zurücksenden der 6 Bataillone unter dem General Gaudi in die Gegenden von Buuren, um nöthigen Falls das Clevische zu decken, war eine übertriebene Ängstlichkeit. Am Ende wäre eine französische Streiferei nach Cleve, die doch an sich noch so höchst unwahrscheinlich war, doch auch keine Hauptsache gewesen, und die Magazine in Emmerich und Rees, konnten ja leicht nach Wesel geschafft werden. Zweckmäßiger hätte der Herzog dafür den General Kalkreuth mit 3 oder 4 Bataillonen verstärkt.

3. Der Angriff auf Amstelveen ist eine der schönsten Unternehmungen gegen eine Postirung. Der Herzog zeigt sich da wieder in der Eigenthümlichkeit, womit er als Erbprinz im siebenjährigen Kriege geglänzt hat. Dieser Angriff verdient taktisch sehr studirt zu werden. Wegen dieses letzten glänzenden Schlages kann man den Ruhm, welchen der Herzog mit diesem Feldzuge erwarb, ihm nicht mißgönnen.

In Betreff des Vertheidigens haben wir noch vier Bemerkungen zu machen.

1. Der Erfolg am 1. Oktober zeigt, daß offene Schanzen selbst unter den günstigsten Umständen wie hier ein gefährliches Vertheidigungsmittel bleiben, wenn alles auf sie ankommen soll. Hätten die Holländer statt der unzähligen Coupuren und kleinen Werke auf allen Dämmen, sich begnügt auf den Hauptzugängen geschlossene große Redouten oder kleine Forts anzulegen, so brauchten sie nicht so ängstlich jeden Fußbreit zu vertheidigen, denn wenn die Preußen auch irgendwo zwischen zwei Werken eindrangen, so war bei dieser Beschaffenheit des Landes davon doch nichts zu besorgen. Amstelveen konnte dann nicht auf die Weise verloren gehen, wie es verloren gegangen ist.

2. Ein unbegreiflicher Fehler scheint es zu sein, auf dem harlemmer Meer keine Fahrzeuge stationirt zu haben, um die immer sehr schwierige Küstenbewachung dadurch zu erleichtern.

3. Anstatt die große Straße über Amstelveen nach Amsterdam zwischen diesen beiden Orten durch Einschnitte und Werke gegen einen Seitenanfall zu schützen, und den oostender Damm, welchen der Herzog zur Umgehung benutzte, bei seiner Einmündung in die große Straße mit einem Werk zu vertheidigen, wäre es so sehr viel natürlicher und besser gewesen, noch ein Werk zwischen Amstelveen und dem harlemmer Meer an dem gedachten Damm zu errichten, etwa an der Länderzge, welche das Karnemelksgat mit dem harlemmer Meer macht, daß man kaum begreift, wie die französischen Ingenieure, denen diese Anlagen zugeschrieben werden, nicht auf diesen Gedanken gekommen sind. Allerdings hat man über solche Dinge nur

ein Urtheil, wenn die genaueste Örtlichkeit zum Grunde gelegt werden kann, aber der Grundsatz ist gewiß nicht zu bestreiten, daß eine Hauptcommunication, wie die Straße von Amstelveen nach Amsterdam, wo möglich nicht zu einer Vertheidigungslinie gemacht werden muß, weil die eine Bestimmung die andere stört.

4. Wenn die Holländer weniger muthlos und schlecht eingerichtet gewesen wären, so würde ein offensives Vorgehen in den Hauptmomenten des Feldzuges auf einem oder dem andern Punkt in den Flanken der preußischen Kolonnen, ein höchst wirksames Mittel gewesen sein, um die Kräfte des Angreifenden zu neutralisiren, ehe sie sich noch an den verschiedenen Posten recht versuchten. In einer Lage, wo man sich nicht schnell rechts noch links hinwerfen kann, wo man auf lauter lange und äußerst schmale Defileen basirt ist, muß natürlich die Empfindlichkeit der strategischen Flanken ungewöhnlich groß werden, und der Herzog war nicht der Mann einer solchen Gefahr zu braviren.

Historische

Materialien zur Strategie.

(Der Krieg in der Vendée 1793).

———

Übersicht des Krieges in der Vendée 1793.

Vendée. 246 Quadratlieues Oberfläche, 300,000 Einwohner, fünf bis sechs kleine Städte. Fontenay mit 7000 Einwohnern. Alle Einwohner Ackerleute oder Hirten. Keine Manufakturen. Fruchtbar, bevölkert, aber nicht wohlhabend. Zerfällt in drei Theile: das Waldland (bocage), die Ebene und die Niederung (Marais). Das Erstere sieben Neuntel des Ganzen; das Letztere an der Küste mit unzähligen Kanälen durchschnitten. — Die Ebene zwischen dem bocage und der südlichen Grenze hat keinen direkten Theil an dem Kriege genommen.

Deux Sevres. 260 Quadratlieues Oberfläche, 275,000 Einwohner. Hat mehr Städte als die Vendée. Niort mit 15,000 Einwohnern. Wie die Vendée in bocage und plaine getheilt.

Loire inferieure. 332 Quadratlieues Oberfläche, 300,000 Einwohner. Nantes mit 75,000 Einwohnern. Etwa ein Drittel des Ganzen liegt auf dem linken Loireufer und hat Theil an dem Bürgerkriege genommen.

Maine et Loire. 370 Quadratlieues, 234,000 Einwohner (des ehemaligen Anjou). Die größere Hälfte auf dem linken Loireufer gelegen, ist das vorzüglichste Theater des Bürgerkrieges gewesen. Angers mit 33,000 Einwohnern. Ein waldiges hügeliges Land; sehr fruchtbar und nicht ohne Fabriken.

Militairische Grenzen der Vendée. Die Loire von Saumur bis zum Ausfluß. Von Saumur die Straße auf Poitiers (Departement Vienne) und von Poitiers nach la Rochelle. (800 Quadratlieues mit 800,000 Einwohnern). Das Land ist mit unzähligen Hecken und Gräben durchschnitten, waldig und morastig, und die Straßen sind oft nur aufgeschüttete Dämme, die schwer zu passiren sind.

Die Einwohner. Der Einwohner des Waldlandes ist von einem finsteren (bilieux) melancholischen Temperament, sein Verstand langsam; sein Herz edel, aber reizbar; seine Fassungskraft nicht schnell aber sicher; seine Sitten sind einfach patriarchalisch; er ist gut, gastfrei, gerecht, treu aber verschlossen, mißtrauisch gegen alles, was ihm von seinen Behörden kommt; sehr anhänglich an seinen Boden und an seine Religion. —

Die militairische Vendée theilt sich in das Waldland (le bocage) und dem Pays de Mauges.

(1790.) Den 7. Februar 1790 entstehen zu Vannes (in Morbihan) die ersten Unruhen. 6000 Bauern erheben sich für die Geistlichkeit und alte Kirchenverfassung. Die Patrioten (Nationalgarde von L'orient) unter Beisser schlagen sie bei Rennes. — Gänzliche Muthlosigkeit. (Sie glaubten der Teufel stritte für die Patrioten).

Auf dem linken Loireufer sind gleichfalls einige Unruhen von den Geistlichen angeregt, die von den Nationalgarden von Nantes beseitigt werden.

(1791.) Den 3. Mai 1791 brechen zu Chalons und an andern Orten in Poitou Unruhen aus, welche die Nationalgarde von Nantes unterdrückt.

Nach der Flucht des Königs brechen von Neuem Unruhen in Poitou aus. In Nieder-Poitou versammeln sich die Edelleute mit ihren Bauern. Sie werden von der

Nationalgarde von Nantes zerstreut; Dumouriez kommandirt diese.

Es werden Commissaires (Gallois und Gensonné) abgesandt; eine allgemeine Amnestie scheint die Provinz zu beruhigen.

(1791 und 1792.) In Bretagne entspinnt sich die Verschwörung des Armand Tuffin, Marquis de la Rouarie; der Aufruhr in Finistere bricht im Juli aus; die Aufrührer unter Allain-Nedellec (juge de paix) werden zu Fouesnant bei Quimper im Juli zerstreut; Allain-Nedellec zu Quimper hingerichtet.

Ein anderer Aufruhr unter Du Saillant bricht in Ardèche aus, einige tausend Bauern aber sind bald zerstreut und Du Saillant massakrirt.

Den 24. August ist in Poitou bei Bressuire das erste Gefecht. 6- bis 8000 Bauern unter Baudry (Edelmann) und Delouche (Maire von Bressuire) werden von den Nationalgarden der bedeutendsten Städte geschlagen und zerstreut. (Die Gräusamkeiten fangen von Seiten der Republik an). Es werden nur wenige Schuldige hingerichtet, die meisten freigelassen und eine Amnestie bewilligt.

Ein anderer Aufruhr hat später im November dieses Jahres an der obern Loire statt (Département Loire et Cher, Eure et Loire, Indre et Loire), wo 10,000 Bauern wegen der Theuerung der Lebensmittel rebelliren; sie werden von den Nationalgarden in Kurzem zerstreut.

(1793.) Im Januar 1793 ist die Verschwörung des Rouarie in Bretagne (schon früher entdeckt) theilweise zersprengt, er todt und die andern Hauptpersonen gefänglich angezogen und hingerichtet.

Im März (zur Zeit da der Aufruhr in Poitou ausbrach) bricht indeß auch in Bretagne an mehreren Orten

wieder das Feuer aus. Fast in der ganzen Bretagne marschirt das Landvolk gegen die Städter, die sich tapfer für
die Sache der Patrioten schlagen. Die Generale Canclaur
und Beisser, die Conventsdeputirten Billaud de Varennes
und Sevestre stellen mit den städtischen Nationalgarden innerhalb eines Monats die Ruhe wieder her. Die Insurgenten waren ohne Chef.

(Die stehende Macht der Republik war in den Küstendepartements sehr gering; es hatte eine Küstenarmee von
60 Bataillonen formirt werden sollen; die Conventsdeputirten klagten aber die Minister an, daß im März 1793
nur 14 Bataillone da gewesen wären).

Feldzug von 1793 auf dem rechten Ufer der Loire.

(1793.) Der Tod des Königs (Januar) verstärkt auch
auf dem rechten Ufer der Loire das glimmende Feuer; die
Aushebung der 300,000 Rekruten, welche den 10. März
statt haben soll, bringt den Aufruhr hervor. An diesem Tage stehen 900 Gemeinden gegen die Republik auf.

Erster allgemeiner Aufstand. Die Royalisten schlagen einzelne Corps der schwachen Republikaner und bemächtigen sich einzelner Orte. Monat März.

Am 11. März ist zu St. Florent das erste glückliche Gefecht; die schwachen Republikaner sind geschlagen;
Cathelineau (ein Leinweber und Händler) setzt sich an die
Spitze. Er hat verschiedene glückliche Gefechte gegen die
schwachen Republikaner, und die Royalisten nehmen Chemillée und Jallais und einige Kanonen, viele Flinten 2c.
Den 15. März erobern Cathelineau und Stofflet
Chollet, wo sie große Hülfsmittel finden. Sie drängen
die Republikaner gegen die Loire auf Saumur zurück.

Bonchamp und Elbée treten jeder an der Spitze eines Haufens auf, um sich (im Pays de Mauges) mit Cathelineau zu vereinigen.

Am rechten Loireufer vor den Thoren von Nantes ist zu gleicher Zeit wie in Poitou (am 10. März) ein Aufstand von 20,000 Bauern ausgebrochen, welchen Gaudain-Laberillais und Richard du Plessis anführen. Der erstere als Chef läßt sich unentschlossen in Unterhandlungen ein, und ermahnt die Bauern selbst sich zu zerstreuen; Richard du Plessis versucht es mit einigen Muthigen den Republikanern Widerstand zu leisten, wird aber geschlagen und flieht nach Poitou. Laberillais wird selbst das Opfer seiner Unentschlossenheit; er wird von den Republikanern hingerichtet.

In Nieder-Poitou oder eigentlicher in dem Theil der Loire inferieure, welcher auf dem linken Ufer liegt, stehen zu gleicher Zeit 6-, 8- bis 10,000 Bauern auf. Cathelinière und Charette sind ihre Chefs; sie haben mehrere glückliche Gefechte, nehmen Painboeuf, Port St. Père, Pornic, Machecoult und mehrere andere Orte, und erobern einige Geschütze und Waffen.

Von Challans bis Sables d'Olonne sind gleichfalls Bauernarmeen gebildet; Guery de Clauzy kommandirt hier. Covétus, Joly, La Secherie haben noch mittäglicher an der Küste Aufstandsmassen von 3- bis 4000 Mann. Baudry und Royrand kommandiren zu Montaigu, la Chataignery und la Roche sur Yon die sogenannte Armee des Centrums.

Den 19. März giebt der Nationalconvent ein Dekret, worin alle Royalisten außer dem Gesetz erklärt werden. Die Ordnung der Jurys wird aufgehoben und jeder durch eine Militairkommission in vierundzwanzig Stunden zum Tode verurtheilt, der nach dem Zeugniß eines einzigen Menschen mit den Waffen in der Hand ergriffen worden ist. Obgleich dies Gesetz im Mai etwas gemildert wird, so macht es doch die Grundlage der gegen die Vendéer beobachteten Grundsätze aus.

Den auf diese Weise aufgestellten Kräften der Royalisten haben die Republikaner 6000 Mann unter dem General Labourdonnay (welcher die Armee der nördlichen Küsten zwischen der Garonne und Somme befehligt), und 1200 Mann unter dem General Marcé (welcher zwischen Rochefort und Rochelle befehligt), außerdem die Nationalgarden der Städte entgegen zu stellen. Der General Canclaux kommandirt auf dem eigentlichen Kriegstheater, unter ihm Beisser.

Den 31. März bemächtigt sich die Armee der Royalisten von Ober-Poitou Chalonne, nach einem geringen Widerstande.

Die Armee von Nieder-Poitou begeht unerhörte Grausamkeiten zu Machecoult. Canclaux und Beisser marschiren gegen sie. Charette ist in den meisten Gefechten unglücklich und zieht sich nach dem bocage zurück.

Den 19. März wird der General Marcé mit 1300 Mann von der Armee des Centrums unter Royrand und Baudry bei St. Vincent geschlagen, und Fontenay bedroht. Sables d'Olonne wird vergeblich durch ein Detachement dieser Armee angegriffen, 1500 Republikaner vertheidigen es muthig.

Die Republikaner verstärken sich auf 20,000 Mann. Die Royalisten greifen ihre mitten im Lande stationirten Corps mit Überlegenheit an und zerstreuen eins nach dem andern. — April und Mai.

Ende März verstärken sich die Kräfte der Republik. Die Stürmer der Bastille und einige andere Truppen kom-

men an; der General Berruyer wird zum General en Chef
ernannt. Er sucht die Armee, die sich nun auf etwa
20,000 Mann beläuft, zu organisiren und discipliniren.
Die Royalisten von Ober-Poitou und Anjou haben bis
auf einen Kern von wenigen Hunderten, ihre Haufen, nach
den ersten Erfolgen gegen das linke Loireufer, auseinander
gehen lassen, mit dem Befehl: sich, mit neuen Bedürfnissen
versehen, auf das erste Läuten der Sturmglocke wieder zu
versammeln. Die Republikaner sind dadurch, wie es scheint,
im Ganzen Herren des Landes, aber nur von den Hauptpunkten. Der General Berruyer etablirt zwei Corps in
Nieder-Poitou zu Challans und Sables d'Olonne, eins
in Ober-Poitou auf Herbiers und zwei in Anjou zu Wihiers und St. Lambert, wo er selbst war. Ein sechstes
passirt die Loire und nimmt St. Florent.

Den 9. April versammeln die Royalistenchefs ihre
Armee, sie greifen an und werden angegriffen; im Ganzen
fallen die Gefechte zu ihrem Nachtheil aus, und die ganze
Armee unter Bonchamp, Stofflet, Elbée und Cathelineau
wird bei Beaupreau zusammengedrängt. Sie ist 30,000 Mann
stark, aber ohne Organisation und schlecht bewaffnet.

Den 16. April brechen sie von Beaupreau auf, und
der größte Theil fällt über das bei Wihiers stehende Corps
her, schlägt und zerstreut es.

Den 23. wenden sie sich gegen den General Gauvil-
liers, welcher bei St. Florent über die Loire gegangen und
bis Beaupreau hinter ihnen her vorgedrungen ist. Sie
greifen ihn an, schlagen und zerstreuen ihn gleichfalls. Berruyer zieht sich hierauf nach Pont de Cé zurück, um Angers zu decken. (Diese Gefechte liefert meist Elbée. Bonchamp organisirt seine Haufen noch in dieser Zeit, nämlich
vom 16. bis 23.) Ein drittes Corps unter Quetineau, wel-

ches bei aux Herbiers gestanden hat, und quer durch das insurgirte Land dem von Bihiers zu Hülfe kommen will, wird von Laroche-Jaquelin, der sich hier zuerst auszeichnet und einen Insurrectionshaufen von Ober-Poitou kommandirt, überfallen, geschlagen und zerstreut.

Die Royalisten von Nieder-Poitou sind um eben diese Zeit nicht so glücklich; sie werden von dem bei Sables d'Olonne stehenden Corps unter Berdard geschlagen; allein ob sie gleich in sieben Gefechten besiegt werden, so bleiben sie doch Meister von La Motte Achard, drei Lieues von Sables d'Olonne auf der Straße nach Nantes.

Die Royalisten von Ober-Poitou haben am 23. April ihre Armee wieder auseinander gehen lassen, mit dem Befehl, am 26. sich wieder zu versammeln. In den ersten Tagen des Mai's setzen sie sich zur Offensive in Bewegung.

Die Royalisten gehen aus ihrem Kriegstheater gegen die republikanischen Generale heraus, schlagen mehrere republikanische Armeen total, unternehmen aber nichts gegen Niort, la Rochelle u. s. w. und sind nicht glücklich vor Nantes. Mai und Juni.

Bonchamp, unter ihm Laroche-Jaquelin, Lescure und Bernard de Marigny, marschiren auf Thouars, wohin sich der General Quetineau nach seiner unglücklichen Affaire aux Herbiers zurückgezogen hatte. Dieser steht jetzt mit 6000 Mann in einer starken Stellung unter den Wällen von Thouars. Er wird den 5. Mai angegriffen, in den Ort hineingetrieben, dieser gestürmt, erobert und Alles zu Gefangenen gemacht. 12 Kanonen, 6000 Gewehre und viel Munition werden erobert.

(Mäßigung der Royalisten. Die Gefangenen werden in Freiheit gesetzt, mit Pässen versehen; districtweise werden zwölf der bedeutendsten zu Geißeln ausgehoben.) —

Bonchamp läßt seine Armee für diesen Augenblick auseinandergehen.

Den 13. Mai bricht Elbée mit seinem Haufen auf und marschirt auf La Chataigneraye; er nimmt diesen Posten, der von 3000 Republikanern vertheidigt wird. Seine Armee verläuft sich zwar hierauf zum Theil, doch marschirt er noch mit 8—10,000 Mann auf Fontenay. Hier greift er den 16. Mai den General Chalbos an und wird von ihm geschlagen, verliert 24 Kanonen und kann sich nicht eher als bei Partenay wieder sammeln, (er war vorzüglich durch zwei Angriffe der republikanischen Kavallerie in Flanke und Rücken geschlagen worden).

Während die Armee von Elbée sich wieder sammelt, und er selbst an seinen Wunden darnieder liegt, haben auch Bonchamp und die übrigen Chefs die ihrige wieder zusammengezogen. (Cathelineau war bei Elbée gewesen.) Sie marschiren 35,000 Mann stark (davon aber nur ein geringer Theil Artillerie und Munition hatte) auf den General Chalbos los, der bis la Chataigneraye vorgedrungen war. Dieser zieht sich auf Fontenay zurück und wird

den 25. Mai hier angegriffen und gänzlich geschlagen, so daß er seine ganze Artillerie (42 Kanonen) und seine Bagage mit 20 Millionen Assignaten verliert.

(Bonchamp wird im Verfolgen des Sieges gefährlich verwundet. Mäßigung der Royalisten. Die Gefangenen werden freigegeben.)

Nach diesem entscheidenden Siege ist Niort, la Rochelle und Rochefort bedroht. Nun sammeln zwar die Republikaner beträchtliche Truppenmassen, welche ausgehoben werden und auch von allen Provinzen her schon früher in Marsch gesetzt sind, so daß bald unter dem General Biron eine Armee von 12,000 Mann zusammen kommt. Al-

sein in dem ersten Augenblick sind die wenigsten dieser Verstärkungen nahe genug.

Die Folgen des Sieges vom 25. sind aber nicht die
Eroberung von Niort u. s. w. Die republikanischen Gene-
rale Salomon und Lygonier waren unterdeß in die linke
Flanke des Kriegstheaters der Vendée vorgedrungen; der
Erstere mit 3000 Mann von Thouars und der Andere von
Doué aus. Die royalistische Armee geht hierauf in das
Waldland (bocage) zurück. Sie fürchten die häufige Desertion beim weitern Vorrücken, die Wegnahme der Städte
Chatillon, Chollet, Montagne und Montaigu, welche zum
Theil ihre Depots enthielten, und der Sitz der innern Administration waren, und die Abwesenheit der Generale Bonchamp und Elbée. (Um deren Rückkehr abzuwarten, scheint
sich die royalistische Armee aufgelöst zu haben.) Aber wenige Tage nachher sind auf dem Rendezvous Chatillon schon
wieder 40,000 Mann versammelt. Sie greifen

den 7. Juni Lygonier bei Doué an, und nöthigen
ihn, sich in eine gute Stellung bei Bournan, eine halbe
Meile von Saumur, zurückzuziehen. Lygonier wird von
der Convents-Commission entsetzt und Menou erhält das
Commando. Die royalistische Armee folgt ihm. Da sie
erfährt, daß der General Salomon von Thouars aus Saumur zu Hülfe eilt, theilt sie sich; ein Theil unter Cathelineau bleibt bei Montreuil, erwartet den General Salomon
und schlägt ihn in der Nacht, da er kommt, so, daß er
sich mit Verlust seiner Artillerie nach Thouars rettet. Der
größere Theil marschirt unter Laroche-Jaquelin, Stofflet,
Lescure, Beauvollier auf Saumur.

Den 9. Juni werden die Republikaner 12,000 Mann
stark angegriffen, total geschlagen, Menou blessirt, Saumur
mit vielen Vorräthen genommen. Der Schrecken verbrei-

tete sich ziemlich weit; die Republikaner verlassen die nächsten Städte Angers, Anconis, le Pont de Cé 2c., und ziehen sich theils nach Nantes, theils in die Departements Sarte und Indre-et-Loire zurück.

Die royalistische Armee wendet sich nun nach einigen kleinen Expeditionen in andere Richtungen, gegen Nantes, welches den 24. Juni von ihr aufgefordert wird. Bonchamp und Elbée sind von ihren Wunden hergestellt, und befinden sich an der Spitze ihrer Divisionen; die ganze Armee wird von Cathelineau, als gewähltem Generalissimus, befehligt; Lescure hat ihn dazu vorgeschlagen. Die Armee von Nieder-Poitou wird aufgefordert, zur Eroberung von Nantes auf dem linken Loireufer mitzuwirken.

Diese Armee hat in der Zeit unter Charette, Coëtus, Cateliniére, Joli und Andern, mehrere einzelne Gefechte gehabt, besonders mit den Nationalgarden von Nantes unter Beisser. Diese Gefechte sind abwechselnd glücklich und unglücklich gewesen, doch haben sie sich meist zu Legé, welches der Hauptsitz dieser Insurrektion war, behauptet. Im Juni, zur Zeit da die Armee von Ober-Poitou und Anjou so beträchtliche Fortschritte an der Loire machte, haben sich auch die Haufen in Nieder-Poitou beträchtlich verstärkt, sie sind auf 10- bis 12,000 Mann gestiegen, und haben die republikanischen Truppen unter Beisser zwischen der Sevre und Alloué

den 20. Juni förmlich geschlagen, so daß sie im Stande sind, der an sie ergangenen Aufforderung zufolge, vor Nantes zu rücken.

Den 28. Juni geschieht der Angriff auf Nantes. Bonchamp, Elbée, Cathelineau, Talmont greifen auf dem rechten Ufer der Loire auf allen Punkten an, Laroche-Jaquelin bleibt zur Deckung von Saumur mit seiner Divi-

sion zurück. Die Armee der Angreifenden scheint nicht
über 16,000 Mann betragen zu haben, die übrigen hatten
sich vermuthlich verlaufen.

Charette dagegen scheint 20,000 Mann und darüber
gehabt zu haben, womit er die Vorstädte auf dem linken
Loireufer (Pont Rousseau) angriff.

In Nantes befanden sich 12,000 Mann größtentheils
Nationalgarden unter Canclaux (als kommandirendem General) und Beisser (als Kommandanten). Der Ort war
unbefestigt, scheint aber stellenweise Mauern und Gräben
gehabt zu haben, so daß es auf die Vortheile einzelner zugänglicher Punkte ankam. — Eine herzhafte, kräftige, en-
thusiastische Standhaftigkeit von Seiten der Republikaner,
ein unvernünftig eingeleiteter Angriff ohne Zusammenhang,
der sich trotz einzelner, höchst verwegener Anfälle, größtentheils in ein ungleiches, erfolgloses Feuergefecht auflöst
von Seiten der Royalisten, die Unmöglichkeit, den größten
Theil ihrer Macht (unter Charette) anders zu gebrauchen,
als zur bloßen Diversion, erklären den Erfolg. Nantes
widersteht in dem, den ganzen 28. anhaltenden Gefecht
glücklich, obgleich mit dem Verlust von einigen Tausend
Todten und Blessirten; die Royalisten ziehen in der Nacht
mit einem viel größeren Verluste ab. Cathelineau ist tödtlich verwundet und stirbt zwölf Tage darauf. Elbée wird
einige Zeit darauf an seine Stelle gewählt.

Die royalistischen Armeen von Ober- und Nieder-
Poitou ziehen sich nicht allein zurück, sondern gehen größtentheils auseinander. Die Republikaner werden also wieder völlig Herren des rechten Loireufers, auch Saumur
wird am 30. Juni wieder von Menou besetzt.

Die Republikaner greifen die Vendéer von der mittäglichen Seite her an, schlagen sie einige Male, werden aber endlich besiegt. Die Vendéer behaupten sich im Besitz ihres eigentlichen Kriegstheaters. (Das Innere von Ober- und Nieder-Poitou und Anjou.) Juni und Juli.

Die Armee des Centrums, d. h. die Haufen unter Royrand und Baudry, Beaurepaire, Lescure aus dem südlichen Theil der Vendée (vermuthlich der Ebene), beschäftigen während dieser Expedition gegen Nantes die Kräfte der Republikaner im Süden unter Biron.

Zu Luçon befindet sich eine Division (nur 1200 Mann) unter Sandoz; nachdem im Juni Beaurepaire vergeblich etwas gegen sie hat unternehmen wollen, wird sie von Royrand mit 8000 Vendéern angegriffen; die Vendéer werden geschlagen.

Zu St. Maixent (an derselben Straße, wie Luçon von Poitiers nach Sables d'Olonne, wo Niort in der Mitte liegt) steht Westermann mit einer andern nicht starken Division. Er marschirt den 20. Juni nach Parthenay, wo er auf 6000 Vendéer unter Lescure stößt; er überfällt und schlägt ihn. Er zieht sich hierauf zurück; Lescure besetzt Parthenay wieder; Westermann kehrt mit 3000 Mann zurück und marschirt auf Bressuire. Lescure hat in der Eile durch das Läuten der Sturmglocken wieder 6000 Mann und 4 Kanonen versammelt. Die Armee von Ober-Poitou ist um diese Zeit aufgelöst zurückgekehrt; Laroche-Jaquelin versammelt einige Haufen und eilt Lescure zur Hülfe. Sie werden bei Chatillon von Westermann den 3. Juli angegriffen und geschlagen. Chatillon, der Sitz der royalistischen Administrationsbehörde, fällt in Westermanns Hände.

Den 5. Juli, nachdem Bonchamp sich mit den beiden vorigen vereinigt hat, wird Westermann, der noch um einige tausend Mann verstärkt worden, in seiner genommenen Stellung überfallen und total geschlagen; er verliert seine ganze Artillerie, den größten Theil seiner Truppen und flieht nach Parthenay. (Alle diese Expeditionen beweisen, daß die südliche Vendée weniger royalistisch gesinnt war, als die nördliche, welches auch behauptet wird. Der früher grausam verfolgte Protestantismus hatte hier seinen Sitz.)

Vierzehn Tage verfließen, ohne daß etwas Bedeutendes geschieht. Die Armee des Centrums hält Niort, Fontenay, Luçon in Respect, die von Nieder-Poitou, Sables d'Olonne und Nantes. Die von Ober-Poitou beobachtet die obere Loire; natürlich aber alle nur mit schwachen Haufen, denn der größere Theil ist auseinandergegangen.

Die Republikaner verstärken sich; die Gefechte werden im Norden und Süden erneuert; der Erfolg ist abwechselnd, doch dringen die Republikaner nirgend vor. Juli und August.

Die Revolution vom 31. Mai mit den in allen Provinzen daher entstandenen Spaltungen, die in einigen Departements (Calvados und Eure) zum förmlichen Aufruhr geführt haben, schwächen die Kräfte und Anstrengungen der Republikaner gegen die Vendée. Nachdem die Föderalisten überall unterdrückt und die Schreckenspartei herrschend geworden ist, können sie ihre gegen die Föderalisten bestimmten Kräfte gegen die Vendéer brauchen.

Den 15. Juli werden alle Kräfte, welche die Republikaner in Saumur und Angers haben, beim Pont de Cé versammelt, vielleicht 12- bis 15,000 Mann, um damit gegen Vihiers vorzurücken. Bonchamp, Laroche-Jaquelin und einige andere Chefs versammeln hierauf in der Eile 15,000 Mann, um damit Labarollière, der die Republikaner kommandirt, bei Martigné Briant, 3 Stunden von Bihiers, anzugreifen. Sie werden zurückgeschlagen, Bonchamp und Laroche-Jaquelin blessirt.

Den 17. machen die Vendéer einen neuen vergeblichen Versuch auf die Republikaner bei Bihiers.

Den 18. greifen sie, verstärkt durch neue Haufen, ohne ihre Chefs an, und schlagen die Republikaner mit einem Verluste von 15 Kanonen und 5000 Mann so, daß diese sich in Saumur und Angers nicht mehr sicher glauben. Die Vendéer kehren hierauf in ihre Heimath zurück, um ruhig zu ernten.

Den 25. Juli greift der General Tuncq (welcher an die Stelle von Sandoz getreten ist), die Posten von St. Philibert und Pont Charron an, welche Royrand vertheidigt. Obgleich die Republikaner nur 1500 Mann stark sind, so werden doch die Posten genommen. Elbée eilt herbei. Die Vendéer haben 15,000 Mann zusammengerufen, sie drängen die Republikaner zurück und greifen

den 30. Juli ihre Armee bei Luçon an, werden aber mit einigem Verlust geschlagen.

Das Kriegstheater der Vendéer war nun schon seit geraumer Zeit ungefähr durch folgende Punkte bestimmt: Legé (wo Charette stand), le Pont de Cé (wo Bonchamp), Doué (wo Laroche-Jaquelin), Niort, Fontenay, Luçon (vor denen sich die Chefs der Centralarmee befanden), und Sables d'Olonne, welches Joli beobachtete. Bonchamp und Laroche-Jaquelin hatten einige kleine Gefechte in den letzten Tagen des Juli gehabt, die mehr nachtheilig als vortheilhaft, aber ohne Folgen waren.

Mitte Augusts versammeln die Chefs der Vendéer eine Armee in der Absicht, die südlichen Truppen, welche größtentheils bei Luçon standen, zu schlagen und sich dieses

Orts zu bemächtigen, wo sie Munition zu finden hoffen, die ihnen zu fehlen anfängt.

Den 12. August versammeln sich bei Chantaunay 20,000 Mann der Armee von Ober-Poitou unter Elbée, während Bonchamp Ober-Poitou und Anjou deckt, 6000 Mann der Armee von Nieder-Poitou unter Charette, während Cathelinière mit 2000 Mann die Besatzung von Nantes beschäftigt, und die Armee des Centrums unter Royrand, 9- bis 10,000 Mann stark.

Den 13. August geschieht der Angriff auf die 9000 Mann starken Republikaner unter dem General Tuncq. Die Royalisten werden geschlagen, hauptsächlich durch die Schuld der Armee des Centrums. Charette deckt den Rückzug. — Der Verlust ist sehr beträchtlich; Baudry bleibt, der größte Theil der Artillerie geht verloren, und es sollen 6- bis 7000 Todte geblieben sein. (Wahrscheinlich war der ganze Verlust nur so groß). Die Vendéer kehren in ihr Waldland zurück und gehen wie gewöhnlich auseinander.

Ende August's nimmt Charette, welcher sein Hauptquartier zu Legé hatte, Challans, und macht vergebliche Versuche auf St. Gilles-sur Vie, ebenso am 26. August in Gemeinschaft mit Joli und Savin auf la Roche sur Yon, wo die Division von Sables d'Olonne unter dem General Mieskusky sie zurückweist. Charette marschirt Cathelinière zu Hülfe, welcher beim Port St. Père von den nantesschen Truppen gedrängt wird, sich aber nun behauptet.

Andere Haufen versammeln sich bei Villeneuve und Torfou unter Goulens, La Secherie, Massip und Lyrot; sie machen einen Versuch auf das Lager vor Nantes, ehe noch die mainzer Truppen angekommen waren.

Den 31. August geschieht der erste Angriff; die Royalisten werden zurückgeschlagen.

Den 5. September kehren sie verstärkt zurück, werden aber von den 4000 Mann starken Republikanern wieder abgewiesen, und erfahren bei der Gelegenheit, daß die Mainzer angekommen sind.

Um eben diese Zeit versammelt Royrand nach einer Übereinkunft mit Elbée seinen Haufen, 15,000 Mann und 20 Kanonen stark, um den Echec von Luçon gut zu machen. Der General Tuncq hat sich bis vor Chartaunay gewagt und dort mit 6000 Mann ein starkes Lager bezogen. Der General Lecomte führt in der Abwesenheit jenes das Kommando.

Den 5. September wird Lecomte von Royrand angegriffen, er selbst wird schwer verwundet und seine Division mit dem Verlust ihrer ganzen Artillerie und Bagage ꝛc. geschlagen; nur 1500 Mann kommen zurück. Die Vendéer verlieren dabei 3000 Mann an Todten und Blessirten.

———

Die fortgesetzten Erfolge der Vendéer, die systematische Haltung, welche ihre ganze Verfassung zu gewinnen schien, der Schrecken, welchen ihre Waffen in den angrenzenden Provinzen verbreiteten, brachten endlich den Wohlfahrtsausschuß zu dem Entschluß größere, durchgreifendere Mittel anzuwenden. Die Garnisonen von Mainz (deren Ankunft bereits erwähnt ist) und von Valenciennes sollten (16,000 Mann stark) mit Extrapost nach der Vendée versetzt werden; zugleich wurde auf Baréres Vortrag beschlossen, die Einwohner der umliegenden Gegenden vom sechzehnten bis sechzigsten Jahre zum Aufstand in Masse zu versammeln, und dann mit der Brandfackel und dem

Verwüstungsschwert in der Hand in das Innere der
Vendée vorzudringen, sie militairisch und bürgerlich zu
zerstören, die Wälder umzuhauen, die Dörfer und den
ganzen Anbau niederzubrennen, und die Einwohner welche
dem Mord und der Verwüstung entgehen würden, in andere Provinzen zu verpflanzen. — Die militairischen Beschlüsse gingen endlich dahin, die mainzer Besatzung (welche
vor der von Valenciennes angekommen zu sein scheint) mit
denjenigen Truppen zu vereinigen, die bei Nantes standen
und unter Canclaur den Namen der Armee von Brest
führten, bei Nantes über die Loire zu gehen, in den Kü-
stengegenden vorzudringen, sich mit den Truppen von Sables
d'Olonne und Luçon zu vereinigen, und dann von Nieder-
Poitou aus in Ober-Poitou (dem bocage) in mehreren
Colonnen vorzudringen und sich bei Mortagne zu vereinigen. Die sogenannte Armee von La Rochelle (oder auch
von Saumur), nämlich alle Truppen, die in Anjou und
Poitou standen, deren Befehlshaber jetzt, an der Stelle
des entsetzten Biron, General Rossignol war, sollte sich indessen aktiv-defensiv verhalten. Man hatte zu dieser Armee,
theils wegen ihres Kommandeurs, General Rossignol, theils
weil sie so oft geschlagen war, kein Zutrauen. Die re-
gulairen Truppen der Republikaner beliefen sich auf
70,000 Mann.

Dem allgemeinen Plane der Republikaner setzten die
Chefs der Vendée, die glücklicher Weise durch einen auf-
gefangenen Courier Kenntniß davon bekommen hatten, einen allgemeinen Defensionsplan entgegen, welcher darin
bestand: die drei Armeen (von Ober- und Nieder-Poitou
und das Centrum) zur Beobachtung der ihnen zugehören-
den Bezirke zwar getrennt zu lassen, sich aber eine Vereinigung nach Umständen vorzubehalten, um mit großer

überlegenheit der nächsten feindlichen Colonne auf den Hals
zu fallen; nachdem sie geschlagen wäre, sich gegen eine andere zu wenden und auf diese Weise von den Vortheilen
ihrer Lage Gebrauch zu machen, bei welcher sie sich mit
100,000 Mann in der Mitte eines kleinen Kriegstheaters
befanden, welches der Feind von mehreren Seiten in getrennten Colonnen anfallen wollte. (Bonchamp war in
dem abgehaltenen Conseil der Meinung gewesen, sich nach
einem glücklichen Widerstande siegreich den Weg über die
Loire zu bahnen, um die Einwohner von Bretagne zum
Aufstande zu bringen und einen Seehafen zur bessern Verbindung mit England zu erobern. Elbée war dagegen.
Er rieth sich fortgesetzt auf die Vertheidigung der schon
organisirten Provinzen zu beschränken. Seine Meinung
drang durch).

Anfang September scheint es gewesen zu sein,
wie zum zweitenmal in der ganzen Vendée zugleich die
Sturmglocke läutete. Die großen entscheidenden Gefechte
fingen mit einigen partiellen an.

Den 14. September zog Lescure mit einigen Tau-
senden gegen Airvault, um den republikanischen Landsturm
zu zerstreuen, von da gegen Thouars, wo er das Gleiche
that, aber von dem mit einer Division herbeieilenden General Rey zurückgeschlagen wurde.

Den 14. September gleichfalls griffen Talmont
und Autichamp gegen den Rath von Elbée die Division
des Generals Santerre bei Doué an. Sie wurden, vorzüglich durch die feindliche Kavallerie, zurückgeschlagen.
General Rossignol glaubte, daß diese Anfälle Wirkungen
der Siege in Nieder-Poitou wären, welche die Royalisten
auf diese Punkte zurückdrängten. Er befahl daher den
beiden Divisionen Santerre und Duhour sich auf Chollet

in Bewegung zu setzen. Jede war 8. bis 10,000 Mann regulaire Truppen und 10. bis 12,000 Mann vom Landsturm stark. Elbée an der Spitze von 24,000 Mann ging ihnen bei Coron entgegen, traf dort auf Santerre, und schlug Santerre den 18. September total, so daß er alle Artillerie und Munition verlor und der Landsturm auseinanderlief. 7000 Vendéer wandten sich hierauf schnell gegen die Division Duhour, die bei Beaulieu einige Stunden von Coron stand, und schlugen sie gleichfalls mit dem bedeutenden Verlust von 4000 Mann. Dies war die Vertheidigung Elbée's gegen die Armee von Saumur.

Die Armee von Brest hatte sich den 9. von Nantes aus in zwei Colonnen in Bewegung gesetzt; davon war die rechter Hand unter Beisser bestimmt sich mit der Division von Sables d'Olonne zu vereinigen. Die andere unter Dublayet und Canclaur selbst machte die Hauptarmee aus. Sie drangen gemeinschaftlich in Nieder-Poitou (Pays de Rez) vor, jedoch nicht ohne daß La Cathelinière, Charette, Covétus Widerstand thaten. Indessen wurden doch nach und nach le Port St. Peré, Pornic, Bourgneuf, St. Philibert genommen. Die zurückgedrängten Royalisten versammelten sich bei Legé, und zogen sich von da auf Montaigu zurück; hier fand ein Gefecht statt, welches indessen nicht anhaltend war, und die Royalisten setzten ihren Rückzug auf Mortagne fort. Dies war das Werk von acht Tagen.

Den 19. kam es zu Torfou zum Gefecht. Charette hatte die ganze Macht von Nieder-Poitou hier versammelt, und beträchtliche Verstärkungen der Armee von Ober-Poitou waren angelangt. Von Seiten der Republikaner war es die Colonne der Mainzer (eigentlich die Hauptarmee, doch scheint sie nicht ganz gegenwärtig gewesen zu sein), welche auf Charette stieß. Dieser hatte schon das Gefecht mit seiner 25,000 Mann starken Armee eröffnet, als Bonchamp mit 5000 Mann Verstärkung herbeikam. Die Mainzer wurden nach einem hartnäckigen Widerstand geschlagen und verloren ihr sämmtliches Geschütz. Der General Canclaur mußte, als auch Beisser geschlagen war, sich nach Nantes zurückziehen.

Den 21. September wandten sich die beiden Chefs der Vendéer gegen Montaigu, wo Beisser mit seiner Colonne war, er sollte eben den Mainzern zu Hülfe eilen, als er selbst von den Vendéern angefallen, mit dem Verlust aller Artillerie und Bagage geschlagen und bis Aigrefeuille verfolgt wurde.

Den 29. September folgt Bonchamp wieder dem General Canclaur auf seinem Marsche, kann ihm aber, weil Charette ihn nicht unterstützt, nichts Bedeutendes mehr anhaben.

Charette hatte sich gegen St. Fulgent gewendet um die dritte Colonne, nämlich die von Sables d'Olonne unter dem General Mieskusky, welcher zu St. Fulgent angekommen war, und die sich mit der unter Beisser vereinigen sollte, zu schlagen. Er hatte Royrand, welcher auf Herbiers stand, aufgefordert sich im Rücken der feindlichen Colonne in Versteck zu legen, um ihr den Rückzug abzuschneiden. Die Republikaner, 3- bis 4000 Mann stark, wurden mit großem Verlust geschlagen und flohen in Unordnung auf Chantaunay. Royrand aber kam mit seinem Versteck zu spät.

Die republikanischen Divisionen von Luçon und Fontenay, unter dem General Chalbos, waren aus Versehen nicht in Marsch gesetzt worden.

Charette und Bonchamp vereinigten sich hierauf auf
Herbiers auf eine kurze Zeit (sechs Tage); allein die
Zwietracht war zwischen den Chefs und den Truppen
schon auf einen ziemlich hohen Punkt gestiegen und kam
hier förmlich zum Ausbruch, so daß sich Charette, aller
edlen Bemühungen von Bonchamp unerachtet mit den unter ihm dienenden Chefs nach Nieder-Poitou in sein Ar-
rondissement zurückbegab.

Dies geschah zu einer Zeit, wo die Division der mainzer Truppen seit dem 28. September nach Clisson und
Montaigu auf dem kürzesten Wege wieder zurückkehrte,
um diese Posten, von welchen sie vertrieben worden war,
ohne recht geschlagen zu sein, wieder einzunehmen und wo
alsbald größere Operationen alle Kräfte der Vendéer in
Anspruch nehmen sollten. Der National-Convent war
entrüstet über die schlechten Erfolge seiner Maßregeln und
dekretirte, daß sämmtliche Truppen der Republik zu einer
Armee vereinigt und unter einen General (Lechelle) gestellt
werden, und bis zum 20. Oktober die Vendéer vernichtet sein
sollten. Canclaux wurde abgerufen. Der General Lechelle
kam am 1. Oktober bei der Armee an. Nach seinen Dispositionen scheint es, sollten sich die Division der Mainzer
mit der von Luçon vereinigen, die von Fontenay unter
Chalbos mit der von Saumur und Thouars, den 7. zu
Bressuire, die letztern drei unter seinem speciellen Befehl.

Ehe noch die erstere Vereinigung vor sich ging, griff
Bonchamp, nicht sonderlich von den übrigen Chefs unterstützt, die Mainzer zwischen Tiffauge und Mortagne mit
7- bis 8000 Mann an. Kleber kommandirte die Mainzer. Bonchamp mußte sich mit dem Verlust von 2 Kanonen und 3- bis 400 Todten und Blessirten zurückziehen. (Dies Gefecht hatte noch vor Lechelles Ankunft in

den letzten Tagen des Septembers unter Canclaur Augen statt.) Die Division von Fontenay war bereits seit acht Tagen auf dem Posten von la Chatalgneraye aufgestellt; sie vereinigte sich mit der von Saumur, und marschirte unter dem General Chalbos grade auf Chatillon 20,000 Mann stark. Lescure und Beaurepaire standen hier. Die Republikaner waren schon geschlagen, als sie eine Verstärkung erhielten, welche die verfolgenden Vendéer in die Flanke genommen zu haben scheint; nun wandte sich der Sieg; Beaurepaire wurde schwer verwundet, die Vendéer flohen. In diesem Augenblick eilt Bonchamp herbei; er fällt über Westermann, der mit der 2000 Mann starken Avantgarde in Chatillon eingerückt ist, her und zerstreut sein Corps. Allein die Soldaten Bonchamp's betrinken sich in dem vorgefundenen Branntwein; Westermann kehrt mit einigen Braven auf der Stelle zurück und vertreibt die Vendéer mit Leichtigkeit aus Chatillon. Er steckt den Ort in Brand und kehrt nach Bressuire zu Chalbos zurück.

Die Vendéer, mehr bestürzt als geschlagen, sammeln sich wieder in dem Augenblick, wo die vereinigten Divisionen von Luçon und der Mainzer gegen sie anrückten und Mortagne und Chollet bedrohten. Dies war der entscheidende Augenblick. Charette versagte seine Unterstützung und war mit der zwecklosen Eroberung von Noirmoutiers beschäftigt. In diesem Augenblick, wo es auf den entscheidenden Schlag ankommen sollte, war noch einmal die Rede zwischen den Chefs von einer Operation in Bretagne. Es wurde vor der Hand blos beschlossen, durch 200 Bretagner sich des Postens von Varades, St. Florent gegenüber, zu bemächtigen, welches auch gelang, und wodurch allenfalls ein Débouché über diesen Punkt der Loire gewonnen war.

Den 14. Oktober vereinigte sich die Division der Mainzer mit der von Luçon zu Mortagne, nachdem sie Royrand von dem Posten des Herbiers mit 3000 Mann vertrieben hatten. Elbée und Lescure waren auf den Höhen von St. Christophe du Bois postirt, von allen Seiten kamen Verstärkungen an, auch Bonchamp erschien mit 3 · bis 4000 Mann und Royrand mit einigen Tausend. Man war entschlossen, Chollet zu vertheidigen.

Den 15. hatte das erste Gefecht statt. Die Royalisten wurden nach einem anfänglichen Siege und tüchtigem Kampfe geschlagen und auf Beaupreau zurückgetrieben, Lescure tödtlich verwundet. Die Chefs rathschlagten hierauf, und es war von Neuem die Rede über die Loire zu gehen. Talmont versprach ansehnlichen Beistand in seinen weitläufigen Besitzungen in der Bretagne. Elbée sah es als verzweiflungsvolles Rettungsmittel an, allein Bonchamp zeigte, daß es nun im Angesicht einer siegreichen Armee unmöglich wäre, diesen Übergang auszuführen, und brachte es endlich dahin, daß man am folgenden Tage den Feind bei Chollet wieder angreifen, zu schlagen suchen und dann mit der siegreichen Armee den Übergang ausführen wollte. Eine beträchtliche Truppenmasse wurde auch abgeschickt, den Punkt von Varades zu verstärken.

Den 16. Oktober Morgens vereinigten sich die Divisionen unter Chalbos mit den Mainzern und der Division von Luçon, so daß nun die Kräfte der Republik ganz beisammen wären. Gleich darauf sind sie von den Royalisten unter den berühmtesten ihrer Chefs: Elbée, Bonchamp, Laroche-Jaquelin, Stofflet angefallen; das Gefecht ist blutig; der Sieg lange zweifelhaft; die Republikaner siegen aber endlich. Bonchamp und Elbée sind tödtlich verwundet; die Royalisten fliehen gegen die Loire. Bonchamp ist nach St. Florent gebracht, von da aufs rechte Ufer, wo er einige Tage darauf stirbt, Elbée nach der Insel Noirmontiers, wo er sich von seinen Wunden nie ganz wieder herstellt. Laroche-Jaquelin führt die Armee über die Loire (wie es scheint auf vielen Fahrzeugen). Westermann verfolgt nur bis Beaupreau. Alles hat das rechte Ufer erreicht, als die Republikaner bei St. Florent ankamen, welches erst den 19. Oktober geschah.

Bemerkung des Herausgebers.

Der Feldzug auf dem rechten Ufer der Loire, in der Bretagne, und der letzte Kampf auf dem linken Ufer dieses Flusses fehlen leider, wie dies bereits in der Vorrede gesagt worden ist. Es findet sich in den hinterlassenen Papieren aber noch folgende Bemerkung von der Hand von Clausewitz:

„Nachdem die große Armee der Vendéer in Bretagne „auf dem rechten Loireufer untergegangen war, und nur „einige Chefs, darunter Laroche-Jaquelin der vornehmste, „mit wenigen Flüchtlingen das linke Loireufer wieder er„reicht hatten; nachdem ein Theil der kleineren Armee, die „in Poitou unter Charette zurückgeblieben war, auf der „Insel Noirmontiers unter dem sterbenden Elbée kapitu„lirt hatte, dieser ermordet worden war, und Charette selbst „nur noch mit einem schwachen Haufen im Hochlande von „Poitou flüchtig umherzog, glaubte man in Paris und in „der Vendée selbst, dieser Bürgerkrieg sei als geendet zu „betrachten. Die Division der Küsten von Cherbourg er„hielt daher Befehl, nach den nördlichen Küsten (Calva„dos) zurückzukehren, und es schien nur noch darauf an„zukommen, mit den auf dem linken Loireufer noch ver-

„sammelten Truppen die überreste der royalistischen Hau-
„fen und ihr ganzes Kriegstheater selbst zu zerstören, um
„den letzten Funken erdrückt zu haben. Der General Tur-
„reau, welcher die republikanische Militairmacht en Chef
„befehligte, entlehnte die Maßregeln, welche dazu angewen-
„det werden sollten, aus den Vorschlägen und Debatten
„des Wohlfahrtsausschusses selbst. Der schreckliche Ba-
„réres hatte nämlich in großen und energischen Zügen dem
„Wohlfahrtsausschuß von Zeit zu Zeit die Mittel angege-
„ben, die einer revolutionairen Regierung gegen eine Con-
„trarevolution zu Gebote ständen; aber, wenn diese Mittel
„auch groß, umfassend und kräftig gedacht waren, so
„herrschte doch in ihnen von der andern Seite ein Geist
„der Grausamkeit, eine Fühllosigkeit, die alle Menschen-
„würde und alle Merschlichkeit verleugnete. Daher kommt
„es denn, daß die zertretene Menschenwürde sich blutig
„rächt! Die Vendéer, von der Grausamkeit auf die Spitze
„der Verzweiflung getrieben, haben neuen Haß, neue Kräfte,
„neue Furchtbarkeit gewonnen; sie überbieten die wüthend-
„sten Republikaner, und zwingen sie, zur Mäßigung zu-
„rückzukehren. Die Grausamkeit allein hat die weisesten
„Maßregeln in verderbliche verwandelt, sie allein ruft den
„Krieg auf Tod und Leben von Neuem hervor.“

Gedruckt bei Trowitzsch und Sohn.

Wegen Abwesenheit des Herausgebers eingeschlichene Druckfehler.

Seite 3 Zeile 3 v. o. für: welchem lies: welchen.
» — » 7 v. o. s. Michaels l. Michael.
» 4 » 6 v. o. s. Feldherren l. Feldherrn.
» 7 » 8 v. o. s. Gefechtes l. Gefechts.
» 8 » 8 v. o. s. zogen l. ziehen.
» 9 » 7 v. u. und an andern Orten s. Chotzin l. Chozim.
» 10 » 7 v. o. s. Coplon l. Caplan.
» — » 10 v. o. s. fehlten l. fehlen.
» — » 13 v. u. s. Dinester l. Dniester.
» — » 11 v. u. s. Coplon l. Caplan (so auch weiterhin).
» 12 Anmerk. Zeile 5 v. u. s. er l. dieser.
» — » » 1 v. u. s. Baczacz l. Buczacz.
» 13 » » 21 v. u. s. Kiupali's l. Kiuperli's.
» — Zeile 9 v. u. s. Bay l. Bug.
» 14 » 8 v. u. s. Nimirob l. Nimirow.
» — » 7 v. u. hinter Rzewuski fällt das Komma weg.
» 18 » 7 v. o. und weiterhin s. Kan l. Chan.
» — » 10 v. o. s. Aschmetschet l. Achmetschet.
» 22 » 9 v. u. s. seinen l. seinem.
» 24 » 1 v. u. s. ob sich gleich l. obgleich sich.
» 32 » 2 v. o. s. in seinem Quartier l. in seinen Quartieren.
» 33 » 6 v. o. s. Aufstellung der Kräfte l. Aufstellung der Streitkräfte.
» 35 » 3 v. o. s. feindlichen l. feindliche,
» 36 » 4 v. o. s. eine Corps l. ein Corps.
» 48 » 11 v. o. s. Zerstreuung l. Zerstörung,
» 61 » 14 v. u. s. heutigen Tages l. heutiges Tages,
» 70 » 2 v. o. s. diesem Hafen l. diesen Hafen.
» 87 » 2 v. o. s. 200,000 l. 220,000.
» 103 » 6 v. u. s. ihm l. ihn.
» 108 » 9 v. u. s. Allgemeingültig l. allgemeingültig.
» 125 » 13 v. u. s. passivestem l. passivesten.
» 159 » 15 v. u. s. eingehte l. eingehen.
» 167 » 11 v. o. s. eines geschickten Mittels l. einem geschickten Mittel.
» 171 » 12 v. o. s. schwachen l. Schwachen.
» 196 » 7 v. o. s. Kritiken l. Kritiker.
» 219 » 2 v. o. s. der König, dessen l. der König dessen.
» 223 » 7 v. u. ist das Wort „vermissen" zu streichen.
» 267 » 6 v. o. s. Gegensatz-Feindschaft l. Gegensatz der Feindschaft.
» 305 » 14 v. o. s. das Ringsloot l. den Ringsloot.
» 324 » 17 v. o. s. dem Pays de Mauges l. das Pays de Maugas.

Man bittet viele außerdem vorkommende Fehler und Inconsequenzen in der Interpunktion und Orthographie zu entschuldigen.

www.ingramcontent.com/pod-product-compliance
Lightning Source LLC
Chambersburg PA
CBHW071633270326
41928CB00010B/1895